全国高等教育自学考试指定教材
法律专业

西方法律思想史

(2008 年版)

(附：西方法律思想史自学考试大纲)

全国高等教育自学考试指导委员会 组编

主　编　徐爱国
审稿人　曹义孙　史彤彪　刘永艳

北京大学出版社
PEKING UNIVERSITY PRESS

图书在版编目(CIP)数据

西方法律思想史:附西方法律思想史自学考试大纲/徐爱国主编.—3版.—北京:北京大学出版社,2008.5
　(全国高等教育自学考试指定教材·法律专业)
　ISBN 978-7-301-01220-8

Ⅰ.西… Ⅱ.徐… Ⅲ.法律-思想史-西方国家-高等教育-自学考试-自学参考资料 Ⅳ.D909.5

中国版本图书馆 CIP 数据核字(2008)第 042737 号

书　　　名:	西方法律思想史(附:西方法律思想史自学考试大纲)
著作责任者:	徐爱国　主编
责 任 编 辑:	谢海燕
标 准 书 号:	ISBN 978-7-301-01220-8
出 版 发 行:	北京大学出版社
地　　　址:	北京市海淀区成府路 205 号　100871
网　　　址:	http://www.pup.cn
电　　　话:	邮购部 62752015　发行部 62750672　编辑部 62752027
	出版部 62754962
电 子 邮 箱:	编辑部 law@pup.cn　总编室 zpup@pup.cn
印　刷　者:	河北滦县鑫华书刊印刷厂
经　销　者:	新华书店
	880 毫米×1230 毫米　32 开本　10.375 印张　298 千字
	2002 年 10 月第 1 版　2006 年 9 月第 2 版
	2008 年 5 月第 3 版　2024 年 6 月第 7 次印刷
定　　　价:	16.00 元

未经许可,不得以任何方式复制或抄袭本书之部分或全部内容。
版权所有,侵权必究
举报电话:010-62752024　电子邮箱:fd@pup.cn

组 编 前 言

21世纪是一个变幻莫测的世纪,是一个催人奋进的时代。科学技术飞速发展,知识更替日新月异。希望、困惑、机遇、挑战,随时随地都有可能出现在每一个社会成员的生活之中。抓住机遇,寻求发展,迎接挑战,适应变化的制胜法宝就是学习——依靠自己学习、终生学习。

作为我国高等教育组成部分的自学考试,其职责就是在高等教育这个水平上倡导自学、鼓励自学、帮助自学、推动自学,为每一个自学者铺就成才之路,组织编写供读者学习的教材就是履行这个职责的重要环节。毫无疑问,这种教材应当适合自学,应当有利于学习者掌握、了解新知识、新信息,有利于学习者增强创新意识、培养实践能力,形成自学能力,也有利于学习者学以致用、解决实际工作中所遇到的问题。具有如此特点的书,我们虽然沿用了"教材"这个概念,但它与那种仅供教师讲、学生听,教师不讲,学生不懂,以"教"为中心的教科书相比,已经在内容安排、形式体例、行文风格等方面都大不相同了。希望读者对此有所了解,以便从一开始就树立起依靠自己学习的坚定信念,不断探索适合自己的学习方法,充分利用自己已有的知识基础和实际工作经验,最大限度地发挥自己的潜能达到学习的目标。

欢迎读者提出意见和建议。

祝每一位读者自学成功。

全国高等教育自学考试指导委员会
2008年3月

目 录

导 论 ……………………………………………………… (1)

第一章 古希腊罗马法律思想 ……………………………… (9)
 第一节 古希腊罗马法律思想概述 ………………………… (9)
 第二节 古希腊法律思想 …………………………………… (10)
 第三节 古罗马法律思想 …………………………………… (23)

第二章 中世纪法律思想 …………………………………… (32)
 第一节 中世纪法律思想概述 ……………………………… (32)
 第二节 基督教神学法律思想 ……………………………… (33)
 第三节 君主论与君主主权论 ……………………………… (47)
 第四节 罗马法的复兴与西方法律传统 …………………… (56)

第三章 近代资产阶级古典自然法学理论 ………………… (66)
 第一节 古典自然法学的一般理论 ………………………… (66)
 第二节 自然法理论与社会契约论 ………………………… (70)
 第三节 人民主权论、分权论和法治论 …………………… (77)
 第四节 平等论、自由论和法的精神 ……………………… (86)
 第五节 古典自然法理论的历史地位 ……………………… (95)

第四章 哲理法学 …………………………………………… (101)
 第一节 哲理法学概述 ……………………………………… (101)
 第二节 康德的《法的形而上学原理》 …………………… (101)
 第三节 黑格尔的《法哲学原理》 ………………………… (117)

第五章 分析实证主义法学 ………………………………… (139)
 第一节 分析实证主义法学的一般理论 …………………… (139)
 第二节 边沁的功利主义法学 ……………………………… (141)
 第三节 奥斯丁的分析法学 ………………………………… (151)
 第四节 当代分析实证主义法学 …………………………… (161)

1

第六章　历史法学 …………………………………………… (174)
　　第一节　历史法学的一般特点 ………………………… (174)
　　第二节　萨维尼的历史法学 …………………………… (175)
　　第三节　梅因的历史法学 ……………………………… (184)
第七章　社会法学 …………………………………………… (202)
　　第一节　社会法学的一般特点 ………………………… (202)
　　第二节　欧洲的社会学法学 …………………………… (204)
　　第三节　美国的社会法学 ……………………………… (213)
第八章　新自然法学 ………………………………………… (230)
　　第一节　当代自然法的概况 …………………………… (230)
　　第二节　自然法与人权理论 …………………………… (232)
　　第三节　"法律的道德性"理论 ………………………… (248)
　　第四节　社会正义与法律的权利哲学 ………………… (254)
第九章　经济分析法学 ……………………………………… (267)
　　第一节　经济分析法学概述 …………………………… (267)
　　第二节　社会成本问题与事故成本问题 ……………… (272)
　　第三节　波斯纳的侵权法和刑法的经济分析 ………… (283)
后　记 ………………………………………………………… (293)

西方法律思想史自学考试大纲

Ⅰ　课程性质与设置目的 …………………………………… (299)
Ⅱ　课程内容与考核目标 …………………………………… (300)
　　第一章　古希腊罗马法律思想 ………………………… (300)
　　第二章　中世纪法律思想 ……………………………… (302)
　　第三章　近代资产阶级古典自然法学理论 …………… (304)
　　第四章　哲理法学 ……………………………………… (306)
　　第五章　分析实证主义法学 …………………………… (308)
　　第六章　历史法学 ……………………………………… (310)
　　第七章　社会法学 ……………………………………… (312)

第八章　新自然法学 …………………………（314）
　　第九章　经济分析法学 ………………………（316）
Ⅲ　**有关说明与实施要求** ……………………………（318）
Ⅳ　**题型举例** ……………………………………………（321）
Ⅴ　**后　记** ………………………………………………（323）

导　论

西方法律思想史是法律学科的一门历史学科,同时又是法律学科中的一门理论学科。这里将西方法律思想史的几个主要问题阐述如下：

一、"西方法律思想史"的含义

所谓"史"是指西方法律思想史是一门史学科,它研究从古希腊罗马到20世纪的法学观点、思潮和学派以及发展的规律。

所谓"思想"是指西方法律思想史探讨的是人的意识形态,以区别于法律的制度史。制度史研究的是具体实在法律制度发展的进程,而思想史研究的是人们对法律制度认识的发展史。思想有其历史性,但它又超越历史。

所谓"法律思想"是指西方法律思想史将其研究领域限定在法律现象之中,以区别于哲学史、伦理思想史和政治思想史。但要指出的是,由于人类思想史的自身特点,西方法律思想史与西方哲学史、西方伦理史和西方政治史有着密切的联系。19世纪以前,法律思想并没有从哲学、伦理思想和政治思想中完全独立出来。要弄清法律思想就需从它们之中发掘出来,有时哲学思想、伦理思想和政治思想就是法律思想的一部分。

所谓"西方"是指西方法律思想史研究基于古希腊罗马文明和基督教文明之上形成的文化现象,在地域上主要包括欧洲和北美。

二、西方法律思想史的历史分期

具体而言,每个时期的法律思想主要是通过每个时代的法学家的著作体现出来。按照时间顺序,西方法律思想史可以区分为如下几个时期：

1. 古希腊罗马时期的法律思想

这是西方法律思想的起源,这一时期的正义的理论、人治与法治的理论、自然法的理论、国家起源的理论和政体分类的理论在西方法律思想史上都占有重要的地位。主要的代表人物有柏拉图、亚里士多德和罗马法学家。

2. 中世纪的法律思想

这一时期的神学法律观念、法律分类理论、自然法的理论和实在法的理论对后世有着重要影响。主要代表人物有圣·奥古斯丁、托马斯·阿奎那及宗教改革运动时期的代表等。中世纪晚期,西方发生了文艺复兴和宗教改革运动,法律思想领域有了君主论和注释法学,主要代表理论有马基雅维里的君主论和布丹的主权论。中世纪的晚期,在特定的历史环境之下,西方法律传统得以形成。

3. 近代的法律思想

文艺复兴时期的理论和古典自然法学是西方近代法律的基础,其理论对西方近现代的法律有着直接的指导意义。这一时期的自然法理论、社会契约理论、民主法治理论、自由平等分权理论至今有着现实意义。17—18世纪的格老秀斯、斯宾诺莎、霍布斯、洛克、孟德斯鸠、卢梭、罗伯斯比尔、杰弗逊、潘恩和汉密尔顿等人,是这个时期法律思想史上的代表人物。

4. 19世纪的法学流派

这是西方法律思想的成熟时期,法学流派此时得以产生,主要法学流派有哲理法学派、功利主义和分析法学派、历史法学派和其他的法学流派。每个学派都从不同的角度对西方法律现象进行了归纳和解释。主要代表人物有康德、黑格尔、边沁、奥斯丁、萨维尼、梅因等。

5. 20世纪的法律思想

20世纪法律思想是在19世纪法律思想基础上的进一步发展。从法律理论倾向上看,主要有社会法学、新分析实证主义法学、新自然法学和经济分析法学。

三、西方法律思想史的主要内容

古希腊罗马法律思想是西方法律思想的起源。古希腊以其法律思想著名,古罗马以其法律制度闻名于世。古希腊的正义论、人治与法治之争、国家起源和政体理论对后世有着重大影响,而西塞罗则把希腊法律思想带入罗马。

在正义理论方面,柏拉图认为正义是一种和谐。就个人而言,一个人的理性能支配意志和欲望,此人便是一个正义的人。就一个国家来说,每个国家都由国王、军人(卫国者)和劳动者构成。如果三个阶级各尽其能、各守其职,那么这个国家就处于一种正义的状态。亚里士多德认为,正义是一种中庸。他把正义分为普遍正义和特殊正义,特殊正义又分为分配的正义和平均的正义。前者适用于后世的公法领域,后者适用于契约、损害赔偿和法审判等私法领域。

在人治与法治问题上,柏拉图早年欣赏"哲学王"的统治,即人治。他向往一种"智慧"和"权力"的结合,要么让哲学家成为国王,要么让国王成为哲学家。在其晚年,柏拉图认识到在现实社会里,"哲学王"的理想难以实现,于是他开始重视法律的作用。他认为,"哲学王"的统治是一种最好的政治统治形式,但如果在现实的社会中无法实现,那么法律的统治不失为一种好的统治形式。他称为"次善"的政治统治形式,即第二好的统治形式。与柏拉图不同的是,亚里士多德自始至终坚持法治,反对人治。他说,法治具有两个方面的含义,第一,已成立的法律要获得普遍地服从;第二,大家服从的法律本身是制定得良好的法律。他详细地解释了法治优于人治的许多理由。

在国家起源理论方面,亚里士多德以为,人天生是一个城邦的动物,他必定要过一种城邦的生活。人要生存下去,就必须与他人一起过一种社会的生活。家庭是人类最初的社会生活形式,若干的家庭构成一个村落,村落进一步发展就形成为城邦,即国家,它是最完善的社会团体。亚里士多德的政体分类理论具有划时代的意义。所谓政体是指政治统治的具体形式。亚里士多德把政体分为六类:君主制、贵族制、共和制、僭主制、寡头制、平民制。亚里士多德把前三种政体,即为城邦谋利益的统治形式称为正宗政体,把后三种政体,即谋私利的统治形式称为变态政体。亚里士多德倾向于赞成共和制,但有时他认为中产阶级的统治是最好的政治统治形式。

古罗马的法律思想受古希腊的法律思想影响甚大。西塞罗在法律思想史上的贡献是他将古希腊的自然法思想介绍到古罗马。所谓自然法是指与一个国家的具体制定法（有时称为人为法或实在法）相对的一种法律，它高于并指导制定法。西塞罗认为，自然法渊源于上帝的意志和人的社会本性。古罗马五大法学家对法律的论著构成罗马法的一部分。

中世纪的法律思想建立在基督教文明之上，而基督教文明是西方文明的重要基础。基督教神学法律思想大体分两个时期：一个时期主要是以奥古斯丁为代表的教父学法律思想，另一个时期体现为以阿奎那为代表的经院式的法律思想。

奥古斯丁提出了系统完整的基督教教义，其中包含了丰富的法律思想。他的创世说、原罪说、末日审判说、三位一体说勾勒了基督教的基本教义。他把法律分为永恒法、自然法和人为法。

阿奎那系统完整地提出了基督教神学的法律思想，在理论上，他融合了亚里士多德的理性哲学和奥古斯丁的信仰神学。在国家起源问题上，他沿袭亚里士多德的国家自然起源说和政体分类理论。阿奎那对法律的分类独具匠心，他把法律分为四种：永恒法、自然法、人为法和神法。阿奎那对法律分类的理论有着重要作用，首先，他用理性的哲学解释基督教神学，创立了成熟的基督教理论体系；其次，他把自然法置于永恒法和人为法之间，高于人为法但从属于永恒法。这样，就突出了上帝在宇宙中的地位，这反映出阿奎那神学法律思想的显著特点。阿奎那的自然法理论不同于其他西方法学家的自然法理论。

中世纪末期，两场大的社会运动影响了西方法律思想。文艺复兴开创了西方理性主义运动。宗教改革使神学离开了政治领域，基督教思想不再处于至高无上的地位。自此，西方民族国家开始兴起，西方社会步入现代社会。马基雅维里是文艺复兴在政治学方面的代表，他从人性自私的立场，得出了"为达到目的可以不择手段"的著名论断。这种"目的总是证明手段正确"的理论，被后人称为"马基雅维里主义"。马基雅维里倡导意大利的统一，希望在意大利建立起强大的民族国家。布丹是西方主权论的鼻祖，他认为一个国家的首要特征就是这个国家享有"主权"。主权是一个国家最高的、不受法律限制的权力。它具有至高无上的绝对性,永久性或常在性,不可转让性。在具体内容上,主权几乎包括了一个国家所有的重大权力。这一时期,早期空想社会主义思想也得以产生,主要有莫尔的乌托邦和康柏内拉的太阳城。

17、18世纪的西方资产阶级启蒙思想家们反对宗教神学,倡导建立合乎资产阶级的国家制度和法律制度。他们的政治法律学说被后人称为"古典自然法学"。之所以称为"自然法学",是因为他们都认为自然法是一种高于并指导政治社会的国家和法律的人类理性。称为"古典",是因为他们的理论非常完善,可视为一种经典之说。这一时期的法学家众多,而且每个人的理论也不尽相同,但从总体上看,他们的理论都大致包含了如下几个方面的内容:第一,自然状态说。古典自然法学普遍认为,在进入文明社会之前,人类生活在一种自然状态之中。在自然状态下,没有国家、政府和法律。自然状态是人类社会的早期状态。第二,自然权利说。在自然状态下,人们享有普遍的自然权利。这种权利是与生俱来的,也是不可剥夺的,后人称为"天赋人权",其中包括有生命、自由、财产和追求幸福的权利。第三,自然法。在自然状态下,人们没有国家和法律,但他们普遍遵循着一定的法则,这就是自然法。从本质上讲,自然法就是人类的理性,是人区别于动物的本质。人能思考,能通过自己的思考来决定自己的行为方式。自然法是一种法,它构成指导人类行为的一种原则。第四,社会契约论。自然状态的缺陷决定了它的暂时性,人类必定要从自然状态过渡到文明社会。在这过渡的过程中,社会契约起了决定性的作用。也就是说,人类通过社会契约的方式,从野蛮的自然状态进入社会状态。具体的方式是:人们放弃自然状态下的全部或部分自然权利,把它们交给一个人或一个集体。主权来源于每个人的自然权利;这个人或这个集体是主权的掌握者。国家或政治体由此而产生,人类开始生活在有国家和法律的社会之中。第五,分权原则。为了防止权力的滥用,保障人民的自由、平等和天赋权利,就必须将权力分离,以权力来制约权力。第六,法治原则。政治的统治必须以法律为基础。立法机关制定的法律必须是明确的、正式颁布的,法律的执行必须要有严格的法律依据,法官的自由裁判权必须受到限制。法律面前人人平等。第七,自由原则。在国家和个人的关系上,个人的利益是首要的。政府和国家来源于人民,他们的目的就是保护人民的自然权利。如果政府和国家不顾人民的利益,人民有权利建立新的政府。

西方法律思想渊远流长,但法理学,或称为法哲学与其他学科的分离,形成一门独立的科学则是19世纪的事情。法理学的形成以西方法学流派的出现为标志。具体而言,19世纪的法学流派有:第一,哲理法学派。哲理法学派是指用哲学的方法来研究法律现象,认为法哲学是哲学的一个组成部分。创始人是康德,黑格尔予以发展。第二,功利主义法学派。功利主义的创始人为边沁,有时包括密尔和奥斯丁。功利主义的基本原则是"避苦求乐","最大多数人的最大利益"。一项法律草案是否合乎功利主义要从各个方面考察,贯穿诸方面的核心就是最大多数人的最大利益原则。第三,分析法学派。分析法学旨在用实证主义方法分析法律现象,它注重对法律概念、法律结构和法律体系等方面的研究。倡导者是边沁,但真正的奠基者是奥斯丁。奥斯丁严格限制法理学的范围。他区分"应该是这样的法"和"实际上是这样的法",法理学研究的对象仅仅是"实际上是这样的法"。奥斯丁把法律的定义分解为三个要素:主权者、命令和制裁。三个要素的统一就是法律的定义,后人称为法律命令说。奥斯丁严格区分法律和道德的关系,认为法律不应包括道德的因素,后人称之为"恶法亦法"。第四,历史法学派。历史分析是指用历史的观点和方法研究法律现象,倡导者是胡果,典型代表人物有萨维尼和艾希霍恩,后继者有梅因。萨维尼主张法学研究必须贯穿历史的方法。法律是一个民族独有的民族精神,它随民族精神的产生、壮大和消亡而产生、成熟和消亡。萨维尼反对立法,反对法典编纂。梅因则认为法律的发展经过了"地美士第"、习惯和法典三个阶段。此后,东方法律的发展停滞了,西方的法律进一步向前发展,依次经历了法律的拟制、衡平和立法三个阶段。从法律发展的历史中,梅因得出了著名的"从身份到契约"的论断,即人类社会的发展规律是从封建的人身依附关系进化到资本主义的个人自由关系。

19世纪末20世纪初,西方法律思想得到长足的发展。从总体上看,大致包括:第一,社会法学。社会法学是以社会学的方法研究法律现象,它强调法律的社会化。在美国,霍姆斯有时被认为是对20世纪有着最大影响的法官,他对法律的理解很有独到之处。庞德从法律与社会的关系方面出发,强调法律的社会作用和效果。在欧洲,耶林"为权利而斗争"的口号,埃利希"活法"观念和韦伯"法律与社会类型"理论也被认为是法社会学不可或缺的理论。第二,新分析法学。20世纪的新分析法学是19世纪分析法学的延续,通常包括哈特的新分析法学和凯尔森的规范法学。哈特认为法律是规则的体系,包括第一性规则和第二性规则,第二性规则又包括承认规则、改变规则和审判规则。凯尔森也区分法律的应然和实然,也把他的"纯粹法学"限定在法律的实然领域。他说,纯粹法学旨在从结构上研究法律,而不是从心理和经济方面,或者从道德和政治方面研究法律,从而就把纯粹法学与社会法学和自然法学区分开来。第三,新自然法学。新自然法学是指第二次世界大战后复兴的自然法学,传统上大体分为神学的新自然法学和非神学的新自然法学。前者的代表为马里旦,后者的代表有富勒、德沃金和罗尔斯等。马里旦发展了阿奎那的法律理论,有时被称为新经院主义法学。富勒强调法律与道德之间的内在联系。他说道德分为内在道德和外在道德。他把内在道德叫做程序的自然法,把外在道德叫做实体的自然法。富勒理论的重点是法律的内在道德,也就是法律制定和执行过程中应遵循的原则。罗尔斯的社会正义理论和德沃金认真看待权利宣言,都是理想主义的进一步发展。第四,经济分析法学。20世纪60年代,法律和经济分析开始形成了一场运动,其先驱者包括科斯、波斯纳、卡拉布雷西、贝克等。科斯和卡拉布雷西把制度经济学应用到法律领域,揭示法律与经济之间的互动关系,波斯纳则解释普通法所蕴涵的经济学原理,其中典型地用经济学解释了财产法、合同法、侵权法和刑法。

四、学习西方法律思想史的意义

1. 学习和研究西方法律思想史可以增加知识,开阔视野,启发思考,提高分析问题的能力。西方法律思想史基本上来源于历史上法学家的法学经典,这些法学经典是人类思想宝库的重要组成部分。

2. 学习西方法律思想史是培养高层次法律理论人才的需要。任何一门法律学科都有其历史基础和理论基础,而西方法律思想史同时融合了这两个方面的内容。学习西方法律思想史有利于对部门法的进一步了解。

3. 学习西方法律思想史有利于提高法律实践水平。西方法律制度和法律学说历史久远,对世界各国的法律制度和法律原则都有着决定性的影响。在西方国家,法学家的著作和学说有的构成法律渊源的组成部分,有的对立法法律判决有着直接的指导意义。我国的现代法制建设参照了许多西方法律制度,要正确理解这些法律制度,就应该了解西方法学家对这些法律制度的论述。西方法律思想史正是了解西方法学家理论的一门学科。

第一章 古希腊罗马法律思想

第一节 古希腊罗马法律思想概述

西方法律文明源于古希腊和古罗马,正是在古希腊罗马文明的基础上,西方社会才得以延续发展。直到今天,我们追寻政治制度与法律制度历史渊源的时候,最终都追溯到古希腊和古罗马。比较而言,古希腊产生了许多的哲学家,古希腊文明中包括了哲学家们对于政治和法律的思考;而古罗马文明则是法律制度史的最终的渊源,许多的法律制度,特别是大陆法系的法律制度,其历史的渊源在于罗马法。换言之,古希腊是生产思想的一个地方,而古罗马则是生产法律制度的地方。

古希腊泛指存在于古代希腊世界所有城邦的总称,并不是一个完整意义上的国家,也不是一个完整意义上的城邦,它是由一百五十多个城邦所构成的一个松散的政治联盟,从来都没有统一过。古希腊的法律制度流传较少,但是,法律思想则很丰富,出现了大量的思想家。这些思想家包括了苏格拉底、柏拉图和亚里士多德。他们广泛地探讨了善德、正义、法律、理性和政体等法律哲学问题,为后代思想家留下丰富的法律思想遗产。

公元前753年,古罗马于建立在意大利半岛上。到公元前6世纪的时候,古罗马由原始社会向阶级社会的过渡,罗马奴隶制国家的形成;到公元前510年的时候,古罗马进入共和国时期。公元前1世纪末,古罗马进入帝国时期。

罗马共和国的后期,罗马法学家开始出现。许多法学家答复疑难问题,代写法律文书,指导当事人进行诉讼活动,总结司法经验,著书立说。到罗马帝国时期,法学家集团得以产生。随着罗马法学家集团的产生,法律职业活动相伴而生,法学和其他的学科开始区分开来,成为了一门独立的学科。古罗马法学家所思考的问题,都是法律学说最基础的问题,比如市民法、万民法和自然法的划分,公法与私法的划分,法学的定义,正义的含义,等等。

第二节 古希腊法律思想

一、柏拉图的法律思想

柏拉图(前427—前348年)是古希腊著名的思想家。他对政治和法律也有自己的看法。柏拉图法律方面的主要著作有:《理想国》(The Republic)、《政治家》(Stateman)和《法律篇》(The Laws)。一般认为,《理想国》主要体现了柏拉图早期的法律思想,《法律篇》体现了他晚年的法律思想,就他对于西方法哲学的影响而言,前者更为重要。

1. 劳动分工与等级制

柏拉图指出,人们的生活有多方面的需要,而每一种都需要有专人去从事,这样,相互需要就需劳动的分工予以满足。比如,人们需要粮食,所以就需要有农夫;需要居住,这就需要建造房屋的工匠;需要衣着,就要有鞋匠和裁缝,等等。柏拉图认为这种分工是基于人类天性而进行的,即不同的人有不同的能力,因此,长于做某些种类的工作而不长于做另外一些种类的工作;人们的技能只有持之以恒地专心于他们天生适合的工作,才能获得。柏拉图说,我们必须做出这样的推论:如果要使一切东西生产得更容易,更丰富而且质量更好,那就只能一人做一件天生适合于他的事情,而且要在适当的时候去做,并把其他的事情统统放弃。

按照柏拉图所描绘的分工原则,这个国家应该由三种不同身份的人组成,亦即三个不同等级的人组成:第一,具有统治能力而适宜担任统治者,专门从事领导国家的人,这种人是上帝用金子铸成的。第二,军人,他们和统治者结合起来,专门从事保卫国家安全,抵抗外国侵略,这种人是上帝用银子铸成的。第三,劳动者,专门从事生产劳动,这种人是上帝用铜和铁铸成的。柏拉图还指出,在《理想国》中的三种不同等级的人,必须分别具备四种美德:智慧、勇敢、节制和正义。智慧属于统治者,他们负责处理与考虑整个国家的事情;勇敢属于军人,他们负责保卫国家安全,抵抗外侵;节制则属于三个不同等级,而不仅仅是劳动者。

要说明的是,三个等级的划分并不是绝然分开的。他说的等级不是种姓,因为等级中的成员的身份不是世袭的。相反,他的理想指的是这样一种社会,在这个社会中出生的每个孩子都应受到他们的天赋能力让他能够得到的最高级训练,而且在这个社会中,每个人都能晋升去担任他的成就(他的智能加上他的教育和经验)使他能以胜任的国家最高职位。柏拉图认为,第二、三等级中的孩子有希望被提升到第一等级,而第一等级中的人也可能被降级到其他等级中去。但也有人提出不同的观点,并引用马克思的话说,在柏拉图的理想国中,分工说成是国家的构成原则,就这一点,他的理想国只是埃及种姓制度在雅典的理想化。

2. 正义论

柏拉图的法律理想以正义为出发点并以它为归宿。《理想国》又称《论正义》。柏拉图说,一个完善的人和一个完善的国家都具有智慧、勇敢、节制和正义四种美德。智慧、勇敢和节制,分属国家中不同等级的人,即统治者、军人和劳动者,而正义是按照社会分工,各司其事这样一种圆满的美德,它属于每一个人,或者属于每一等级。从个人看,他认为人具有理性、志气、欲望三种品性,理性有获得知识的能力,表现为知识和智慧;志气有发怒的能力,如果接受理性的支配,便表现为勇敢;欲望接受理性的支配,则表现为节制;当理性支配志气和欲望时,此人便获得正义的德性。在这里,柏拉图的正义,就是指理性支配欲望,精神支配肉体。这样,个人的三种品性才能尽到各自的"天职"。这种"各守本分"的状态,就会达到合乎正义的和谐。从一个国家看,柏拉图之正义,就是指各种天生不同等级的人,划分为统治者和被统治者,他们"各司其事"和"各守本分"[1]。柏拉图这样给社会公道下定义:按照组成社会的原则,社会由不同类型的人组成,他们在相互需要的推动下结合在一起,由于他们结合成一个社

---

[1] 柏拉图:《理想国》,郭斌和等译,商务印书馆1986年版,第154—155页。

会,又由于他们把各自的功能集中起来,便构成了一个整体,这个整体是完美无缺的,因为它是整个人类智慧的产物和图像。

柏拉图总结和评析了当时的几种正义观念,首先是克法洛斯父子的正义论,正义就是"欠债还债","做有利于友人而有害于敌人之事"为正义,正义就是给每个人以恰如其分的报答[①]。其次是马霍斯的强者利益正义观,"正义不是别的,就是强者的利益"[②],各种政府所创制成之法律,无一不依其利害观而定立,此等法律原为他们自身之利益而设,加诸其人民,这即所谓的正义。因之,不正之人总占便宜,正义之人总吃亏,从这个意义上说,正义总是一种损失。再次是格劳孔的功利正义观,"正义的本质就是最好和最坏的折中"[③],我做不义之事害人,他做不义之事害我,于是人类互相约定不做正义之事,法律及规约由此而产生,这是正义观念的渊源。对于这三种正义观,柏拉图并没有正面地评判,他只是借苏格拉底之口,称这些正义论只是从正义的外部进行描述,而真正的正义观则要从正义的本身来定义,从这个意义上说,正义是人类心灵中的内在之存在。

3. 哲学王

哲学王的统治,是柏拉图毕生所追求的理想。"哲学王的统治"实际上是"智慧"和"权力"的结合。他说,除非是哲学家为君,或世上之王侯者皆具有哲学之精神与功力,亦即将统治之威严与智慧合而为一,否则国家将永无脱离苦难之日[④]。不仅国家如此,人类亦然。法治非善,人治唯善。法律求恒定于一,犹如刚愎无知之暴君不允许有任何违反其意思或向其质难,即使情势有所变更,彼亦不允许别人采用较其原先命令之更佳方法。对于柏拉图崇尚哲学王统治的解释,有不同的说法。有的学者认为,哲学王统治是"理想国"本身的逻辑结构决定的。《理想国》中的主题和问题是多种多样的,但整个作品却具有高度的一致性和相当简明的逻辑结构。"美德即知识"的观点来源于苏格拉底,它是《理想国》的一个基本观念,柏拉图

---

① 柏拉图:《理想国》,郭斌和等译,商务印书馆1986年版,第8页。
② 同上书,第18页。
③ 同上书,第46页。
④ 同上书,第214—215页。

本人不幸的政治经历加强了这个观念,并促使这个观念具体化,他创办学园以传授真知,这种精神构成了治国之术的哲学基础。然而美德即知识这个命题意味着有一个客观存在的善需要去了解,并且实际上是能够了解的,不过了解的方法不是靠直觉、臆测或机运,而是靠出于理性的或符合逻辑的调查研究。这个善是客观实在的,而不论谁对它有什么样的看法,它之所以应当实现不是因为人们需要它,而是因为它就是善。换言之,在这个问题上,人的意愿仅仅是第二位的;人们所需要的取决于他们对善的认识程度如何,而任何事物之所以善,并非仅仅因为人们需要它。由此得出的结论是:那个了解善的人——哲学家或学者或科学家——应当在政府中拥有决定性的权力,而他之所以具有这种权力完全是因为他的知识。这一信念就构成《理想国》中其他一切论点的基础。另外一些学者从另外的角度阐明这个问题,这种说法认定,柏拉图崇尚贤人政治反民主制的理由如下:第一,柏拉图出身于贵族家庭,受阶级利益的限制,他反对民主制;第二,他所崇拜的老师苏格拉底被雅典城市国家的民主派判处死刑,所以他反对民主制。柏拉图抨击民主制弊端的理由,首先是因为雅典奴隶主民主制的政治家缺乏知识和美德,其次是因为雅典政治家没有权威和无所作为。

推崇哲学王统治的另外一面,就是轻视法律的作用,所以《理想国》中的一个明显特点就是忽视法律的作用。《理想国》的一个主导思想就是认为知识和教化是社会进步必须依靠的力量,是关于自由的聪明才智的设想,不受习惯的约束,不受人类愚蠢行为和固执己见的限制,甚至能够指导习惯和愚蠢势力本身沿着通向理性生活的道路演进。因此,如果统治者只凭他们的卓越知识就有资格行使权力,那么法律就无足轻重了。因为用法律条文束缚哲学王的手脚,就像是强迫一个有经验的医生从医学教科书中去抄袭处方一样。他说,若有一医生将到外国,并且担心长时间不能探视他的病人,于是将他所用的药方记下交给他的学生,或病人自己使用。但是,假设该医生在预定期限之前回国,并且因为天气的变化,用其他办法医治或许更好,那么医生是否因为新方法没有记在旧处方之中,而将新方法弃而不用呢?如果我们相信合乎科学的知识总是优于一般人的意见,那么我们就没有理由尊重法律,使它成为国家的最高权力。能深入理解自然的合乎理性的洞察力所产生的智慧,不能因为法律的判断而放弃自己的判断。

4. 家庭制度与教育制度

至此,柏拉图所设计的理想国是基于需要和劳动分工的社会,这一国家中哲学王的任务是对这些事项做出最有利的安排,具体方法就涉及的柏拉图的共产共妻制和严格的教育制度。柏拉图共产共妻制度内容:第一,禁止统治者阶层(军人和统治者)拥有私人财产,包括房屋、工地和金钱,并规定他们须进入营房和公共食堂进餐;第二,废除固定的一夫一妻制的性关系,代之以按统治者的要求进行有节制的交配,其目的是为了获得尽可能优秀的后代。在《理想国》中,柏拉图用大量的篇幅来谈教育问题。卢梭说这本书几乎根本就不是一部政治著作,而是前所未有的一部讨论教育问题的最伟大作品。柏拉图认为,教育是一种积极的手段,统治者可以运用它来朝着正确的方向来塑造人性,从而创造一个和谐协调的国家,在柏拉图看来,如果道德是知识,那么道德就是能够传授的,因而传授道德的教育体制就是一个好国家的一个不可缺少的部分。根据柏拉图的观点,有了良好的教育体制几乎一切都有可能得到改善;如果忽视了教育,国家所做的任何其他事情都无足轻重了。柏拉图的设想是实现由国家控制的义务教育制,他的教育规划分为两部分:初等教育和高等教育。初等教育包括对青少年的整个训练,直到二十岁左右开始服兵役时为止。课程是:体育训练身体,"音乐课"训练精神(诗歌的研究解释);高等教育是为那些精选出来预定成为两个统治阶层的男女公民而设的,教育期从二十岁延长到三十五岁,课程是:数学、天文学和逻辑。

5. **次善的法律统治**

《政治家》和《法律篇》中包含柏拉图晚期的法律思想。《法律篇》中法律哲学不像《理想国》中看到的那样具有一种大胆而无所顾忌的纯理论结构,但另一方面,柏拉图在他晚期的理论体系中力图以他在早先的作品中从未采取过的方式来面对政治现实。《理想国》是一部永久性的著作,因为它的一些具有普遍意义的原则没有时间限制。但柏拉图晚期的思想对古代世界中他的后继者在发展政治哲学方面产生了更大的影响。这在亚里士多德身上看得非常明显,因为《政治学》的出发点是《政治家》和《法律篇》而不是《理想国》。

在其晚年,柏拉图开始承认法律的作用。一般认为,柏拉图的理论形态从早期到晚期的改变,归因于他政治幻想的破灭,这种幻灭感是他企图参与叙拉古的政治事务而最终失败的结果,而且这段经历很可能以特别尖锐的方式使他清楚地认识到政治生活的现实状况。

在《法律篇》中柏拉图一再说明他的目的是描绘第二等最好的国家,而且极力强调法律的重要性。没有法律,人类就和最野蛮的动物没有任何区别,然而,一旦有能力的统治者出现,人类就无须由法律来统治了,因为没有任何法律或条例比知识更有威力。因此归根到底,柏拉图还是确信在真正理想的国家里应实现为哲学王纯理性统治而不受法律或习俗的牵制,据此可以讲,柏拉图的新理论就是第二等国家的法律。

在《法律篇》中,柏拉图说,凡是法律未能独立且无权威者,国家必定灭亡;反之,法律之尊严胜过统治者,那么国家必定多福。① 如果有人天生就具有认识真理的禀赋,那么此人无须受法律的规范,因为世上并无此种大智之人,至少没有多少,所以我们必须选择次善之法律。② 柏拉图内心至少存在这种信念:法律比无理性的行为要好,守法的统治者比僭主、富豪统治集团或一伙暴民的武断专横要好。一般讲,法律是导致文明的力量,如果没有这种力量,让人性听其自然,人就会成为最野蛮的动物。③ 这些阐述对于亚里士多德的影响是显而易见的,因为我们在亚里士多德的《政治学》中,可以发现几乎相同的表达。

---

① Plato *Laws* IV(715). The state in which the law is subject and has no authority, I belive to be on the high way to ruin; but I see that the state in which the law is above the rulers has salvation and every blessing which the it can confer.

② Plato *Laws* IX(875). For if a man is born divinely gifted that he could naturally apprehend the truth, he would have no need of laws to rule over him; But then there is no such mind anyway, or at least not much; and therefore we must choose law.

③ Plato *Laws* IX(874—875). mankind must have laws and conform to them, or their life would be as bad as that of the most savage beast.

柏拉图说,人的内在感情左右人的行动,结果是向善或向恶的两种情形。他说,有这样一种拉力,每个人都应当永远跟着它,而且决不撒手,从而能抵抗其他肌腱的拉力;它就是那慎思熟虑得出的主要纽带,金质的和神圣的纽带,而称为国家的公法;其他的纽带都是坚硬的和铁制的,并有种种可能的形态和外貌,而这根纽带是柔韧和始终不变,因为它是黄金制成的。有了这根最卓越的法律纽带,我们就必须需要经常合作;因为既然慎思熟虑是卓越的,而且是柔和的而非强烈的,那么他得出的主要纽带就需要有辅助者来保证这种黄金的品质在我们之间有可能克服其他的品质。

由此看来,柏拉图晚期的理论是用一根金质的法律纽带串联起来的,这意味着它的道德原理结构不同于《理想国》中的道德原理结构。法律由此代替了柏拉图曾经努力使之在理想的国家中居于至高无上地位的那种理性。他因此曾经相应地认为理想国家的主要美德是公道、劳动分工和职能专业化,使每个人处于适当的位置并"给他们公平对待",这样就使得他们能够最高度地发展他们的一切才能并充分地运用这些才能。在《法律篇》谈到的国家中,智慧具体化为法律,甚至可以说凝结成法律。

6. 政体理论

在《理想国》中,柏拉图提及了五种政体形式:贤人政体,军阀政体(军人统治的政体)、寡头政体(少数富有者的统治)、平民政体(多数平民执政或民主制)、专制政体(暴君政体,一人独裁)。其中,他倾向于贤人政体。

在《政治家》中对于政体理论有重要发展和修正。他首次提出划分政体的两个标志:第一,根据执政人数的多少;第二,执政者权力的行使是否按法律办事。政体分六种,即君主政体、贵族政体、共和政体、暴君政体、寡头(财阀)政体和民主(暴民)政体。这里,柏拉图倾向于贵族政体。

在《法律篇》中,柏拉图提出了"混合政体"的理论。柏拉图倾向于君主制与民主制的混合政体,亦即君主制的智慧和民主制的自由相结合,混合制的目的是通过"力量的均衡"来表达和谐,或者是具有不同倾向的各种原则相结合的方式达到和谐,从而达到政治力量稳定的局面,有人认为这是孟德斯鸠权力分立原则的原型。当然,柏拉图这种混合制不是完善的。另外,在其晚年,他主张恢复私有财产制度和个人家庭制,取消了共产共妻制。

二、亚里士多德的法律思想

亚里士多德(前384—前322年)是古希腊思想的集大成者,他是一位百科全书式的人物,他在法律方面的主要著作是《伦理学》、《政治学》和《雅典政制》。

1. 正义论

亚里士多德的伦理学是关于人的道德学说,它的中心内容是讲善、美德和正义。"善"是基本的范畴,美德和正义是围绕善来展开的。善是美的具体表现。对于什么是"善",亚里士多德没有下过确切的定义,有时与"快乐"联系在一起。"美德"则是指摆脱欲念的一种状况。"正义"是人们在社会关系中所产生的一种美德。而正义和不正义含有两种意思:一是指是否能服从法律,二是指一个人所取得的东西是否是他应当得到的。正义可分为普遍正义和个别正义两类。其中个别正义又分为分配的正义和矫正的正义两种,所谓"分配的正义"就是求得比例的相称,指不同地位不同身份的人们按等比比例原则办事,即不同品德的人们在社会上享有不同的政治权力、不同的社会荣誉和不同的财产数额,它表现在对荣誉、金钱和其他任何可以在参加某个社会的人们之间进行分割的东西的分配上用等比比例,而公共财产分配于二人或二人以上者,视各人所占有之多寡为准。这种正义是从人的不平等性出发的,而这种不平等是自然造成的,是固定不变的。[①] 至于"矫正的正义"就是人们之间的平等关系,它表现在对属于交换物品范围的东西进行平均分配上。这种平均主义,要运用到诸如契约、买卖、赔偿损失、司法审判等方面。这是一种"等差比例"。这种正义是以人的等价性为依据。[②] 正义在政治上的体现就是政治的正义。政治的正义同普通的正义和个别正义相对

---

① 参见亚里士多德:《政治学》,吴寿彭译,商务印书馆1966年版,第150页。
② 同上书,第148页。

应,可分为"自然的政治正义"和"习惯的政治正义"。自然的政治正义因不同国家而各不相同,习惯的政治正义因不同的国家而相异,"对于每一类的社会,各从其宜,也各合乎正义"①。

亚里士多德的法律就是建立在这种正义论的基础上的。法律的制定和实施,法律作用大小、法律变革与否等,都要以是否符合正义为转移。

2. 国家起源

在国家起源的问题上,亚里士多德提出了国家自然起源论。首先,他认为国家是由家庭和村落不断自然发展而形成的。亚里士多德认为,人天生是"城邦动物"或"政治动物",进行社会结合是人的天性。人的结合无非有两种形式:一是两性的结合,二是命令和服从的结合,即自然的统治者和自然的服从者的结合。而家庭是这种结合的最原始形式。它是由夫妻、父子、主奴几种关系联结而成的。这样,家庭就成为人类满足日常生活需要而建立的社会的基本形式。其次,为了适应更广泛的生活需要,而由若干家庭联合组成村落,即高一级的共同体。最后,若干村落组合而为城邦,社会就进化到高级而完备的境界,在这种社会团体以内,人类的生活可以获得完全的自给自足。因此可以明白,城邦出于自然的演化,人类在本性上是政治动物,趋向于城邦生活。由此推及,凡人由于本性或由于偶然而不归属于任何城邦的,他如果不是一个鄙夫,就是一位超人;不是一只野兽,就是一位为神祇。②

国家(城邦)这个社会团体和其他社会团体的区别,不仅表现在规模上或级别上,尤其表现在性质上(本性)上,亚里士多德说,城邦虽在发生程序上后于个人和家庭,但在本性上则先于个人和家庭。因为就本性而言,全体必然先于部分。依亚里士多德的哲学,家庭、村落是国家的动力因(制造者),国家是家庭、村落的目的因,国家一开始就存在于家庭和村落之中。换言之,不能把国家看成是家庭和村落的扩大,家庭和村落是国家发展中的一个阶段(过程)。亚里士

---

① 参见亚里士多德:《政治学》,吴寿彭译,商务印书馆1966年版,第172页。
② 同上书,第7页。

多德还说,国家的标准是完全独立性、自我满足性和自我生存性。这些属性是家庭或村落等集合体所不具备的。国家这种集合体存在的意义,主要在于:一是人们生活的最广泛的恒久条件,二是最大限度发挥人们能力的唯一组织形式。基于这些理由,国家理所当然地要优先于个人、家庭和村落。

3. 政体理论

亚里士多德把政体解释为城邦一切政治组织的依据,政治所由此决定的"最高治权"的组织。亚里士多德对政体进行了划分,划分的标准有二:主权属于多少人来掌握;统治的目的,即为实现全体市民的利益,还是只为实现自己或少数人的利益。如果国家组织是为整体共同的善,这种组织就是正常的政体,称"正宗"政体,否则就是不正常的政体,称"变态"政体。由此标准,他把政体分为六种:君主政体、贵族政体、共和政体、暴君(僭主)政体、寡头政体和平民政体,前三种是正宗政体,后三种是变态政体。

在政体理论问题上,亚里士多德提出,不存在任何环境下总是好的政体;政体需由不同人民的特殊要求来确定。在他看来,基本的国家制度不能脱离具体的时间、地点和人民的条件来考虑。其中,包括综合地考察地势、气候、资源以及居民的数量诸情况,这带有地理环境决定论的色彩。他说,有些社会自然地宜于专制式的统治,另一些宜于君主为治,又有一些则宜于城邦团体的宪政的统治,这些,对于每一类的社会,各从其宜。

至于亚里士多德向往的政体,有人说是共和政体,有人称立宪共和政体,有人称混合三种正常政体的一种混合政体。总而言之,它是一种介于三种正常政体之间并吸收三种正常政体优点的中间型政体。在这种国家中,中等阶级占据优势。他反对大富大贫,提倡中等财富,主张拥有适度的中产阶级来统治国家。亚里士多德认为,在一城邦内,从财产上讲,极富极贫阶级都不具备节制与中庸的美德,他们不能顺从理性,极富阶级常常逞强放肆,致犯重罪,极贫阶级则往往懒散无赖,易犯轻罪,因而这两个阶级都是大多数灾难源头。唯有中产阶级善德最佳,境界最高,很少野心。它比其他阶级较为稳定,既不像穷人那样贪图他人财物,也不像富人那样富得足以引起穷人嫉妒,也不对别人抱有任何阴谋。他说,很明显,最好的政治团体必须由中产阶级执掌政权。具体而言,他向往雅典政制,而非民主全盛时期,即伯拉克利时代的雅典政制,亚里士多德罗列了此种共和政体的好处:第一,它代表的人数多,意见、智慧、力量、美德甚至财富的总和就多;第二,动摇一个人的感情容易,而动摇全体人的感情就难,所以共和政体最稳定;第三,由于多数人参与政治,就会减少纷争和内乱,因为每项决定反映的都是多数人的意志。

亚里士多德提出了政体职能问题,即国家职能。他认为任何一种政体都是由三个要素构成的,这就是它的立事职能、执行职能和司法审判职能,通过三个不同的机关来行使它的治权。他说,一切政体都有三个要素作为构成的基础,其一为有关城邦一般公务的议事机能;其二为行政机能部分——行政机能有哪些职司,所主管的是哪些事以及怎样选任人员,这些问题须一一论及;其三为审判(司法)机能。这里三种机能虽类似于近代资产阶级思想家的"三权分立",但其内涵是不一样的,不能简单地等同起来。

4. 法律思想

亚里士多德对法律概念的解释是多样的,有时指道德上的法规,与理性、正义等同;有时是实在法的概念,与规章、秩序联系起来。亚里士多德认为,法律有如下特征:第一,法律是一种规章,国家用它来掌握权力并监察和处理违法者;第二,法律是一种秩序,普遍良好的秩序基于普遍遵守法律的习惯;第三,法律是正义的体现,要使事物合于正义,须有毫无偏私的权衡,法律恰恰是这样一个中立的权衡。法律的目的和作用,就是谋求城邦全体公民的"公共福利",使他们"都能进入正义和善德的制度"[①]。

亚里士多德对法律进行了分类。首先从法律的性质和地位上,法律可分为自然法和人定法。自然法是反映自然存在秩序的法律,是自然存在的秩序。自然法是正义的体现,其内容普遍适用,永恒不变,它高于人定法,是人定法制定的依据。人定法是自然法的体现,是由城邦制定的而不是自然存在的法律,其内容是经常变化的。它

[①] 亚里士多德:《政治学》,第138页。

是衡量人们行为是非曲直的尺度,是正义的体现。他说,法律,不同于政体,"它是规章,执政者凭它来掌握他们的权力,并借以监察和处理一切违法失律的人们"①。自然法是人之理性(本性)的体现,而理性是人与动物的根本区别。因之,他把自然法看成是基于人类本性的一种道德规范,凡是理性动物是会自然遵守的,自然法的性质为人人必须遵守的道德规范,是人善良本性的体现,他认为人就其本性来讲,是善良的,正是由于善良,他才有所成就,才会主持正义,讲求公道。亚里士多德说,人类由于志趋善良而有所成就,成为优良的动物,如果不讲礼法,违背正义他就堕落为恶劣的动物,如果悖道(不义)而又武装起来,势必引起世间莫大的祸害;人类恰恰生而具备他所特有的武器,如语言机能,这些装备本来应由人类的智虑和善德加以运用,可是这也未尝不可被运用来逞其狂妄或济其罪恶。于是失德的人就会淫凶纵肆,贪婪无度,下流而为最肮脏的野兽。这样,他把自然法看成是维系人类社会最高的道德标准,因为人本性是善良的,这是自然法的要求,是人们必须遵守的行为规则,违背了它就是不义,就是违法。其次,从法律的表现形式看,法律可分为成文法和不成文法。成文法指有文字表现形式的人定法,不成文法指存在于城邦中的那些通行的习惯法。最后,从法律规定的内容来看,法律可分为基本法和非基本法,基本法就是城邦的宪法。

亚里士多德的政体与法律的理论是开拓性的,对于后人有着巨大的影响。他提出了法律与政体统一的思想。他认为,法律决定并服务于政体,与政体相一致。正宗政体是好的政体,它制定的法律就是合乎正义的好法律。而那些不合乎正义,坏的乖戾的制体所制定的法律就是坏法律。当政体的目的是促进全城邦的共同利益即促进正义和善德时,这个政体的法律也就以促进正义和善德为目的,反之则相反。

亚里士多德也谈到了法律与自由的关系,他反对自由就是各行其是的观点,主张将自由限制在法律规定的范围之内。他说,公民应遵守城邦所定的生活规则,让各人的行为有所约束,法律不应被看作

---

① 亚里士多德:《政治学》,第178页。

与自由相对的奴役,法律是一种拯救。

5."法治优于一人之治"

与柏拉图早期人治的观点相反,亚里士多德提倡法治,反对人治。对于法治,他认为,"法治应包含两重意义:已成立的法律获得普遍的服从,而大家所服从的法律又应该本身是制订得良好的法律"①。

具体而言,第一,要有一个制定得良好的法律,这是前提。这只能在正宗政体下才能实现,而在非正宗政体下则无法治而言。亚里士多德提出,立法坚持稳定性和适时修改。立法工作要及时地适应形势的重大变化,制定新的法律和废改旧的法律,以便更好地使法律能符合政体的要求,履行正义、善德和幸福等原则,与此同时,又要保持法律的稳定性,以及其慎重的态度对待法律的变革。制定法律要认真考虑国家的具体情况,如国境大小、居民人数、生活方式、国家行政关系、财产数量和军备等。法律要反映中产阶级的利益。在他看来,建立以中产阶级为核心的国家是最正宗的政体。第二,普遍服从法律,这是关键。亚里士多德说,法律所以有效,全在于民众的服从,但同时指出,民众的守法精神不能全部仰赖于自发形式,而须长期地培养,为此,就要求国家在此方面付出巨大的努力。同时,执政者应时时处处依法办事,严格执行法律,法律应在任何方面受到尊重而保持无上的权威。执政人员和公民团体只应在法律所不及的个别事例上有所抉择,两者不该侵犯法律。

亚里士多德认为法律是最优良的统治者。法律的统治就是理智的统治,神祇的统治。而人治,就在政治中混入了兽性的因素。这里蕴涵着这样的思想:他认为法治之所以优于人治原因在于:第一,法律是根据众人的经验审慎考虑后制定的,与一个人或少数人的意见比,具有更多的正确性。因为众人的智慧总优于个别人的智慧,正如许多人出资举办的宴会可以胜过一人独办的酒席,大泽水多则不朽,小池水少则易朽,同时多数群众也比少数人不易腐败。第二,法律没有感情,不会偏私,具有公正性。亚里士多德说,即使最好的人们也

---

① 亚里士多德:《政治学》,第199页。

未免有热忱,这就往往在执政的时候引起偏向。法律恰恰是免除一切情绪影响的神祇和理智的体现。第三,由此而来的是,法律不会说话,不受波动的感情影响,具有稳定性。第四,法律是借助规范形式,特别是借助文字形式表达的,具有明确性。第五,时代要求实行法治而不能实行人治。共和制兴起之后,仍用人治是不合乎时代要求的。因为在平等人民所组成的城邦中,以一人凌驾于全邦人民之上是不合乎自然的。第六,一人之治管理国家也实属困难,一个人的精力和能力很有限。

当然,亚里士多德也不完全否认统治者个人的作用。他认为,法律不可能及时地适应复杂多变的国家事务时,就需要运用"理智"。因之,个人的作用不能完全否定。他说,只有在法律所不能包括并失其权威的问题上才可让个人运用其理智。

第三节 古罗马法律思想

一、斯多葛学派与西塞罗

古代希腊语世界的历史分为三个时期:自由城邦时期,这段以菲力普和亚历山大告终;马其顿统治时期,这段以罗马侵吞埃及而告终(希腊化时代);最后是罗马帝国时期。第一时期的特点是自由与混乱,第二和第三时期是屈服与秩序。斯多葛学派存在于第二和第三时期,即"希腊化时期"和"罗马帝国时期"。与之大致相近的斯多葛学派的代表人物分为前后两个时期:早期的主要代表芝诺(前336—前224年)、克林塞斯、克利西帕斯、节欧根尼、波塞都亚斯等人;后期的主要代表有塞涅卡、埃及克特、奥勒留等人。

1. 斯多葛学派的"自然"

斯多葛学派由芝诺创立,他本为赛普路斯岛的一个商人,当许多外国人来此研究哲学的时候,他也来到此地研究哲学。他后来成为一位大师,设讲座于粉饰的游廊(painted porch),因此,他所创立与其后来许多的思想家所成就的思想学派的名称就叫斯多葛学派(stoicism)或画廊学派。

斯多葛学派是古希腊罗马自苏格拉底以来把人类认识的眼光从自然转向人类自身哲学的继续,其理论的核心是伦理学。而伦理学的核心是"自然"。在斯多葛那里,"自然"有宇宙客观自然界的含义,有时也指事物的规律与本性。黑格尔认为,斯多葛的自然是逻各斯规定着的理性,是主宰的、统治的、产生的、弥漫一切的、作为一切自然形态——自然形态被认作是逻各斯的产物——的本原的实体和动力。就这个实体之为理性的推动活力而言,他们称之为神。由此看出,斯多葛对自然抱有浓厚的敬仰态度的。奥勒留说:宇宙!所有您认为合意的东西我也认为合意,你的运行从来没有失时。啊,自然!您的季节所带来的一切都是我的果实,万物都生于你,养于你,归于你。

伦理学的核心是"善",斯多葛是重视道德实践的。他们认为,人要达到至善,唯一途径就是"顺应自然而生活"。因为人类个人的本性是普遍本性的一部分,因此,主要的善就是以一种顺从自然的方式生活,这意思就是顺从一个人自己的本性和顺从普遍的本性。明显的例子是,当西风愿意的时候,或者风神爱欧洛愿意的时候,才会刮西风,你是无能为力的,因为宙斯并没有让你成为风的发散者,而是让爱欧洛管风。那么我们说怎么办呢?唯一的方法就是好好运用我们能力范围以内的东西,别的就听其自然。自然不是别的,就是神的意愿。

自然有规律地统治着世界,人对此无能为力,因此,斯多葛提出了以"克欲"为内容的道德标准,以"内心"为归宿的自由意志论。他们认为道德是心灵的状态,永远一致,永远和谐。人必须为道德而求道德,并不需要恐惧、希望,或任何外在的影响。爱比克泰德说,不要向外面去寻找善,你在自己里寻找吧,不如此你就找不到。其含义是,不要把自己的脑筋长在旁人身上,不要去打听别人的谈话、心思和计划,也不要猜度别人在干什么或为什么要那样干。不要依赖外援,不要向人家乞求幸福,不要把自己的腿扔掉而去依靠拐杖来站着。塞涅卡说过,我们不可能改变世界的关系,我们能够做的只有一件事,即寻求道德高尚应有的勇气,并借助它安静地忍受命运给我们带来的一切,使意志服从自然的规律。

也就是讲,面对强大的不为人所征服的自然规律,斯多葛的态度是克制和服从,追求一种内心的善与和谐。奥勒留是这样总结的:做事的时候不要沮丧忧郁,交谈时心情不要波动,不要胡思乱想。你不要把太多的事情堆在自己身上。别人咒骂你吗?这并不妨碍你保持一个明智、温顺和正直的心灵,假如有人站在一泓优美的清泉旁边,指着泉水破口大骂,但他那些肮脏的字眼决不会玷污流水,他要是向水中投进泥土的话过一会儿也就消逝了,泉水仍然和往常一样洁净。我们从中可以发现一种宗教式的内心热情和一种对外在世界的冷酷无情。这也正是斯多葛晚期成为基督教思想渊源之一的原因。其极端之处可以对"死"的看法中略知一二。奥勒留说,熟思一下什么是死,以及这一事实:就是如果一个人从死亡本身而观死,并且用思维抽象力把对于死亡想象力所呈现的一切事物分析成为部分,则他就要以为死亡不过是自然的一个作用;如果任何人畏惧一个自然的作用,则他简直是一个小孩子。

斯多葛认为,人区别于动物在于,动物是神灵的作品,不过不是头等的存在,也不是神灵的一部分。但是人是一个头等的存在,是神灵的本质的一个特殊部分,并且在人身上包含着神的某一部分。人的本质在于他有理性,人类因为具有同等的本性和理性,所有人与人之间应是平等的,这就是斯多葛人人平等的理由。西塞罗说,世界上没有任何东西能彼此如此相似,有如人与人之间者。若非恶习惯及错误信仰使意志薄弱的人陷入歧途的话,人与人之间的相似一定正如一个人和自己的相似一样。人与人之间在种类上是没有差别的,如果有差别的话,那么一个人的定义就不可能适用于一切人了。这种平等观在西方思想史上占有重要地位,17、18 世纪启蒙学者提出的自由、平等天赋人权理论都受其一定的影响。

2. 理性与自然法

斯多葛认为,人因其同等的理性处于平等的地位,并不因为不同的地域而不相同,人类受着同样规律(自然法)的支配,如果把人类都组织起来,于是就可以建立一个平等的世界国家。奥勒留这样说,假如我们理智部分是共同的,那么,我们就理性的存在来说,理智也是共同的;倘若如此,共同的也就是要求我去做什么而不去做什么;

又假如这样,也就有了一个共同的法律,这样我们就是共同公民了。因而,在某种意义上,这个世界就是一个国家。这种统治着世界国家的"共同法律"在斯多葛看来,就是自然法,有时称"人类普遍法则"或"宪法"。公元1世纪的约旦说,凡法律正式成立的城市,自有规则的宪法以来,全世界的公民必须采用同一的宪法,因为它已通行于全世界。而这个宪法便是自然界的真理。

斯多葛认为,自然法从来就有,永世长存,先于国家与人定法而存在。自然法是绝对正确、公正的。法这个术语的定义实质上包含着选择了正当和事实的概念和原则。自然法是普遍适用的。因为如果一个人像在一个国家(政治社会)中生活着那样,他在世界中各处生活着,则他在这个或那个地方生活着是没有什么不同的。

斯多葛认为,自然法是较高级的法律,人定法是最低级的法律,自然法高于人定法,它决定了人定法的内容;人定法应服从自然法,以自然法的内容为原则和标准。人定法不合乎自然法就不成其为好法。这一理论是自然法理论的共同特点。斯多葛的贡献在于第一次提出这种看法,有其重要意义。

我们可以从西塞罗那里看到这种理论。西塞罗认为,自然法是人类理性的体现,既不能废除,也不能取消,是正义的本源,是衡量一切事物的标准。他认为任何一个国家的公民,都有两种法律:一种是自己城市国家的法律;另一种是这个世界国家的法律。前者是人定法,后者是理性的自然法。这两种法律相比而言,以理性权威大,它是各城市国家习惯法必须遵守的规范。他认为,希腊三十暴君执政时期所颁布的法律是不正确的,他还对罗马一个独裁者不受惩罚和任意审判公民的法律严加抨击,认为这种法律根本不是法律。十分清楚,当把原来的民族惯例用文字写出来而予以实施,人们就称之为法。但是如果用人定法须符合自然法的观点看,那么为各国制定坏和非正义的成文法的人,是违背了诺言和契约的,他们所实施的东西就根本不是法。他举例说,在罗马鲁塞乌斯·塔奎尼乌斯的时代,对强奸一事没有成文法。我们不应该因此就说,鲁塞乌斯·塔奎尼乌斯强奸了特塞庇梯努斯的女儿鲁克丽蒂娅而不违反永恒的法律。因为理性的存在,起源于宇宙的天性,它驱使人们从错误的行为转向正当的行为,所以这种理性被写成文字时,就成为法,它先于法而存在,并与神的理智并存。它是真正的和自然的,应用于支配和禁止的法律。

与其理论的逻辑相联系,斯多葛在西方第一次提出了"义务"的概念。"义务"一词,最初为"kathekonta",由"负担"一词引申而来。在斯多葛那里,所谓义务,就是人们依其本性去追求至善生活所必须履行的行为。这与其"克欲求善"的伦理行为准则不无关系。它从属于一种理性、自然的法则。人类具有理性这一本性是义务论的理论前提,履行义务也就是克欲求善的一种实践。正是这个意义上,阿克第玛斯把至善定义为履行一切应尽义务而生活。

斯多葛把义务观应用到了法律理论领域。他们认为,公民、国家与法律秩序的利益是一致的。对于一个真正的公民有害的事对法律(秩序)也有害;而那些被称为不幸的,没有一件不是对于法律有害。因此,凡无害于法律的既无害于国家,也无害于公民。奥勒留利用亚里士多德整体与部分理论来论述这个问题,他说由于我是一部分,对于一切出于整体而分配给我的事物,我都将满意,因为如果凡是为了整体的利益而存在的,对于部分就不会有害。由于我同与我自己同种的那些部分在一种方式中密切地关联着,我就不会做不合于人群的事情,而宁愿使自己趋向与我自己同类的东西,会把我的全部精力放到共同利益上面,而使它离开与共同利益相反的事情。也就是说顺从普遍的本性,不做人类共同法律惯常禁止的事情。那共同的法律与普及万物的正确理性是同一的。

二、罗马法与罗马法学家

罗马法是建立在罗马奴隶制经济基础之上的最完备的法律体系,后世许多国家的法律都从罗马法中吸收和继承了不少东西,从古至今,罗马法的影响是世界性的。然而,罗马法的形式和发展是同罗马法学家的活动与作用是分不开的。

1. 西塞罗与自然法理论

罗马法的哲学思想继承了希腊法哲学的主要部分,并在广泛的法律实践中创造了自己的特色。第一,法律以公正、正义为概念,而公正和正义是人人有份的。第二,公正和正义来源于自然法,而非基于功利原则。第三,国家立法机关随时可以变化,但立法最终以人民的意愿为依据。

西塞罗(前106—前43年)是罗马共和国时期著名的政论家。在法律思想方面,他以自然法理论为基础,以人为前提,来解决人类理性、法与正义的关系,他明确指出,智慧的理性是衡量正义与非正义的标准。有理性的人的特征,是按照理性给予每个人以应得的东西。西塞罗将这种态度看成是正义。法是最高的理性,并且它固植于支配应该做的行为和禁止不应该做的行为的自然之中。法是正义和非正义事物之间的界限,是自然与一切最原始和最古老的事物之间达成的一种契约;它们与自然的标准相符并构成了对邪恶予以惩罚、对善良予以捍卫和保护的那些人类法。同时,他将斯多葛学派的自然法原理引申到罗马法律中,认为自然法是普遍存在的,是一种至高无上的法则,它的作用远远超过人类领袖所制定的法律。而人类现行的法律与正义相符就是真正的法律。国家实施的"有害"的法规,理所应当地不配成为法律,而只能被称为一伙强盗在其集团内指定的规则。根本非正义的"法律"不具有法律的性质。

西塞罗在《法律篇》中十分重视法律与执政官、法律与共和政体的关系。他的精辟见解是这样的:一个执政官的职责是依照法律对人民进行统治,并给予人们以正当的和有益的指导,因为法律统治执政官。执政官乃是会说话的法律,而法律乃是不会说话的执政官。

2. 罗马法学家

罗马由共和国进入帝国后,奴隶制经济空前繁荣。罗马法以及罗马法的研究也迅速发展。到公元二、三世纪间,出现了著名的五大法学家:盖尤斯、保罗、伯比利安、乌尔比安和莫德斯睇乌斯。他们除了按照罗马帝国的要求立法外,还负责解释法律,答复法律上的疑难问题,编撰合法证书、法律文书,指导诉讼活动等。到了奥古斯丁时期,还赋予某些法学家"公开解释法律的特权"。当这些法学家意见一致时,这些意见就具有法律效力,如意见分歧,法官亦可参酌这些意见判案。罗马帝国非常重视罗马法学家的活动,曾经颁布《引证法》,明文规定,遇有疑难问题,成文法无明确规定时,要按照五大法学家著作来解决;五大法学家著作的观点如不一致,则以多数人观点为准;如相同,则遵守帕比尼安的学说,公元529—534六年间先后由东罗马帝国皇帝查士丁尼主持编撰的《查士丁尼民法大全》中的《学说汇编》,搜集历代著名法学家的书籍,撷其精华,其中半数是乌尔比安和保罗的著作。

罗马法学家的工作在很大程度上具有实践性,他们很少进行关于法律和正义性质问题的抽象的理论讨论。他们所设想的"自然法",通常不是西塞罗所讨论的那种普通的、永恒的法律,而是一种由人们提出的解决案件的方法,这种方法与罗马社会对人们的行为方式的期望相一致,或与特殊事实情形所固有的正义相一致。

罗马法的体系分为公法和私法。罗马法学家乌尔比安说,公法是与国家组织有关的法律。私法是与个人利益有关的法律。盖尤斯的《法学阶梯》中也载明:公法是有关罗马帝国政府的法律,私法是有关个人利益的法律。

按照乌尔比法的观点,罗马法分为市民法、万民法和自然法三个部分。后来罗马法学家把最高裁判官法也作为法律体系的组成部分。而盖尤斯不同意乌尔比安把罗马法分为三部分的说法,而将自然法与万民法视同一体,主张"二分说"。盖尤斯所论及的市民法,是只适用于罗马公民的规则体系。万民法由惯例、规则和原则组成的。这些惯例、规则和原则反映了那些与罗马有交往的异邦异国的法律制度中的共有成分。为罗马法所遵守的、特殊规则或惯例,只要得到许多其他国家的采用,那么它就编入万民法之中。由于它是一个普通的和几乎普遍的规则体系,因此,盖尤斯认为它是自然法。而保罗则把法律分为自然法和市民法,认为自然法是印在人们心坎上的法律,永远代表正义;市民法则是适用于各国全体人民或大多数人民的法律。乌尔比安的三分法认为,自然法因自然条件的条理生成,为人和动物所共有,它承认一切人类生而自由;万民法由各国规律而生成,它和市民法一起为人类所共有。市民法是一个特别社会的规则,体现正义和道德。

乌尔比安从法律的定义推论出法学的概念。他认为,法学是关于神事和人事的知识、正与不正的学问。同时,他还认为,皇帝的意志都具有法律效力,因为人民已经把自己的权力与权威都赋予了皇帝。这实际上是在重复西塞罗的思想,即承认法律是具有集体能力的人民的共同财产。

我们可以来看看《法学总论》里的法哲学思想。在《法学总论》里,有关于正义、法学、法律基本原则、公法与私法、自然法、万民法与自然法的标准界定。"正义是给予每个人他应得的部分这种坚定而恒久的愿望","法学是关于神和人的事物的知识;是关于正义和非正义的科学","公法涉及罗马帝国的政体,私法则涉及个人利益",私法包括自然法、市民法和万民法的基本原则。"自然法是自然界教给一切动物的法律"①,它始终固定不变。市民法是一个国家所特有的民族,专门为自身治理制定的法律。它经常变动,该变动或是由于人民的默示同意,或是由于以后制定的其他法律。万民法是自然理论而为全人类制定的法,受所有民族尊重,它适用于一切民族。各民族根据实际需要和生活必须而创立的一些法则。几乎全部契约:买卖、租赁、合伙、寄存,可以实物偿还的借贷及其他都起源于万民法。

一般认为,古希腊出法律哲学,而古罗马出法律制度,古罗马法制度的理论基础是古希腊的法哲学。这里,我们可以看看古希腊法哲学,特别是自然法理论,在罗马法中的运用。首先,在奴隶制方面,依照万民法,主人对奴隶的权利不受减损。但是,如果该奴役违背了自然法(即人生而自由),那么,如果主人过于严酷,法律可以强制主人在公平合理的条件下出卖奴隶,主人取得价金。② 其次,在最先占有方面,野兽鸟鱼,一旦被人捕获,依万民法,属于狄者所有,但如果逃逸,恢复了其天然自由,它即不属于你,而重新属于最先占有者;被驯服的野性动物,如果不再具有重返的意思时,它不属于驯服者,而属于最先占有者所有;非野生动物,如鸡与鹅,受惊而飞出你的视线,则不问它在何地仍属于主人所有;意图为自己所有而保持此动物的人即犯有盗窃罪。依自然法,在沙滩上发现的珍宝和其他东西属发

---

① 查士丁尼:《法学总论》,张企泰译,商务印书馆1989年版,第1—7页。
② 同上书,第18页。

现者所有;你所有的动物生育的小动物归你自己所有。① 在继承方面,根据市民法,被解除家长权的子女无任何继承权;根据十二铜表法,他们无任何权利据以继承遗产;但大法官本着自然法公正之道,准许他们取得一部分遗产。但养子女一旦被解除家长权,则依市民法丧失子女地位,并不能获得大法官的救助。② 在诉讼方面,属于某人某物,通过合法方式,如买卖、赠与、嫁资或遗赠等交给另一人,该另一人在未取得物的所有权前丧失占有,则依市民法,该另一人不享有回复其物为标准的直接对物诉权,因为依市民法,依大法官诉讼,丧失占有的一方得主张他已因"时效"取得某物,据以诉请回复该物,尽管他并未真正因时效而取得。③

---

① 查士丁尼:《法学总论》,第50—51页。
② 同上书,第128—129页。
③ 同上书,第206—207页。

第二章 中世纪法律思想

第一节 中世纪法律思想概述

西欧的中世纪,我们也称为西方的封建社会,始于公元5世纪西罗马的灭亡,止于公元17世纪英国资产阶级革命。西罗马帝国于公元476年消亡,北方野蛮的日耳曼人是一个由许许多多民族、部落形成的一个总体。日耳曼人大举向南进攻,消灭了古罗马帝国。就法律制度而言,西方封建时代的法律是罗马法同日耳曼法相融合的产物。

另外一个方面,基督教在中世纪占有重要的历史地位,教士阶层统帅着意识形态。从这个意义上讲,西欧中世纪的法律制度实际上是一个世俗法律和宗教法律并立的两元法律制度。宗教领域有其寺院法,世俗领域还可以区分为封建法、庄园法、王室法、罗马法,中世纪后期还有商法和城市法。一般地讲,中世纪的教会法、罗马法和日耳曼法并列成为欧洲的三大法律体系。在法律思想方面。典型意义上的中世纪法律思想按照历史顺序包括有神学的法律思想,世俗的君主论和罗马法复兴时期的注释法学。

早期的基督教宣扬人类平等,认为每个人生而平等。神职人员掌握了知识和文化,是社会的智力精英。他们延续了西方的文化传统。早期神学代表是奥古斯丁,他开始把法律分为神法、自然法和实在法。晚期的代表是托马斯·阿奎那,他把法律分为四种:永恒法、自然法、神法和实在法。

12—13世纪的时候,民族国家开始出现,西西里、英格兰、法兰西和德意志开始有了君主制。欧洲的国王们开始正式制定法律,形成自己法律原则概念和规则,国王的法院的普通法逐渐取代了封建社会中彼此隔离的部落地方和区域性的法律。为国王提供法律思想的代表,一是意大利佛罗伦萨的马基雅维里,他提出了君主论,二是法国的布丹,他提出了主权论。

伴随着宗教改革运动而出现的新教伦理,意味着一个新的阶级和一种新的生产关系开始出现。当资产阶级在争取自己政治和经济权利的时候,他们也需要有一套法律来保障他们的利益。这就是罗马法的复兴。意大利是罗马法的故乡,它是罗马法复兴的发源地和中心。意大利复兴罗马法就是从大学研究国法大全开始的。历史上的第一所大学是波伦亚大学。波伦亚大学创办了法律系,可以说,世界上的第一个法学院出现在12—13世纪意大利的波伦亚。除了波伦亚之外,那不勒斯、热内亚和罗马也出现了法学院。波伦亚学派采取中世纪西欧流行的注释方法来研究罗马法,这种方法也叫做条文解释。也就是说,他们对罗马法《国法大全》进入深入细致的研究,对疑难的词语和条文进行文字解释,写在罗马法文本的字里行间和书页上的空白处。到13世纪中叶的时候,后注释法学派开始产生。他们按照时代的要求,把罗马法应用到现实的情况,他们的工作不仅仅是对它进行注释,而是对它进行评论。

第二节 基督教神学法律思想

在中世纪,教会统治了一切。教会的观点支配着法哲学的发展。这时期的法哲学是由基督教徒按照神学和基督教义对法律和哲学的解释构成的,法律变成神的意志的体现。从神学思想发展史方面看,神学的发展至少经过了这样几个阶段:圣经时期、教父学时期和经院哲学时期,每个时期都有各自的法律思想。

一、《圣经》里的法律思想

《圣经》作为基督教文献中的经典,虽然其成书年代和作者们是一个长期争论而无通说的问题,但是对西方文化的深远影响则是毫无疑问的。虽然其内容是神学的,但它包含了神学之外丰富的伦理思想、政治思想、文学和法律思想。从内容上看,《圣经》分为《旧约》和《新约》,两者都是基督教的基本文献。其中《旧约》更多地涉及古希伯来,或称古代以色列民族的宗教、历史、文化、政治和法律。《新约》时代已经属于古罗马时期,它所反映的法律思想都带有了古罗马时期的特点。

1. 契约理论

契约是一种古老的法律制度,一般认为,契约法起源于古代罗马,来源于同时适用于罗马市民和居住在罗马而无罗马公民权的万民法。① 梅因在其《古代法》中,虽然承认没有"一种毫无'契约'概念的社会",但是他仍然从古罗马法开始论述契约的历史。② 而用契约解释国家的起源被认为是伊壁鸠鲁的发明。③ 但是从《圣经》的记载上看,在上述之前的古以色列那里,已经有了这两种意义上的契约思想。

《圣经》本身就是一个契约,这就是上帝耶和华与古以色列人的契约。上帝是以色列人的神,以色列人是上帝的子民。以色列人要奉耶和华为神,上帝将赐以色列人的生存、繁衍和富足。如果以色列人不遵从耶和华,上帝将降重灾于以色列人。上帝与以色列人的第一次立约是与亚当后裔挪亚立约。上帝造人之后,因为除了义人挪亚外的人类都违背上帝的意志,上帝颇为后悔,于是决定消灭他们。上帝命挪亚制造方舟并让家人躲进方舟,人类因挪亚而得以延续下来。洪水过后,上帝与挪亚立约,神说:"我把虹放在云彩中,这就可作为与地立约的记号了。"④公元前1800年亚伯拉罕时代,以色列民族已经形成。上帝与亚伯拉罕也有立约。这是古老的契约形式,即契约有实在的标志,有见证。上帝与亚伯拉罕之约的见证是亚伯拉罕及其后裔男子受割礼。摩西(Moses)是以色列人伟大的民族英雄,约公元前1300—1250年,他带领以色列人逃离埃及人的严酷统治,开创了以色列人新的时代。上帝与摩西也有立约,这就是著名的"摩西十诫"。上帝与摩西之约被刻在石板之上,敬奉于神圣的法柜之中,成为古以色列民族的基本法律。此后,上帝与以色列伟大的君主大卫、与以色列极盛时代君主所罗门进一步续约。按《申命记》,

---

① 查士丁尼:《法学总论》,第7页。
② 梅因:《古代法》,沈景一译,商务印书馆1995年版,第176—177页。
③ 张宏生、谷春德编:《西方法律思想史》,北京大学出版社1990年版,第23页。
④ 《创世记》第9章,第13节。

以色列人如果不谨守遵行人神契约,耶和华必将奇灾,就是至大至长的灾,至重至久的病,加在以色列人及其后裔身上,直至其灭亡。《以斯拉记》载,凡不遵行神法和王命令的人,就当速定他的罪,或治死、或充军、或抄家、或囚禁。依《耶利米书》,耶和华说:"日子将到,我要与以色列家和犹大家另立新约……我要将我的律法放在他们里面,写在他们心里。我要作他们的神,他们要作我的子民……我要赦免他们的罪孽,不再记念他们的罪恶……这些定例若能在我面前废掉,以色列的后裔也就在我面前断绝,永远不再成国。"①在《新约》时代,这种上帝与以色列人的契约仍被遵守着。耶稣反复重申:"我来不是要废掉,乃是要成全。我实在告诉你们,就是到天地都废去了,律法的一点一画也不能废去,都要成全。"②圣保罗也说:"神预先所立的约,不能被那四百三十年以后的律法废掉,叫应许归于虚空。"③

除了上帝与以色列人的契约之外,《圣经》还记载了人与人之间的财产契约。《耶利米书》中描述过一宗土地买卖契约的过程:耶利米受神的指引,用十七舍客勒(一种计量单位)银子购买一块土地。在交易时,要"在契上画押,将契封缄,又请见证人来,并用天平将银子平给他"④。从这段简短的叙述中,我们可以看出当时土地买卖契约的要素:双方当事人即耶利米和土地所有人、契约的书面形式、需要见证人、价值用银子计量、计量工具为天平。

国家之间的契约或协议是近代的产物,但是《圣经》记载了类似于现代国际间协议。所罗门统治时期,以色列国到达了鼎盛。所罗门素与黎巴嫩推罗王希兰有交往,"希兰与所罗门和好,彼此立约"⑤。所罗门大兴土木,建造圣殿。希兰向所罗门提供香柏木和松木,所罗门给希兰麦子两万歌耳,清油二十歌耳。

可以说,《圣经》里的契约形式是契约的一种古老形式,与成熟时期的契约制度即罗马法中的契约存在一定的差距。《圣经》描述

---

① 《耶利米书》第31章,第31—34节。
② 《马太福音》第5章,第17节。
③ 《加拉太书》第3章,第17页。另外,中文版《圣经》将law一词译为"律法"。
④ 《耶利米书》第32章,第10节。
⑤ 《列王记上》第5章,第12节。

的契约不注重契约当事人的内在意思表示,而更多注重契约的外在形式,如上述的彩虹、割礼、石板、画押和见证人。契约的效力不在于当事人的合意,而在于附着一种庄严仪式的合约。仪式不但和合约本身有同样的重要性,并且比合约更为重要。所以说,《圣经》里描述的契约是契约的早期形式,有待于以后的发展。当"契约逐渐与其形式和仪式的外壳脱离"时,契约就开始从其粗糙形式发展到成熟时期。①

2. 摩西十诫和古以色列法

《旧约》里,耶和华神是以一个伟大的立法者形象出现的,而《旧约》本身就是一部伟大的律法书。在上帝的指引下,在摩西的带领下,以色列人脱离了埃及人的统治,开始了以色列人步入强大的历史。在西奈山上,上帝向摩西传谕了以色列的法律,即"摩西十诫"。可以说,这是古以色列法律的总纲。具体内容是:除了耶和华以外,不可有别的神。不可为自己雕刻偶像、不可信奉他神。不可妄称耶和华的名。当记念安息日,守为圣日。当孝敬父母。不可杀人。不可奸淫。不可偷盗。不可作假见证陷害人。不可贪恋人的房屋,不可贪恋人的妻子、奴婢、牛驴和其他财产。② 从这十条的内容上看,前四条是关于神与人的法律,后六条是专门关于人的法律。因此,"摩西十诫"是神法与人法合一的法律,或者说是宗教法律和世俗法律的统一体。第五条是关于家庭的法律,第六、第七和第八条是关于刑事的法律,第九条是关于诉讼的法律,第十条是关于财产的法律。因此,"摩西十诫"又具有古代法律的共同特点,即民刑法不分、实体法程序法不分。

"摩西十诫"之下,以色列人制定了详细具体的法律制度,他们称为"法例"。大体包括如下几个方面:

奴仆之例:若买希伯来人作奴仆,奴仆服侍六年,第七年他可获得自由。

杀人之例:杀人者应被治死,伤人者应受惩。行刑方式是"以命

---

① 梅因:《古代法》,第177页。
② 《出埃及记》第20章,第3—17页。

偿命、以眼还眼、以牙还牙、以手还手、以脚还脚、以烙还烙、以伤还伤、以打还打"①。

损害赔偿之例：牛触死人，该牛要被打死，牛的主人可以无罪；如果牛的主人知道该牛素来触人，则牛和牛的主人都要被治死，但主人可以用钱赎命；牛若触奴仆或婢女，牛的主人要赔偿奴婢的主人。若井口敞开，或挖井人不作遮盖，有牛或驴掉进井里，则井的主人要拿钱赔偿牛驴的主人，死牲畜归自己。甲的牛触死了乙的牛，他们要将活的牛卖掉，平分价值，也要平分死牛。若牛的主人知道自己的牛素来触人，则他要以牛还牛，死牛归自己。牲畜吃了他人田里的庄稼，主人要拿自己上好的庄稼偿还他人。如果失火烧了他人的财产，点火的人要赔偿。

盗窃灭失之例：人若偷他人牛羊，则五牛赔一牛、四牛赔一羊。如果打死挖洞之贼，那么杀人者无罪；如果发生在白天，打死人的人要被治罪。盗窃者无法赔偿他人时，就要变卖盗窃者予以偿还。甲的钱银、家具在乙处被盗，如果盗窃者被抓，那么盗窃者要加倍赔偿；如果未被抓到，要由审判官决定是否由乙赔偿。甲的牲畜在乙处丢失、死伤，如果乙凭神起誓未占有甲物，那么乙可以不赔偿；如果被窃，乙要赔偿甲。

审判之例：要按公义施行审判。《申命记》言："审判的时候，不可看人的外貌，听讼不可分贵贱，不可惧怕人，因为审判是属于神的。"②《利末记》说："你们施行审判，不可行不义，不可偏袒穷人，也不可重看有势力的人，只要按着公义审判你的邻居。"③不可作伪证，不可在诉讼上屈枉正直。要按照行为人的行为判决，"凡恒心行善、寻求荣耀、尊贵和不能朽坏之福的，就以永生报应他们；唯有结党不顺从真理、反顺从不义的，就以忿怒、恼恨报应他们"④。

其他戒民法例：不可欺压雇工，不得拖欠他们的工钱；不得放债取利；要善待穷人、妇女和老人，"不可摘尽葡萄园的果子，也不可拾

---

① 《出埃及记》第21章，第23—25页。
② 《申命记》第1章，第17节。
③ 《利末记》第19章，第15节。
④ 《罗马书》第2章，第7—8节。

取葡萄园所掉的果子,要留给穷人和寄居的"。要善待外国人,"若有外人在你们国中和你同居,就不可欺负他。和你们同居的外人,你们要看他如本地人一样,并且爱他如己"①。从这些对社会弱者保护的法例中,现代法学家们发现了人类早期的人权法根据。在《旧约》里,上帝是一位君主,有时还可以称之为一个残暴的君主,但是当他造了人之后,就赋予了人的价值和尊严。人与神之间是不平等的,但是人与人之间是平等的,是亲密的兄弟。正因为如此,宗教改革家们以及现代神学家们从《圣经》里找到了人的价值、尊严和人权;而历史学家在分析了以色列的法例来源于迦南人和古巴比伦人的法律之后,评论说,《申命记》中重申的法律比汉穆拉比法典开明进步。②

3. 自然法思想

自然法思想可以说是西方法学最古老和最持久的一种理论。所谓自然法是与一个国家制定的法律制度相对的一种物,这种物在自然法理论的信仰者看来是一种法律,在自然法理论反对者看来是一种道德准则。一般看来,自然法被认为是一种存在于一个国家具体法律制度之外的一种较高级的法律,相对于受时间和空间限制的实在法而言,自然法是永恒存在,普遍不变的。自然法一般在两种情况下为人们所采用或信奉:第一,实在法的经常性变化,需要一种基本的法律原则保证或补救法律的继续发展,如古希腊社会;第二,实在法已经落后于社会的发展,需要用一种新的实在法来代替原有的实在法,在新法律产生之前,需要自然法进行过渡,这时,自然法不再仅仅是一种具有指导性的理论,而变成了一种信仰,如法国大革命时期。自然法起源于什么时候,法学家们说法不一,有的追溯到希腊罗马相交的斯多葛学派,如梅因;有的追溯到古希腊索福克勒斯的悲剧《安提戈涅》,如埃德加·博登海默。

不管学者们如何争论,但是有一点是清楚的,即很少有法学家重视或注意《圣经》里的自然法思想。在为数不多的论及《圣经》里自

---

① 《利未记》第 19 章,第 10 节,第 33—34 节。
② 参见 J. Maritain, *The Rights of Man and Natural Law*, New York,1943;E. M. 伯恩斯等:《世界文明史》第 1 卷,罗经国等译,商务印书馆 1990 年版,第 111—112 页。

然法的思想家中,他们往往认为圣保罗的思想带有自然法的思想。新托马斯主义者雅克·马里旦指出:真正的自然法观念是希腊和基督教思想的一种遗产。它可以追溯到格老秀斯,追溯到在他以前的西班牙神学家雷斯和弗朗西斯科,追溯到圣托马斯·阿奎那;再往前还可以追溯到圣奥古斯丁、教父们和圣保罗;甚至一直追溯到……索福克勒斯。①

自然法理论产生的一个基本前提是实在法与某种关于法律的思想之分离。神法与实在法的区分是这样一种分离。在摩西时代,这种分离并不显著,摩西既是以色列人的民族首领,又是以色列人的宗教首领。所以,摩西十诫既可称为实在法,又可以称为神法,或者说是世俗法与宗教法的统一。这时产生不了自然法的思想。公元前1025年,以色列君主国得以建立,第一个国王是扫罗。在国王统治以色列之前,以色列是由神职的"士师"领导的。扫罗时代的宗教头领称为撒母耳。从那个时候开始,基督教就有了神权与世俗权的斗争。抵御外族人的入侵是以色列君主国产生的直接原因,但是扫罗的行为惹起了期望保持幕后操纵王权的撒母耳的不快。不久,出现了野心勃勃的大卫。在撒母耳的怂恿下,大卫巧弄权术最后取代了扫罗,而扫罗自刎身亡。这种神权与世俗权的斗争在基督教社会一直延续下来。按《新约》记载,耶稣在传道时遇到一些巧言之人,他们问耶稣既然神是无所不能的,那么他们该不该向世俗王权纳税。耶稣知道他们的意思,就对他们说:"该撒的物当归给该撒;神的物当归给神。"②该撒者,罗马皇帝恺撒的另外一种翻译。耶稣的意思是该神管的事应该由神职人员处理,世俗的事应该由国王去管。耶稣后来解释说,遵守王权,是因为王权的权力也来源于神,"因为没有权柄不是出于神的,凡掌权的都是神所命的"③。

据《新约》中《使徒行传》记载,圣保罗在希腊曾经与"以彼古罗"和"斯多亚"的学士争论过,"以彼古罗"即为伊壁鸠鲁,"斯多

---

① 参见 J. Maritian, *The Rights of Man and Natural Law*,第 59 页。
② 《马太福音》第 23 章,第 21 节;《马可福音》第 12 章,第 17 节。
③ 《罗马书》第 13 章,第 1 节。

亚"实为斯多葛。因此,圣保罗受他们的影响而提出自然法的思想是有根据的。但是,耶稣也好,保罗也好,他们并没有提出"自然法"一词,而用其他的术语表达出来。耶稣的解释是"尽心、尽性、尽意、爱主你的神",然后是"爱人如己"。保罗的解释是"义"、"性"和"信",他说:"神的义正在这福音上显现出来;这义本出性,以致与信。"[①]可以说,他们所谓的"爱"、"公义"、"本性"、"诚信"即是与"律法"相对的自然法。在这两者的关系上,保罗有较多的论述。首先,信与律是一致的。他举例说,没有律法的外邦人如果顺着本性行法律上的事,虽然他们没有律法,但是结果与有律法的人所得到的结果是一样的,即自己就是自己的律法。换言之,外在的法律与内在的本性实际上是一致的。其次,当信与律发生冲突时,信高于律。保罗说,神应许亚伯拉罕和他的后裔能够承受这个世界,不是因为这个律法,而是因为信而得到的义。信与律的冲突并不意味着以信害法,而是信对律进行补充和充实,"我们因信废了律法吗?断乎不是!更是坚固律法"[②]。另外一个方面,律法是福音的先声。保罗解释道,人类在没有因信得救之前,受着律法的约束。从这个意义上讲,律法是人类训蒙的师傅,它引导人们到基督那里,使人因信称义。而且,如果人凭着信就可以得救时,人们就可以不受律法的阻碍了。保罗对信与律的分析已接近自然法论者对于自然法与实在法的论述,不同的是,保罗作为一个圣徒,将自然法加上了神的光环。

4. 原罪、赎罪和末日审判

按《创世记》,人为上帝创造后被安排在伊甸园,负责修理和看护。他可以随意吃园中树上的果子,只是不能吃生命树上的果子和智慧树上的果子,他过着幸福的生活。后来由于受蛇的引诱,夏娃吃了并让亚当也吃了智慧树上的果子,于是有了羞耻感,同时也就违背了上帝的意志,对上帝犯了罪,受到了上帝的惩罚。蛇受到的惩罚是以身行走,以土为食;女人受到的惩罚是怀孕的苦楚和对丈夫的依赖;男人受到的惩罚是终身劳苦勉强度日,并因此被逐出伊甸园。亚

---

① 《马太福音》第22章,第37—40节;《罗马书》第1章,第17节。
② 《罗马书》第3章,第31节。

当夏娃是人类的始祖,人类因其祖先的罪行在出生时就有罪,即为原罪。①

人类在尘世的生活是短暂的,这是一个过渡期,是人类赎罪的过程,赎罪的目的是重返天堂。耶稣的死,按照罗马法是他违反了罗马的法律,按圣经的解释是为人类在赎罪。

当公义审判的日子到来时,上帝按照各人行为施行报应。"凡恒心行善,寻求荣耀、尊贵和不能朽坏之福的,就以永生报应他们;惟有结党不顺从真理,反顺从不义的,就以忿怒、恼恨报应他们……神不偏待人。"②对于义人,即那些给人饭吃,给人水喝,给人住宿,给人衣穿,给人看病,给人安慰的人,必承受上帝的赐福,承受创世以来为他们所预备的国;对于不义之人,即那些不给人饭吃,不给人水喝,不给人住宿,不给人衣穿,不给人看顾的人,上帝将送他们进入为魔鬼和他的使者所预备的永火里去。"这些人要往永刑里去,那些义人要往永生里去。"③

从原罪到赎罪最后到末日审判,是一个完整的过程。虽然这个过程是以神学的面貌出现的,但是与西方近代现代的刑法和刑罚具有很大的相似性。而且,近代现代刑法的若干原则也可以在《圣经》描述的过程中发现其痕迹。按照古典刑事学派的看法,犯罪是对社会或他人或自我自由意志的侵犯,刑罚则是对这种侵犯的一种惩罚。惩罚的目的是使犯罪者回到社会,恢复其意志的自由,惩罚的程度与犯罪社会危害性程度相一致。按照德国黑格尔的分析,人的本质就是意志的自由,不法和犯罪实际上就是对这种自由意志的否定,而刑罚则是对犯罪造成的自由意志否定的又一次否定,称之为刑法的辩证法,"所以刑罚不过是否定的否定"④。刑事报复主义、罪刑相适应原则也与原罪赎罪和末日审判的原则相一致。而在英国奥斯丁那里,上帝之法和一个国家制定的具体法律制度,即实在法作为两种严格意义的法律。在上帝之法方面,上帝是人类的优势者,上帝向人类

---

① 《创世记》第 3 章。
② 《罗马书》第 2 章,第 7—11 节。
③ 《马太福音》第 25 章,第 46 节。
④ 黑格尔:《法哲学原理》,范扬等译,商务印书馆 1982 年版,第 100 页。

发布命令,希望人类应该做什么、禁止做什么和允许做什么,如果人类不顺从上帝的命令,上帝将对人实施一种恶,这就是上帝的制裁。在实在法方面,统治者即主权者是臣民的优势者,主权向臣民发布命令,希望臣民应该做什么、禁止做什么和允许做什么,如果臣民不顺从主权的命令,主权就对臣民实施一种恶,这就是法律的制裁。有了优势者、命令和制裁,就构成一项法律,就是严格意义的法律。如果说在古代宗教和法律是统一的话,那么即使到了近代宗教改革后宗教与法律的分离,宗教和法律之间的关系依然存在,宗教的许多制度直接进入了法律的领域。美国的伯尔曼在谈到宗教和法律的关系时说:"西方法律体系的基本制度、概念和价值都有其11、12世纪的宗教仪式、圣礼以及学说方面的渊源……西方法律科学是一种世俗的神学。"①

二、基督教神学家们的法律思想

1. 奥古斯丁论法律

奥古斯丁(354—430年)是中世纪基督教最有影响的神学思想家之一,他的法律思想对中世纪的影响比较深远。他提出的某些神学理论,为托马斯·阿奎那所继承与发展,对以后的新教理论有一定的影响。他在《上帝之城》和《忏悔录》中所表达的法律思想虽然不够系统,但还是表达了基督教初期的法律观。

奥古斯丁认为,国家的一个目标是追求和平与秩序,而法律正是追求秩序的必要工具。他又说,无论是天国还是地上之国,法律正是获得社会和个人心灵的安宁,追求和平与秩序这一目标的理想工具。

奥古斯丁坚信,在人类的黄金时代,亦即在人类来世以前,"自然法"的绝对理想已经实现。人们生活在神圣的纯洁的正义的国家里。人人平等和自由,人们不知道什么是奴隶制度或别的人对人的统治形式。所有的人共同享有财产和利益,并在理性的指引下像亲兄弟一样生活在一起。在这个时期,人们可以永生。然而,人类来世

---

① 伯尔曼:《法律与革命》,贺卫芳等译,中国大百科全书出版社1993年版,第200—201页。

以后,人的本性被原罪败坏了。人类本质中善良的因素虽然没有泯灭,但却变得比较脆弱,容易被邪恶的倾向所挫败。反映了人类灵魂完美、绝对善良的自然法不再可能实现了。理性不得不设计出可行的方法和制度来适应新的情况。政府、法律、财产以及国家便应运而生,因而,政府、法律等都是罪恶的产物。教会作为上帝永恒法的保护者,可以随便干预上述罪恶的产物。教会作为上帝永恒法的保护者,可以随意干预上述罪恶的制度。国家必须执行教会的命令,用世俗法律维护人与人之间的秩序。

可见,奥古斯丁将法分为永恒法、自然法和人为法。永恒法是神的意志的体现,是永恒的、公正的;自然法是上帝统治人的法律,具有理性的人才能理解它;人为法是政治社会的某些规定,是对缺乏理性的人的行为的约束。人为法从属于神法。

永恒法是普遍适用于人和生物的法律,它是神意的体现,是永恒不变的真理。另一方面,永恒法的适用也要因时因地制宜。他说,天主的法律一成不变,不随时间、空间而更改,但随时代、地区的不同而形成各时代各地区的风俗习惯。正义的本质绝无变易,也不能因时制宜,为每一时代制定相应的法令。

在自然法问题上,奥古斯丁后期改变了看法,认为自然法只是神的意志的一种或多或少或明或暗的印记,体现基督之爱的信仰可引导人们走向正直,反过来,信仰是仁慈上帝的礼物,堕落了的天性不能发现道德的真理。

在人为法问题,他认为尘世的法律是对人的邪恶本性的约束和惩罚。奥古斯丁说,政治社会是由许多人组成的,它的福利需要有大量的各种各样的规定来达到并维持,这种规定就是法律。法律的目的,一方面是惩罚犯罪,使他改邪归正;另一方面,对其他人也有教育意义,从而实现社会安定的目标。在人为法与神法(永恒法)的关系上,奥古斯丁认为,人为法是永恒法的派生物,它必须绝对服从神法的要求。他说,如果人为法不是从永恒法得来,那么在人为法里就没有一条条文是公正或合理的。

2. 阿奎那论法律

托马斯·阿奎那(1226—1274年)被认为是中世纪最伟大的经

院哲学家。他在《神学大全》一书中对法律问题有特色的部分之一,也是他神学世界观的集中体现。他把法分为四类:永恒法、自然法、人法和神法。

永恒法是神的理性的体现,是上帝用来统治整个宇宙的,是支配宇宙的大法,是各种法律的最终来源,是最高的法律。托马斯说,法律不外乎是由那统治一个完整社会的"君王所体现的"实践理性的某项命令。然而,显然可以看出,如果世界是由神治理的话,宇宙的整个社会就是由神的理性支配的,"所以上帝对于创造物的合理领导,就像宇宙的君主那样具有法律的性质……这种法律我们就称之为永恒法"[①]。

在托马斯的法律思想中,自然法是他经常研究的课题,他的自然法观点既不同于古希腊思想家把自然法看作是较高的法律,又不同于资产阶级革命时期的自然法的内容。

在他看来,自然法是理性动物对永恒法的一种参与,是上帝用来统治人类的法律,体现永恒法对理性动物的关系。阿奎那认为,人类是有理性的动物,能在某种程度上分享神的智慧,并由此产生一种自然的倾向,以造福人类。他说,所有受神意志支配的东西都是由永恒法来判断和管理的,那么显而易见,一切事物在某种程度上都与永恒法有关,只要他们从永恒法产生某种意向,以从事他们所特有的行动和实现某种目的。但是,与其他动物不同,理性的动物以一种非常特殊的方式受到神意的支配;他们既然支配着自己的行动和其他动物的行动,那么,他们就变成神意本身的参与者,"所以他们在某种程度上分享神的智慧,并由此产生一种自然的倾向以从事适当的行动和目的。这种理性动物之参与永恒法,就叫自然法"[②]。

阿奎那还从自然法的箴规、自然法的普遍性和自然法的不变性等方面,进一步论述自然法的内涵和范围。

对于自然法的箴规,他认为,首先,自然法箴规的条理同自然倾向的条理相一致。也就是讲,自然法包含着一切有利于保全人类生

---

① 阿奎那:《阿奎那政治著作选》,马槐清译,商务印书馆1963年版,第106页。
② 同上书,第107页。

命的东西和反对其毁灭的东西。其次,自然法反映出人与其他动物共有的天性而产生一种某些特殊的目的的倾向。由于这种倾向,就有"自然教给一切动物的"所有本能,如性关系、抚养后代等。这与自然法有关。最后,在人的身上有某种和他的理性相一致的向善的倾向;而这种倾向是人所特有的。因此,人们天然地希望知道有关上帝的事实并希望过社会生活。

在自然法的普遍性问题上,他指出,自然法对于所有的人都一样起作用,这正如一个正当的标准是同样为大家熟悉的那样,因为就理性而言,对于每个人存在着一个真理和正义的标准。在自然法不变性问题上,他认为,自然法本身的原则是不会改变的,因为它规定了正确的东西,是大多数事例的通则。此外,他认为有两种方法可以知道自然法发生改变。第一,自然法已有了某些附加的内容。第二,自然法删除了某些内容。基于此,有人认为阿奎那提出了"可变自然法"的观点。

总之,阿奎那在继承古罗马的自然法基本原理的基础上,予以进一步发展,形成他特有的自然法理论。在他的神学体系之内,自然法的地位和作用被降低了,在它上面还有永恒法,自然法是从属于永恒法的。

神法是神的启示,又称为神祇法。它是自然法的增益,神恩的礼物。神法是对自然法和人法的补充,能起修正自然法和人法缺陷的作用。阿奎那断定,除自然法和人法外,人们必须由神法来指导自己的生活。理由是:(1)人就其本性而言,注定要追求一个永恒福祉的目的,而这超出了人类天然才能的力量。因此,要达到这个目的,就要在自然法和人法指导外,借助于神法的指导。(2)由于人类判断往往不可靠,特别是在一些特殊问题上更是如此,所以就有必要让他们的行动受神赋予的法律的指导,这是因为神法不会发生错误。(3)法律只能按人类的外表动作制定,不能指挥和规定人们内心的动作,所以就有必要再加上一种神的法律。(4)按照奥古斯丁的说法,人类的法律既不能惩罚又不能禁止一切恶行,所以就必须有一种能防止各式各样罪恶的神法。

人法是通过国家制定的法律,是根据自然法、最终是根据永恒法制定的,是反映人类理性的法律,即实在法。他说,从天然懂得的不言自明的原理出发,可以达到各种科学的结论。人类的推理也必须从自然法的箴规出发,仿佛从某些普通的不言自明的原理出发似的,达到其他比较特殊的安排,"这种靠推理的力量得出的特殊的安排就叫做人法"①。

  阿奎那就人法的诸多问题作了专门的论述,在制定人法的必要性方面,他说,在人身上存在着一种倾向为善的习惯,但必须经过"某种锻炼"才能使人的这种德行日臻完善。有些青年由于善良的秉性或教养,或者特别是由于神的帮助,自愿想过有德行的生活;对于这类青年,只要有父亲的指导和劝告就行了。对于另一类青年,他们性情怪僻,易于作恶,就很难为忠言所感动,必须用压力和恐吓的手段使他们不做坏事。这种手段就是法纪,就是制定法律。在人法与自然法的关系方面,人法从属于自然法。阿奎那认为,法律是否有效,取决于它的正义性;而是否合乎正义,就要看它是否符合理性法则;而理性的第一法则就是自然法。他说,一切由人所制定的法律只要来自自然法,就都合理性相一致。如果一种人法在任何一点与自然法相矛盾,它就不再是合法的,而宁可说是法律的一种污损了。最后,人法可以根据其特点予以分类。第一,人法是从自然法来的。依此,人法可分为万民法和市民法。万民法是直接从自然法得出的直接结论;市民法是为满足需要而从自然法中产生出个别应用标准。第二,人法是以城市的公共福利为目标。依此,人法可依对公共福利负有不同职务加以区分:有祈祷的祭司,有管理社会的统治者,有与之相适应的规范。第三,人法应该由市民社会的统治者加以颁布。依此,不同的政体就有不同的法律。君主政体有"君主的律令",贵族政体有"智者的意见"和"元老院的建议",寡头政体有"执政法官"或称为"荣誉法",民主政体或全民政治有"平民法",暴君政治没有相应的法律,混合政体的法律是"经贵族和平民一致认可后"制定的。第四,人法的法律是支配人类行动的法则。依此,法律依不同的对象而进行分类,有时就以它们的制定者来命名。

---

① 阿奎那:《阿奎那政治著作选》,第107页。

第三节　君主论与君主主权论

中世纪教权(神权)和政权(俗权)之间的斗争尖锐复杂,旷日持久,一般分为这样几个阶段。公元5—8世纪是酝酿时期,一般认为,教会与国家是统一社会的两种不同职能的机构。盖拉西(Gelasius I)提倡教政二元论,即所谓的"双剑论",就是说,在基督那里,君主与教主合为一体,但是,由于人的弱点,在尘世中两种职能要区分开来,一把剑给君主、一把剑给教主。公元9—12世纪是教权势力高涨的时期,这个时期发生过几个有名的事件:神圣罗马皇帝罗退尔(Lohtair)离婚案。罗马皇帝想要离婚,但是遭到教皇尼古拉一世(Nicolas)的干涉,结果是国王屈服于教皇,国王复婚。另一个事件是卡诺莎事件。1075年教皇格里高利七世宣布,教会官职今后不得由政权授予。教皇的规定遭到了德国君主亨利四世的反对。格利高利因此革除了亨利四世的教籍,造成君位的动摇。亨利无奈,赴卡诺莎冒雪乞求三天,方得到教皇复籍的命令。教权到达顶峰的标志是在英诺森三世。公元13世纪阿奎那时代,教权和政权双方旗鼓相当,政权微占优势。从14世纪开始,民族国家兴起,政权最终战胜了教权。确切地讲,公元15和16世纪,西方社会是君主的时代。

一、马基雅维里的贡献

马基雅维里(1469—1527年)是文艺复兴在政治学上的代表人物,其方法论上的首要一点,就是在国家观上摆脱神学的束缚,用人的眼光来观察国家,从理性和经验中而不是神学中引出国家的自然规律,这一点马克思曾给予充分的肯定。

1. *方法论*

马基雅维里注意用人的眼光,经验分析的方法来看待政治问题,注意思想学术的自由,攻击经验学派教条主义的研究方法,对宗教与道德的态度是非基督徒的。他也相信历史的方法,以为如此便可援古以证今,利用过去的知识与经验来解决现在及将来的问题。为了找到能解决当时所遭遇的政治问题的办法,他对政治事实作了广博的观察与搜集,然后作整理与分析,求得结论;然后再举历史事例,以证明或支持其结论。所以说,其政治思想不是实际的政治策略及如何运用力量去推动政府的性质,而是从实际上研究政治的运用。因而其政治思想与其说是政治哲学家的,不如说是政治分析家的。

马基雅维里方法论的另一个问题是把道德、宗教从政治中排除出去。他把政治与道德作了分离,认为搞政治就不能讲道德,政治是不道德的;政治是似是而非的,自相矛盾的,卑鄙污秽。他认为政治的需要与利用是至高无上的,至于道德原则都居于次要地位。国家的存在、安全与成功乃是最高的要求,其他考虑均属次要。这是马基雅维里理论比较突出地方。

2. 政体理论

马基雅维里区分了君主制、贵族制和共和制,都是正常的政体,他还区分了暴君制、寡头制和群氓统治,统称为变态政体。马基雅维里在构思其政治理论过程中,是充满内心矛盾的。在《李维史论》的研究中,他慷慨激昂地歌颂共和制,而在《君主论》中,他则狂热地鼓吹君主制。在马基雅维里的心目中,鼎盛时期的罗马共和国才是国家统治形式的楷模。他认为,这个国家包含着市民和统治者双方的德性;市民能互相协调一致,统治者能牺牲自我而为公共福利和国家去献身服务,从而造成了政治上、军事上的惊人业绩和经济的繁荣。他认为,共和制的优点在于,私产不落一人之手,促进社会经济发展。他认为,真正自由、公平的法律和健康的宗教,只能存在于共和制度之下。

而在《君主论》中,马基雅维里对于君主制的提倡却又达到了无以复加的程度。这是由于当时具体社会条件以及他本人的一贯思想决定的。他认为要实现理想的共和国,必须创造一定的理想条件。他觉得共和国在瑞士和德意志诸邦等地或许有实现的可能,但在意大利是绝无可能的。原因是,共和政治一定要以人民德性和秩序作前提,而意大利恰好是人民德性颓废、秩序扰乱的典型。在这样的国家,唯一的出路就是首先建立君主制。通过强有力的君主来克服分裂,激发人民的德性,恢复社会的秩序,繁荣经济,使国家强大。他说,要建立任何一种秩序,唯一的方法是建立君主专制的政府。因为在人们心底腐化堕落的地方,法律已不起制约的作用。这就必须建立某种最高权力,凭借君主之手,依靠充分绝对的权力,才能遏制权贵的极大野心和腐化堕落。

于是在《君主论》中他广泛地探讨了君主制,他把君主国分为世袭君主国,全新君主国,混合的君主国,另外还有市民的君主国,教会的君主国等。其著作《君主论》成为影响世界的名著,对后世有极大的影响。也许我们可以说,马基雅维里内心的理想是共和的,而实际追求则是君主制的。不过也有另外一种说法,萨拜因认为,马基雅维里把二者随意搞在一起,分别作为立国的理论和立国后的治国理论。用现代语言可以说,他对革命有一套理论而对政府则有另一套理论。因此,他只是在两种特殊情况下才主张采取专制政治。一是在立国之初,一是在改造腐败不堪的国家。国家一旦建成必须让人民参政,君主在处理国家的日常业务时,必须以法律为依据,并适当尊重人民的财产权和其他权利。专制制度的强制力量是一副强烈的政治药剂,对腐败的国家和所有国家遇到特殊紧急情况时,这副药是有用的,但毕竟是药,用时必须十分小心、谨慎。①

3. 法律与军队

马基雅维里认为,法律与军队都是国家的主要基础。他说:"一切国家,无论是新的国家、旧的国家或者混合国,其主要基础乃是良好的法律和良好的军队,因为如果没有良好的军队,那里就不可能有良好的法律。"②他认为,一个国君如果想要获得统治的成功,一向有两条道路,一是用法律,一是用武力,前者是人类所独有的,后者是兽类所通行,然而法律有时无能为力,往往需要借助武力来维持。这里他认为军队比法律更要重要一些。

在《李维史论》中,他对法律还有一种看法,认为在共和制下,由于君主不受法律约束,在同样情况下,君主与人民相比,变得反复无常和轻率。他们在行动上的不同,并非由于他们的天性有任

---

① 萨拜因:《政治学说史》(下册),刘山等译,商务印书馆1986年版,第402页。
② 马基雅维里:《君主论》,潘汉典译,商务印书馆1985年版,第56页。

何差异。在共和制下,法律对人民起很好的作用,他说,一个人如果受到法律得当的约束,就会变得精明和文雅,甚至比一个君主表现得更好。他得出的结论是,问题的关键是人民需要法律,并依靠法律来生活。

至于军队和法律的关系,在马基雅维里看来,军队起决定性作用,他说,军队不良的国家不能有良好的法律,而军队良好的国家却必有良好的法律。实质上他是认为军队的作用大于法律,法律离不开军队。拿现代的话说,就是法律必须要以权力作为后盾。他还引用古代犹太民族杰出的领袖,摩西的例子,来为自己的观点辩护。他说,"假使摩西、居鲁士、提修斯和罗慕洛不曾拿起武器,他们就不能够使人长时期地遵守他们的戒律"①。

他主张法律是国家的主要基础之一,包含有在一个国家中建立一套优良法律体系的意思。在《君主论》最后一条中,提出统一意大利要做两件事,第一,最重要的就是用自己的军队作为任何事业的真正基础,第二,创建新的法律制度。对第二点的重要意义,他说意大利曾有过许多次革命,许多次运动,但都没有成功,主要原因是旧的规章制度不良,没有人知道应该怎样去改革。如果在建国之初能够创建新的法律制度,当然是最艰难的事,但是,这些法律制度一旦基础巩固,受到尊敬,你也就受人敬拜赞扬了。马基雅维里认识到一个国家必须要创建一套新的优良的法律制度。

4."马基雅维里主义"

马基雅维里政治法律思想体系中影响极为强烈的一点,是建立在人性恶理论基础上的统治权术论。后人称之为"马基雅维里主义"。

马基雅维里的君主权术论,正是从他的人性论出发以此为根据的。讲到人性,他坚信人性是自私的、富于侵略性的、邪恶的。他认为,"关于人类,一般地可以这样说:他们是忘恩负义、容易变心的,是伪装者、冒牌货,是逃避危难,追逐利益的"②。

既然人性是恶的,那么置身于人中间的君主如果处处想表现自

---

① 马基雅维里:《君主论》,第27页。
② 同上书,第80页。

己的善,就非遭到毁灭不可。这就注定了一个君主如欲图存,就必须知道怎样做不好的事情,并且必须知道视情况的需要与否使用这一手。

具体地讲,君主要处理好这样几种关系:

第一,赞扬与责难。

按照基督教的准则,被人所赞扬的善德无非是慷慨、慈悲、守信、勇敢、随和等等,恶德无非是吝啬、残忍、无信、怯懦、轻浮等等。马基雅维里说,一个最理想的君主,当然是应该具备上述每一个善德。但这是环境所不允许的,因而也是不可能的。在这种情况下,一个有见识的君主就要避免由于那些足以使自己灭亡的恶德而受到责备,并尽可能地提防那些足以使自己灭亡的恶德。然而,"如果没有那些恶行,就难以挽救自己国家的话,那么他也不必要因为对这些恶行的责备而感到不安,因为如果好好地考虑一下每一件事情,就会察觉某些事情看来好像是好事,可是如果君主照着办就会自取灭亡,而另一些事情看来是恶行,可是如果照着办却会给他带来安全与福祉"①。

第二,慷慨与吝啬。

马基雅维里说,如果是一个深通世故的君主,就应该懂得慷慨不能使自己扬名于世,而只能受到损害。因为,真正的慷慨会使自己到头来一定是没有东西可用于再慷慨了。这样一来,要么变成一个穷光蛋,受人轻视;要么为脱离贫困因而变得贪婪,为人所恨。一个君主头一件事就是必须提防被人轻视和怨恨,而慷慨却会把您导向这两种情况之一。"所以,如果君主是英明的话,对于吝啬之名就不应该有所介意。""在我们的时代里,我们看见只有那些曾经被称为吝啬的人们才作出了伟大的事业,至于别的人全都失败了。"②

第三,仁慈和残酷。

一个君主最好是被人民认为仁慈而不被认为残酷,但要注意不

---

① 马基雅维里:《君主论》,第75页。
② 同上书,第76—77页。

能仁慈过分,"他必须提防不要滥用这种仁慈"①,必要时不怕承担残酷的恶名。比如说,一个篡权的君主,为了巩固自己的地位,就应该一鼓作气地将反对派实行杀罚处置;搞得越狠越快,日后笼络人心就越易,统治时间就越长。反之,君主向人民施以恩惠则易慢慢来,使群众总能尝到甜头,而不思叛乱。

第四,受人爱戴和受人畏惧。

马基雅维里说,就愿望来说,一个君主对于这两者兼而有之最好,但这是难以做到的。"如果一个人对两者必须有所取舍,那么,被人畏惧比受人爱戴是安全得多的。"②理由是,人们得罪自己所爱戴的人比得罪自己所畏惧的人,更少忌讳。人们爱戴是基于他们自己的自由意志,而感到畏惧,则基于君主的意志,明智的君主应该依靠自己的权力。不过,使人畏惧和使人憎恨是两回事。一个君主如果不能博得人们的爱戴,无论如何不要被憎恨。被爱戴和被畏惧难以兼得,只要他不侵犯其臣民的财产,不玷辱他们的妇女就行了,"他务必不要碰他人的财物,因为人们忘记父亲之死比忘记遗产的丧失还来得快些"③。

第五,守信和无信。

从历史上看,常常是不重视信义的,狡猾的君主完成了伟大事业。"那些曾经建立丰功伟绩的君主们却不重视守信,而是懂得怎样运用诡计,使人们晕头转向,并且终于把那些一本信义的人们征服了。"④所以,君主要经常诉诸兽性。当遵守信义对自己不利时,精明的统治者就不应该遵守信义。但这样做不要溢于言表。表面上还要把自己装扮成具备一切善德的人;一旦露了马脚,就要当机立断把责任推到下级臣吏身上,以便转移民众的仇恨。因为民众总是容易被欺骗的,"人们是那样地单纯,并且那样地受到当前的需要所支配,因此要进行欺骗的人总可以找到某些上当受骗的人们"⑤。

---

① 马基雅维里:《君主论》,第79页。
② 同上书,第80页。
③ 同上书,第81页。
④ 同上书,第83页。
⑤ 同上书,第84页。

马基雅维里最有名的是狮子与狐狸的比喻,他说:君主"就应当同时效法狐狸与狮子。因为狮子不能防止自己落入陷阱,而狐狸则不能够抵御豺狼。因此,君主必须是一头狐狸以便认识陷阱,同时又必须是一头狮子,以便使豺狼惊骇"①。

这就是所谓的君主玩弄权术的总原则:"目的总是证明手段是正确的",这个原则被后人称之为"马基雅维里主义",是一切玩弄权术、背信弃义行为的代名词。这个原则意味着,在政治上,只应关心什么是有效的,什么是有害的,而不必过问什么叫正当的,什么叫不正当的。正义、道德、宗教、政治和法律等等,统统都要充当服务于权力的手段,否则就没有任何价值。

二、布丹的主权论

布丹(1530—1596年)是法国16世纪的哲学家。马基雅维里是一位政治分析家,而布丹可算是一位政治哲学家了,他总是审慎地思考与研究,最后得出结论。布丹的著作是系统化的,并有学者风度;其基本概念清晰确切,有一定的界说。他把马基雅维里感情化的政治理论带回到理性世界。

1. 方法论

他提倡历史的与比较的方法去研究法学。深信政治思想必须以历史事实的观察为基础,研究政治制度应追溯其历史的发展,各个时期不同的法律体制须作比较的研究与分析。其后霍布斯用历史的方法研究政治,孟德斯鸠用比较方法研究法律,都受到布丹的影响。

他也与马基雅维里一样,认为政治与道德有区别。但马基雅维里把两者绝然分离,而布丹不这样极端,认为正义与道德在政治学上占有极为重要的地位。他无疑接受了自然法观念,认为道德是人群关系中所不可缺少的要素,就是万能的主权者也不能违反,政府的功能在于促进道德。

他强调地理环境对政治的重大影响。布丹比亚里士多德更为彻底地认为,气候、水量、雨量、土壤、财产、星宿等同政治有紧密的因果

---

① 马基雅维里:《君主论》,第83—84页。

关系,甚至提出地理环境是政治制度的母胎这种机械论观点。他说,气候制约着人民的思想、心理性情、生活和文化。还说,用统治意大利人或法兰西(中部地区人)的方法来统治非洲人(南部地区人)或瑞典人(北部地区人),势必引起混乱。这就使我们看到,孟德斯鸠借以享有盛名的地理环境决定论,其实早在布丹那里就详尽发挥了。在这里顺便提一下,布丹认为从自然环境的影响中找不到奴隶制度、婚姻的不准离异制度等的依据。无疑,这种思想解放,显然是文艺复兴精神的表现。另外,布丹还深信占星术。

2. 国家起源论

布丹关于国家和法律起源的观点,同亚里士多德有明显的关系。布丹的国家论首先是从家庭概念出发的。家庭是服从一位家长之下,对于若干庶民及其所有人的正当治理。家庭是一切国家的真正由来和起源。他认为,唯有家庭才是最自然的共同体和最早的社会单位。经过适当规制的家庭,是国家的真正原型。他的家长权,近似于国家的主权。国家就是从家庭开始的。此外,诸如行会、公司、行政区、共同团体等也是起源于家庭。它们同国家的区别在于只承担特定的一小部分职能,因而不能拥有主权。许多家庭为了共同防卫和相互追求利益便建立村落,形成城市,组织种种团体;最后依靠主权的权威把它们统和起来,就发现了国家。

在国家起源的要因问题上,布丹坚持暴力论与契约论的混合观点。他承认力量和征服是通常的国家起源的要因,但即使如此,也仍然是需要经过印证的。如果仅靠优越的力量,那形成的是强盗团体,而不是国家。他说,起初是物理的力量、暴力、野心、贪欲、复仇等感情使人们被武装起来。后来,家庭集团为了摆脱这种不能令人满意的状态,并为了共同防卫和利益而结合起来,共同承认一个主权的权力即国家。于是,与正当性相结合的主权理论,就这样被提出来了。

3. 主权论

现代国家的主权论是以民族国家出现和中央集权君主制诞生为前提的。当时的法国君主成功完成了统一,建立起有效的集权政治。布丹顺应这种潮流写出有关主权的系统著作,指出国家的特质在于具有主权,而且主权是属于君主的。他是第一个对主权作系统研究的思想家,故称为主权论的鼻祖。

到16世纪末,政治思想上产生了清楚的国家主权观念。很多思想家对主权观念有所论述,但作系统研究并成完整体系的只能称两位,一位就是法国的布丹,一位是荷兰的格老秀斯。布丹的重点在于研究主权在国内的地位,主权与国民的关系;格老秀斯重点在于研究主权的国际地位、国家与国家的关系。

布丹断言,主权是国家问题的核心,是国家的定义中最重要的部分。他自豪地说,从前一切法学家及哲学家不曾有人给国家下过这样的定义,即,国家是以主权力量对于无数家庭及共同事务的正当处理,归纳即是,主权是不受法律约束的最高权力。他说,主权是一个国家的绝对和永久的权力。主权是处理国民与庶民的无上权力,是不受法律限制的权力。主权是不能分割的。他还说,除上帝外,尘世上没有比处于地位的人主再伟大而受尊重的了;各位主权的人主是上帝为自己所设立的助理,以发号施令于众人。主权者,即不受自己或其前任创制的法律的约束,也不受被统治者的法律实践的约束。即便这些法律与习惯有健全的理性的根据,总归还要由主权者的自由意志来左右。这样,主权就有两个方面:从一个国家的内部观察,一切权力都是主权的派生物,它们不能等于更不能超过主权;从同其他国家的关系方面观察,主权也是完全不受拘束的权力。

绝对的不受限制的主权是否也要受到某种限制呢?布丹对此是很矛盾的。他曾说主权要受神法与自然法的限制,至于神法及自然法,则世间一切人主都受其约束。假若人主不愿侵犯上帝而冒大逆不道之罪,人主就没有破坏神法及自然法的权力。这种神法及自然法至少包括"自由的不可侵犯性"和"私有财产不可侵犯性"。

主权是受限制的,还是不受限制,这是不相容的两个主题。为了构成有系统的理论,布丹本应该下决心认定二者的至高无上,那么也不可能有君主不能更改的法律,也就不可能存在主权的限制。这一点布丹没有处理好。直到霍布斯那里,这个问题才算得到解决,他把君主的权力提高到不可复加的程度。

关于主权的内容,布丹分为八类:第一是立法权,第二是宣布战争、缔结媾和条约的权力,第三是官吏任命权,第四是最高裁判权,第五是赦免权,第六是提出有关忠节、服从的权力。服从者有效忠、服从主权者的义务,若没有主权者的同意绝对不能解除这种义务。第七是货币铸造和度量衡的选定权,第八是课税权。

布丹的主权论是以绝对君主制为中心的,有力地捍卫了15、16世纪新兴民族主权国家和作为新兴资产阶级同封建阶级中央当权派联盟的绝对君主制,对近代资产阶级的政治法律思想也起了直接的奠基作用。

第四节　罗马法的复兴与西方法律传统

一、资本主义的兴起与罗马法的复兴

1. 资产阶级的兴起

商品经济的蓬勃发展,影响了整个中世纪的经济结构及社会结构。15世纪商业革命开始时,贸易主要是欧洲和东方(亚洲和印度)之间进行。一般情形是阿拉伯旅行家及船只把货物从亚洲和东印度运到地中海和黑海的东方港口,再由意大利船只把货物运到意大利,然后大都由日耳曼人分发到欧洲各部去。东方来的各重要贸易航线都要经过地中海而集中于意大利,所以意大利便成为东方贸易市场的中心,意大利各城邦故此就兴旺起来。这也是文艺复兴首先在意大利兴起的一个原因。

由于各国冒险家们的探险活动,西方人发现了新航线和新大陆。葡萄牙人迪亚士到好望角;达伽马达印度;西班牙哥伦布发现了新大陆。加上意大利航线的固有困难,如阿拉伯的沙漠,地中海的海盗,商业中心由意大利转到了西欧,如英、荷、法等。这是资产阶级革命在西欧爆发的原因之一。商业对农业和手工业产生了巨大影响,改变了原有农业和手工业。如货币地租代替了实物地租,英国的圈地运动等等。

资本的累积与贸易的发达,商业的扩张,理所当然地要求和平与安全以及法律的统一。这是一种普遍的趋势,当时的法国与西班牙

等国已经建立起强大的君主国家。资产阶级了解到,只有当君主的权力与力量满足人民的要求,商品经济才能进一步向前发展。而当时的欧洲,王权与教权的矛盾仍然存在,教权还具有相当大的权力。在教权与君权之间,新兴的资本主义选择了对其有利的君权。于是君权与强大的经济权力合而为一,共同对付教权,达成暂时的联合。资产阶级认为,国王的权力肯定会变得专横而令人难以忍受。但王国政府比教会和封建贵族的统治要好得多。最终的结果就是封建制度的消失,新兴民族国家的君主制确立,以及商业的发展与都市的兴起。

2. 罗马法的复兴

5—11世纪,罗马法在西欧的局部保留。不管是在法国,还是在德国,还是英国,罗马法的影子,还是都存在的,只是没有被官方的日耳曼法所承认。从12世纪开始,西欧各国先后出现了研究采用罗马法的热潮,历史上称为罗马法的复兴。通过这次复兴运动,罗马法的地位提高了,同时法学也得以蓬勃发展。罗马法的复兴、文艺复兴和宗教改革,一起构成中世纪西欧三次大的改革运动。所谓三R运动,是因为文艺复兴、宗教改革和罗马法的复兴,都是以大写字母R开头。文艺复兴是一场"宫廷革命",而宗教改革是更多地出现在法国、瑞士和德国的一场欧洲的平民革命。文艺复兴是一场贵族的革命,文化领域的革命,而宗教改革则是一场社会运动,它直接导致了宗教内部的分裂和社会结构的变化。

日耳曼人侵犯罗马帝国之后,欧洲地区的文明是落后的。亚里士多德的形而上学和罗马帝国的查士丁尼民法大全隐藏了很长的时间,亚里士多德的文献在地窖里埋藏了将近一千年。后来人们重新发现亚里士多德和罗马法,早期的一些神学家在研究的时候,一个方面采取了这个亚里士多德的哲学,特别是他的辩证法和逻辑学。另外一个方面拿亚里士多德的这种方法,来研究法律的问题。研究的结果就导致了所谓西方法学的产生,西方法学的产生就是产生在12—13世纪,其典型的代表就是波伦亚的学派。

罗马法的复兴,经过了这样几个阶段①:

(1) 注释法学

意大利又是罗马法的故乡,成为罗马法复兴的发源地和中心。意大利复兴罗马法是从大学研究国法大全开始的。历史上的第一所大学就是波伦亚大学,波伦亚大学开始创办了法律系,所以世界上的第一个法学院就出现在12、13世纪的意大利的波伦亚。到13世纪的时候,学法律的人已达到万人。除了波伦亚之外,还有那不勒、热内亚和罗马。

波伦亚学派采取中世纪西欧很流行的注释方法来研究罗马法,这种方法也叫做条文解释。对国法大全进入深入细致的研究,对疑难的词和条文原则进行解释。早期的研究实际上是在原来罗马法的字里行间和这个书页上的空白处进行解释。创始人叫做伊拉留,被称之为"法律之光"。

(2) 评论法学派

又称注释学派或者后注释法学派。注释完了之后的工作就应该评论,这也是学术发展的规律。到了13世纪的中叶的时候,后注释法学派开始产生。他们按照时代的要求,把罗马法应用到现实的情况,这不仅仅是对它进行注释,而是对它评论。我们前面讲过,罗马法并非完备,并非逻辑严密,并非形成了一贯的完整的体系。这种缺陷下,为罗马法的复兴创造的机会。每个法学家的解释是不一样的,查士丁尼皇帝在编这个法典的时候,也并没有解决这些矛盾。这个时候出现了新的情况,人们重新来解释罗马法,为了解决目前这个问题,双方当事人可能都有各自的理由,都可以在罗马法当中找到他们的理论根据,所以有的学者说正是由于罗马法的不统一、不一致,才导致罗马法走向成熟。因为不同的学派,对一个问题可以进行学术上的争论,这个争论对法律进行评介,也是后注释法学派要解决的问题。

---

① 参见彭梵得:《罗马法教科书》,黄风译,中国政法大学出版社2005年修订版。陈朝璧:《罗马法原理》,法律出版社2006年版。丘平汉:《罗马法》,中国方正出版社2004年版。

（3）罗马法复兴之后在意大利以外的传播

罗马法的复兴从意大利开始，但是它并不是一个终点，而只是一个起点。随着这个资本主义发展向西欧的转移，那么罗马法的复兴也开始转移。首先出现的注释法学派和评论法学派，后期的发展却慢慢地转到了法国，13、14世纪的时候，在法国很多的大学包括图鲁兹大学、巴黎大学、里昂大学都建立了法律系。到16世纪的时候，法国研究罗马法已经处于世界的前列。16世纪以后，法国在研究罗马法已经超过意大利，取得了全欧洲的领导地位。后来法国成为了罗马法研究的中心，直到17世纪末18世纪初，罗马法在法国开花结果。通过拿破仑辛勤的工作，到1804年法国民法典时候，罗马法的复兴达到了高潮，最后形成了所谓的罗马日耳曼法系。1804年法国有了民法典的时候，德国人也希望在德国有那么一个法典，有的德国的法学家，提出要在德国制定民法典。德国对罗马法的研究是比较深入的，出了很多罗马法的专家。德国的民法典出来，要到1900年。在一百年当中，德国人对于罗马法的研究，应该说是比较到位的。

二、宗教改革的法律遗产

1. 文艺复兴与宗教改革

公元14—16世纪，西方社会处于文艺复兴和宗教改革时期。文艺复兴是指新兴的资产阶级用古希腊罗马文化反对封建的意识形态，建立新的资产阶级思想体系的运动。文艺复兴的范围广泛，它包括文化、社会、经济、政治等诸方面，从而导致了一个在许多方面和中世纪不同的新型社会。

在文艺复兴后期，同时发生了另一运动，即宗教改革运动，其目的是要求按照资产阶级的利益来改造教会和改变宗教教义。基督教世界早期有罗马公教（天主教）和正教之分，前者以罗马为中心，后者以君士坦丁堡为中心。新教改革使罗马公教再一次发生分裂，分裂的结果即是新教的产生，其中著名的是路德教、加尔文教和英国的安立甘宗。继新教改革后，天主教内部也进行了改革。宗教改革的成果是多方面的，首先，基督教世界从此之后，不再是大一统的社会组织和社会制度，宗教成为各民族国家内部的组织。其次，宗教开始退出政治的舞台,成为人们私人领域的一种信仰。再次,新教各派在某种程度上都提倡一种开明主义,比较欣赏自由和平等的精神,反对中世纪教会的专横和跋扈。最后,加尔文教的有些思想,比如自由竞争和发财致富等等,和新兴资产阶级的想法相一致。

文艺复兴和宗教改革在一些方面有着密切联系,两者都破坏了14—15世纪的秩序,是种个人主义强大潮流的产物,都是资本主义的发展和资产阶级社会产生的结果。但从实质意义上讲,宗教改革不是文艺复兴宗教方面的运动。实际上,宗教改革与中世纪后期文明的决裂比人文主义者倡导的文艺复兴运动更深刻。如果说文艺复兴标志着中世纪向现代世界的过渡的话,那么可以说,宗教改革在某种程度上更确切地预告了现代。

文艺复兴是一场贵族的运动,而宗教改革则是一场平民的运动。①

宗教改革的遗产是多方面的,我们可以这样看:

第一,宗教改革促进了宗教自由。

宗教改革后,西方基督教世界分裂成许多相互敌对的教派,在日耳曼北部和斯堪地那维亚国家是路德派,在英国是新教,在苏格兰、荷兰、法属瑞士是加尔文派,天主教世界只剩下意大利、奥地利、法国、西班牙和葡萄牙等等。从长远的角度看,这限制了教会的专制统治,从而促进了宗教的自由。由于在不同的民族国家里不同的国家里的不同教派都有进一步地发展,人们开始意识到任何一种教派都不能强大到把它的意志强加于其他教派的地步。任何一个教派的存在,都要对于其他的教派采取容忍的政策。

第二,宗教改革发展了自由和民主的思想。

新教徒宣称在上帝面前,每个教徒都是平等的,每个人都有权直接对上帝负责,他们认为教会的等级制度违反了人人平等分享天理与神意的宗旨。他们反对权力的压迫,提倡各自良知的自由,重视人的人格、价值和尊严。路德主张每个人都可以凭借对《圣经》的独立理解、凭借内心的笃诚而直接感受和蒙受上帝的恩赐。在这个方面,

---

① 伯恩斯、拉尔夫:《世界文明史》(第2卷),商务印书馆1987年版,第181页。

人们无须教会充作桥梁,无须神职人员提供线索。

第三,宗教改革促进了民众教育。

路德派、加尔文派和耶稣会改变了教育只限制于贵族的情况,改变了课程过分强调希腊文和拉丁文的状况。他们渴望传播他们的教义。在民众创办的学校里,农民和鞋匠的子女也可以用方言学习阅读《圣经》和神学论文。实用的学科纳入了学习课程,它们取代了希腊文和拉丁文的地位,有的学校为新的科学打开了大门。

第四,宗教改革限制了世俗统治者的权力。

宗教改革后的各教派,包括新教和改革后的天主教,都对专制国家提出了质疑,其中,加尔文教对世俗统治者的态度更加具有批判性。在法国和英国,他们不仅为革命的权力辩护,而且积极地参与革命活动,耶稣会的哲学家们则提出,世俗统治者的权威来自人民,有人甚至坚持认为公民有权杀死暴君。

第五,宗教改革鼓动个人主义和谋求财产。

宗教改革发生的原因之一,便是新兴资产阶级的兴起。在这个问题上,宗教改革的精神在一定程度上是与资产阶级的价值观相吻合的。他们认为,人是独立的个体,并非团体的一员,他应该自主地思考和独立地判断,而不应该受教条或者权威的拘束。加尔文教甚至认为,上帝支持不择手段地发财致富,优胜者是上帝的选民,失败者则是上帝所厌恶的人。加尔文自己就把商人和放债人的事业神圣化,高度评价节俭和勤劳的商业品德。

2. 新教伦理与资本主义法治

德国社会学家马克斯·韦伯(1864—1920年)对西方这段法律历史有过细致的研究,他把新教伦理与资本主义及法治联系了起来。

韦伯明确表示,近代法律制度只产生于西方世界,它伴随着资本主义成长而发生。西方资本主义的形成有着其经济社会的原因,也有着宗教伦理方面的精神原因。政治因素加上精神因素,资本主义成为西方社会特有的社会现象。资产阶级在与封建贵族、君主和教会的政治斗争中,不仅需要技术的生产手段,同样需要一种可靠的法律体系和照章行事的行政管理制度。新教伦理中的刻苦、节俭、纪律和节制品德,又与法律的统治相暗合。在这样的情况下,"合理的成文宪法,合理制定的法律,以及根据合理规章或者法律由经过训练的官吏进行管理的行政制度的社会组织……仅存于西方"①。

三、西方法律传统

1. 多元法律体系和多元司法管辖权

整个中世纪是一个多元的法律体系,存在多种法律的体系和不同的管辖权。其一,地主、封建庄园主和农奴之间的关系,称为庄园法。这个制度在日耳曼法有所体现,法兰西王国的早期法律制度实际上就是这种封建的制度仍然存在,就是封建主和农奴的关系。其二,贵族与贵族之间的,大贵族和小贵族之间的分封建藩的制度,我们称为封建法,这也是一个法律体系。其三,王室法。这个时候民族国家出现,开始了君主制的建立,这个时期欧洲是四个国家,主要包括早期的意大利、亨利二世时期的英国、法兰西国家以及德国。其四,资产阶级的产生,形成城市法和商法为核心的法律制度,这个法律制度在14世纪以后已经发展比较成熟了。其五,教会法,则是与世俗法律相对这样一个宗教法,所有这样法律的制度,法律的体系和法律的管辖权,形成了中世纪的多元法律体系。②

因为有不同的法律体系,有不同的法律管辖权,所以就导致法律体系和法律体系之间互相竞争,都想扩充自己的权力,国王想扩充自己的权力,贵族也想扩充自己的权力,教会也想扩充自己的权力,新兴的资产阶级也想扩充自己的权力。而这种权力的扩张是通过法律来实现的。结果是要想在竞争当中使自己处于强有力的地位,就必须使自己的法律更加完善一些。也正是在这种互相竞争、互相压制、互相牵扯的关系当中,西方的法律传统得以产生。

2. 西方法律传统的特点

美国法学家伯尔曼(Harold J. Berman)把西方的法律传统归纳

---

① 韦伯:《新教伦理与资本主义精神》,彭强等译,陕西师范大学出版社2002年版,第14页。

② 参见伯尔曼:《法律与革命》,贺卫芳等译,中国大百科全书出版社1993年版;斯密:《欧陆法律发达史》,姚梅镇译,中国政法大学出版社1999年版。

为十个方面的特点。①

第一个特点,是在法律制度与其他类型的制度之间存在着鲜明的区分。也就是说,法律制度与宗教制度、政治制度、道德和习惯是不一样的,法律制度有它自身的特点,比如说它有自己立法的过程,有裁判的过程,有这种立法和裁判过程当中形成的法律规则和概念,使这套法律的制度不同于道德的制度、政治的制度和习惯和宗教的制度,这是西方所特有的现象。这个特点应该说比较明显,法律就是法律,道德就是道德。

第二个特点,在西方法律传统当中,法律的实施是委托一群特别的人们,他们或多或少,在专职基础上从事法律活动。也就是说,西方有一个法律职业集团,有一部分人专门受法律训练,他们主要的工作就是从事法律工作,他们有共同的处事的方法,有一整套共同的信念。那东方社会有没有呢?应该说还是有的,有的民族有,比如说伊斯兰有,伊斯兰的法官,有自己的学派,对伊斯兰的发展起到很重要的作用,但是跟西方不太一样,因为伊斯兰法有时候把宗教的制度、法律的制度,完全融合在一起,法律制度很难与宗教制度区分开来,他们这样的一些人,既是法学家也是宗教家。西方把它们区分开来的,罗马有著名的五大法学家,而英国历史上也产生了很多非常著名的大法官。

第三个特点,法律职业者,不管是英国、美国那样称之为法律家还是在欧洲大陆称之为法学家,都在一种有高级学问的独立机构中,接受专门训练,这种学问被认为是法律学问,这种机构具有自己的职业作品,有自己的职业学校,或者其他培训的场所。也就是说,西方社会从事法律的工作都必须经过专门的法律训练,通过职业培训之后,才从事法律的工作,这是西方所特有的。

第四个特点,培训法律专家的法律学术机构与法律制度之间存在着复杂和辩证的关系。也就是说,法学家跟法官之间有一种互相促进的作用,法律家处理的事情是日常的法律的活动,非常复杂;而法学家解决的问题,是在这些具体的法律之上来形成自己的学说。

---

① 参见伯尔曼:《法律与革命》,第9—13页。

但他们之间并不是孤立的,而是互动的,法学家对法官提供一些法律的指导,理论上的指导,使它系统化、完整化、抽象化。法学家也离不开法律工作者实际生活当中的一些案例,从具体的实际案例当中,来解决理论的问题,这一点在英美法系和大陆法系,都是非常普遍的现象。这在英美法系更加明显。比较著名的有霍姆斯、卡多佐、布兰代斯等。另外,在法官判案的过程当中,他们经常引用学者的观点。在大陆法系,这是不允许的,因为大陆法系强调法律的渊源必须是立法机关所制定出来的法律,即使是上级法院的一个具体的判例,也只能是目前判案的一种参考性的依据,而不能成为法律的渊源。而在英美法系的话,法学家的著作也可以成为法学渊源的一部分。在一个法官的判词当中,引用法学家著作来解释一个具体的问题,是比较常见的。这保持了法学家和法官之间的互动的关系,这是西方国家所特有的现象。

第五个特点是,存在法律的实体和体系的概念,也就是说法律是一个实体,是一个体系。

第六个特点是,法律有它自身的活力,本身有一种自我发展的能力,这种发展使法律不断延续下去,形成了一个有机的实体,法律有一套完整的法律体系。

第七个特点,法律的发展有一种内在的逻辑,变化不仅是对新情况的适应,而且是形式上的变化。这个是西方法律传统的一部分,认为法律的发展有它自身的一些机理,像一个有机体一样,有它自身发展的逻辑。这个观点在应该说最早起源于古罗马法学说汇编,而到德国民法典则发展到极致。分析法学也认为法律是有一种自身完整的逻辑体系。法律就是法律,法律有其自身的历史。哈佛大学法学院前院长庞德在《法律史解释》中认为,法律总是想保持永恒不变,但是另一个方面它总是不断发生变化,以适应新的情况。法律的发展实际上在这种稳定性和变化性中不断挣扎。

第八个特点,法律具有高于政治权威的至高性,也就是说,法律与政治的分离,法律高于政治,政治必须在法律的框架下面运作。建国初期的观点认为,法律是为政治服务的,我们要反对资产阶级法律至上的观点,强调法律和政治之间的密切关系。但是在西方认为,法律高于政治，包括政治机构的建立，政治权力的运作，政治决策的实施都应该严格按照法律来进行，被称之为西方法治主义的一个核心内涵。

第九个特点，也是最突出的特点在于一个社会内部存在着多元司法管辖权和各种法律体系，不同的法律体系和管辖之间是互相共存和竞争的。最典型就是我们现在所说的12、13世纪欧洲国家，有王室法、封建法、民族法、封建法、城市法、商法、教会法、罗马法等八种法律体系互相竞争，导致了法律多元，最后形成了西方所谓的法治。

第十个特点，法律超越革命，法律有它自身的一些逻辑性，任何一场政治上的革命，都没有中断西方法律的历史发展，西方法律的传统一直延续下来。西方历史上经过了很多的革命，比如说教会革命、光荣革命、法国大革命、美国独立战争等，革命之后，社会发生根本性的变化，但是法律的传统依然保留了下来。

第三章　近代资产阶级古典自然法学理论

第一节　古典自然法学的一般理论

一、人类理性与自然法

所谓古典自然法学,也就是传统的、经典的、最成体系的自然法理论。从时间上看,这种理论存在于西方的 17—18 世纪,从地域上看,它风靡于欧洲大陆和北美,从代表人物上看,从格老秀斯(1583—1645 年)到霍布斯(1588—1679 年),到洛克(1632—1704 年),到孟德斯鸠(1689—1755 年),最后到卢梭(1712—1778 年),都有自己一整套的自然法理论;从性质上看,它代表了新兴资产阶级的利益;从地位上看,这种理论是西方近现代法律制度的理论基础。

在古希腊和罗马的法律思想中,自然法代表了理性,是普遍适用的,高于一切城邦法律之上。经过中世纪神学的洗礼,人们又重新找到了人类的理性。随着文艺复兴和宗教改革的深入,随着资本主义的兴起,理性主义作为一种思想武器得以长足的发展。到 17、18 世纪,宣传人类理性和自然法的运动达到了顶峰。这种理性运动在法律思想领域的体现,就是所谓的"古典自然法学",这种理论主张自然法代表人类的理性或本性,是最高的法律。按照人类的普遍理性,人们可以推演出详尽的、普遍适用于人类的法律或法典。

从哲学上讲,理性是人类应用概念及推理的特有认识方式,理性科学的方法或是演绎的,或是归纳的。理性主义有三种:① 认识论的理性主义,忽视经验,强调概念,运用演绎的方法,并主张理性是人类认识的唯一源泉。② 神学理性主义,以人的理性为标准判断信仰和启示,而不承认超过理性的一切。③ 伦理理性主义,忽视意志及情绪力量,人的道德由认识及对善的知识所定。作为一种学说或看法名称,理性主义的要点是:第一,主张权威是个人的、独立的、认识的活动,反对它有某些外界特许的来源,比如神的启示和教会的教令;第二,对认识活动中与感觉、观察或实验相对的思想或推理给予更高的评价;第三,认为集体或个人应独立审慎地选择方案去指导他的生活、行为,而非依习惯去摸索,或舍近求远听凭权威或情绪的摆布。总之,理性含义广泛,要视具体情况去解释各自的含义。

17、18 世纪的西方资产阶级启蒙思想家们反对宗教神学,倡导建立合乎资产阶级的国家制度和法律制度。他们的法律学说被后人称为"古典自然法学"。之所以称为"自然法学",是因为他们都认为自然法是一种高于并指导政治社会的国家和法律的人类理性。称为"古典",是因为他们的理论非常完善,可视为一种经典之说。

二、近代自然法学的几个主要理论问题

这一时期的法学家众多,而且每个人的理论也不尽相同,但从总体上看,他们的理论都大致包含了如下几个方面的内容:

1. 自然状态说

古典自然法学普遍认为,在进入文明社会之前,人类生活在一种自然状态之中。在自然状态下,没有国家、政府和法律。自然状态是人类社会的早期状态。霍布斯把自然状态描述为一种"战争"状态,人与人之间的关系是一种"狼与狼"的关系。① 洛克认为自然状态是一种较好的状态。在自然状态下,人们享有普遍的平等和自由,普遍享有自然权利。② 卢梭则认为自然状态是人类的黄金时代。自然状态下,没有私有财产,没有国家和法律,没有奴役。人们过着孤立、自由和平等的生活。人们普遍有同情心和怜悯心,这种怜悯心是维系人们的重要纽带。③

2. 自然权利说

在自然状态下,人们享有普遍的自然权利。这种权利是与生俱

---

① 霍布斯:《利维坦》,黎思复等译,商务印书馆 1985 年版,第 94 页。
② 洛克:《政府论》(下),叶启芳等译,商务印书馆 1964 年版,第 5 页。
③ 卢梭:《论人类不平等的起源和基础》,李常山译,商务印书馆 1962 年版,第 102—103 页。

来的,也是不可剥夺的。后人称为"天赋人权"。格老秀斯强调私有财产权;霍布斯强调人的生命和安全①;洛克则系统地提出了人类的三种重要权利:生命权、财产权和自由。另外,自然权利还包括做他认为合适的,做任何事情的权利以及惩罚违反自然法的行为的权利。② 杰弗逊在洛克的基础上,把自然权利总结为:生命、自由和追求幸福的权利。在杰弗逊的倡导下,这三种权利被载入了美国的《独立宣言》。

3. 自然法

在自然状态下,人们没有国家和法律,但他们普遍遵循着一定的法则,这就是自然法。从本质上讲,自然法就是人类的理性,是人区别与动物的本质。人能思考,能通过自己的思考来决定自己的行为方式。自然法是一种法,它构成指导人类行为的一种原则。格老秀斯把自然法的原则归纳为:私有财产不得侵犯,不谋取不属于自己的利益,赔偿因自己过错导致的损害和违法犯罪者应受到惩罚。斯宾诺莎认为是:两利相权取其大,两害相权取其轻。霍布斯把自然法的内容进行了详细地总结后,得出的最一般原则为"己所不欲,勿施于人"。孟德斯鸠认为自然法原则有三个方面的内容:人的自卑感、寻找食物和互相爱慕。③ 在卢梭眼里,自然法是人类固有的一种趋向完善的能力。④

4. 社会契约论

自然状态的缺陷决定了它的暂时性,人类必定要从自然状态过渡到文明社会。在这过渡的过程中,社会契约起了决定性的作用。也就是说,人类通过社会契约的方式,从野蛮的自然状态进入社会状态。具体的方式是:人们放弃自然状态下的全部或部分自然权利,把他们交给一个人或一个集体。主权来源于每个人的自然权利;这个人或这个集体是主权的掌握者。国家或政治体由此而产生,人类开始生活在有国家和法律的社会之中。

---

① 霍布斯:《利维坦》,第97页。
② 洛克:《政府论》(下),第6页。
③ 孟德斯鸠:《论法的精神》(上),张雁深译,商务印书馆1961年版,第4—5页。
④ 卢梭:《论人类不平等的起源和基础》,第109页。

在自然权利放弃的程度,政体建立的方式和民主的程度方面,思想家们之间存在着一定的差异。格老秀斯主张人们全部放弃自己的自然权利,他主张君主制,人民无反抗国家或政府的权利。斯宾诺莎(1632—1677年)主张部分权利的转让,赞成民主制,人民有反抗权。① 霍布斯主张权利的全部转让,赞成君主制,人民无反抗权。② 洛克主张放弃部分权利,保留生命、自由和财产的权利,赞成君主立宪制,人民有反抗权。③ 卢梭主张权利的全部转让,但转让的对象是集体,并且这个集体就是人民自己。人民是主权的享有者,即人民主权。他赞成直接民主制,人民有反抗权。④ 孟德斯鸠把政体分为三种:共和政体(包括民主制和贵族制)、君主政体和专制政体。民主制的原则是品德,贵族制的原则是节制,君主政体的原则是荣誉,专制政体的原则是恐怖。孟德斯鸠赞成共和制。⑤ 另外,杰弗逊(1743—1826年)赞成人民主权,潘恩(1737—1809年)赞成共和制和代议制。

5. 其他具体的法律原则和理论

(1) 分权原则

为了防止权力的滥用,保障人民的自由、平等和天赋权利,就必须将权力分离,以权力来制约权力。洛克创立了权力分立原则,孟德斯鸠提出了完整的三权分立的理论,汉密尔顿运用于美国的实践。洛克将权力分为立法权、行政权和对外权(联盟权)。⑥ 他没有将司法权单独分出来。孟德斯鸠从自由与权力的角度提出了三权分立的理论。他把权力分立为三种权力,即立法权、行政权和司法权,并分别授予不同的机关。这三种权力既是独立的,由是互相牵制、互相制衡的。⑦ 汉密尔顿将这种理论运用于美国实践并进一步地发展,

---

① 斯宾诺莎:《神学政治论》,温锡增译,商务印书馆1963年版,第219页。
② 霍布斯:《利维坦》,第136页。
③ 洛克:《政府论》(下),第95页。
④ 卢梭:《论人类不平等的起源和基础》,第146页。
⑤ 孟德斯鸠:《论法的精神》(上),第8页。
⑥ 洛克:《政府论》(下),第95页。
⑦ 孟德斯鸠:《论法的精神》(上),第154—157页。

孟德斯鸠的权力制衡的原理发展成为"牵制与平衡"的宪法原则。①

(2) 法治原则

洛克是西方法治主义的鼻祖。他认为,政治的统治必须以法律为基础。立法机关制定的法律必须是明确的,正式颁布的,法律的执行必须要有严格的法律依据,法官的自由裁判权必须受到限制。在法律没有明确规定的地方,法律的执行者应依照人民的意志和利益。法律面前人人平等。② 在这个问题上,卢梭也有相似的论述。

(3) 自由平等原则

洛克也是西方自由主义的创始人。在国家和个人的关系上,个人的利益是首要的。政府和国家来源于人民,他们的目的就是保护人民的自然权利。如果政府和国家不顾人民的利益,人民有权推翻旧政府,签订新的社会契约,建立新的政府。斯宾诺莎强调了思想、言论、信仰、集会和结社的自由。卢梭有其独特的平等理论。他认为,人类依次经历了由平等到不平等再到平等的阶段。在自然状态下,人们是普遍平等的。随着私有制的出现,人类出现了不平等。首先有了富人和穷人的区分,其次有了统治者和被统治者的区分,最后有了主人和奴隶的区分。这时,不平等发展到顶点。最后,人们起来用暴力推翻暴君,人们重新恢复到平等的起点。③ 卢梭的平等理论充满了辩证法。

第二节 自然法理论与社会契约论

一、自然法理论

1. 格老秀斯的理论

古典自然法学派代表人物们在反封建的斗争中,提出了系统的自然法思想。格老秀斯认为自然法是正当的理性命令,是断定行为善恶的标准。他说,根据特定行为是否和理性的本性相一致,而断定

---

① 汉密尔顿等:《联邦党人文集》,程逢如等译,商务印书馆1980年版,第337页。
② 洛克:《政府论》(下),第88、101页。
③ 卢梭:《论人类不平等的起源和基础》,第146页。

这种行为是道德上的恶,还是道德上的善,并从而指示该行为是为创造自然的神所禁止或所命令。很少有什么法律是一切民族所共同的。如果有,那就是自然法。因为自然法本身是民族间的法律。他在《战争与和平法》中所论述的自然法主要有这几点:(1) 认为自然法确定什么是正义的行为,什么是非正义的行为,什么是必须做的行为,什么是禁止做的行为。换言之,自然法是衡量和判断是非、善恶、公道与不公道的标准。(2) 人类理性是自然法的渊源,即自然法是人类理性的体现。自然法指明任何与人的理性或本性相一致的行为就是道义上公正的行为,反之就是道义上的罪恶行为。(3) 自然法具有永久性和绝对性,上帝也不能改变,因为上帝也不能使二乘二不等于四,不能使本质恶的变成本质善的。(4) 自然法是最基本的起决定作用的法,人为法来源于自然法。自然法体现了正义和公正,所以无论是战争时期还是和平时期,它都是有效的,而人为法是人类的意志或上帝的命令,是由人制定的,是易变的,因此只能在和平时期有效,在战争时期可能失效。

从自然法基本公理出发,格老秀斯推论出五条基本原则作为自然法整体系统的基本内容:第一,不得触犯他人的财产;第二,把不属于自己的东西和由此产生的收益归还原主;第三,应当赔偿由于自己的过错所引起的损失;第四,应当履行自己的诺言,执行契约,承担义务;第五,违法犯罪者应当受到惩罚。

2. 霍布斯的理论

霍布斯的《利维坦》一书,认为自然法乃是理性所发现的一种箴言,或普遍的原则,是用来禁止人去做伤害他自己生命的事情,或禁止人放弃保全生命的手段,并且去做他所认为最可以保全生命的事情。他的自然法理论是典型的理性主义自然法理论。他的主要目的是论述人类如何从自然状态进入社会状态和政治状态的,也就是如何由战争状态进入和平状态的。为此,他提出自然法的十三条原则:第一,寻求和平,信守和平。理性命令每个人,只要有希望获得和平的时候,应该尽量求得和平;只有在没有寻求和平的希望时,才去寻求和借助战争的帮助。第二,对等地放弃自然权利,即为了和平而防卫自身,在别人也有同样愿望时,一个人便应该放弃自己的支配一切物质的权利。这是一种对等的放弃。假如这种行为是单方面的,那就无异于将自己置于别人的虎口,也就不会有和平。霍布斯指出,这两条是保证人类摆脱自然的战争状态,进入社会的和平状态的根本条件,但仅仅这两条,远不足以维护和平并使之持久。于是,他进一步补充。第三,人类要履行他们的契约,没有这一条自然法,信约就会无用,徒具虚文,而所有的人对一切事物的权利也会仍然存在,人们也就仍会处在战争状态。第四,人们要知道感恩,违反这条自然法就叫忘恩。第五,和顺。社会中的人们有天然的杂异性,和一堆石头一样。杂异的石头加以规制可盖成一座房屋,人们之间只有互相和顺才能构成和谐的社会。和顺就是善于社交的品德,排除固执、刚愎和倔强。第六,宽宥。对于犯有过失而以有悔悟的人,应当宽宥。第七,在对某人以怨报怨的报复中,不要注意旧恶,而要注意引导他向善。否则,就叫残忍。第八,不可用行动、语言、相貌或姿态来对他人表示仇视或藐视。违反的叫侮辱。第九,承认别人在本性上同自己是平等的,违反的就叫自傲。第十,自然法要求人们对待别人要谦虚、谨慎而不应当骄慢纵意。第十一,自然法要求人们秉公办事。第十二,凡调和矛盾之使命者,应以调解手段达到和平之目的,调解的途径应有法律保障。第十三,凡发生争执者,其争执之权利应由公断人判定。最后,霍布斯把自然法的要求概括为一名言,作为自然法的总原则:"己所不欲,勿施于人。"①

霍布斯对于自然法的性质作了几点说明:第一,自然法的效能,表现为个人的自我强制和其他人的自我强制相统一。第二,自然法是永恒不变的。第三,自然法是真正的道德哲学。第四,自然法或理性的命令通过国家而表现出来,那就是法律,即制定法。

3. 洛克的理论

洛克在其《政府论》中阐述了他的法律思想,他指出,自然状态下的人们是自由和平等的,享有天赋的自然权利,但自然状态绝不是放任的状态,因为人们共同地接受自然法的约束。"自然状态有一种为人人所遵守的自然法对它起着支配的作用;而理性,也就是自然

---

① 霍布斯:《利维坦》,第120页。

法,教导着有意遵从理性的全人类:人们既然是平等的和独立的,任何人就不得侵害他人的生命、健康、自由和财产。"①自然法体现着理性,它教导着人类过有理性的生活。自然法是最高的、永恒的,上帝本来也为它们所束缚。自然法使所有的人不侵犯他人的权利,不互相伤害,维护人类的和平与安全。如果有人对他人进行人身或财产的侵害,受害人可依自然法、理性和正义处罚侵犯者。在自然状态下,人人都有是执行自然法的法官,但自然状态下缺少一种明文规定的法律,缺少一个有权依照既定的法律来裁判争执的裁判者,缺少权力来支持正确的判决。于是,人们相约成立政府,来保护他们的生命、自由和财产。政府的存在是以保护人的生存、自由和财产的权利为目标的。

4. 孟德斯鸠的理论

孟德斯鸠指出,法律要反映一个国家的整体情况,要同政体的性质、原则相适应,要和国家的自然条件相适合,要与政制所能容忍的自由程度相适合,与居民的信仰、性情、财富、人口、风俗习惯等相适合,法律与法律之间要相互适合,这些巨大的"关系",便是孟德斯鸠在《论法的精神》一书中的研究课题。他设想,在自然下,人是非常胆小怕事的动物,终日因环境的一切危险而慌张逃避。所谓自然法,就是为理性所反映的,先于理性而存在的规律。自然法在无意识之中为人类所发现。自然法包括这样四条原则:(1) 和平。自然状态下人们都是自卑的,几乎没有互相攻击的现象,所以首要的是和平。(2) 寻找食物。(3) 相互爱慕。(4) 希望过社会生活。这是人们最新的和最重要的认识,为此都有了社会。社会一经产生,人们便失掉自身的软弱感,并且出现了不平等,人人都想高出别人,所以开始了战争状态。②

5. 卢梭的理论

卢梭在《论人类不平等的起源和基础》和《社会契约论》中提出了他的法律思想,他对于自然法和自然状态的想象是独具一格的。

---

① 洛克:《政府论》(下),第6页。
② 孟德斯鸠:《论法的精神》(上),第4—5页。

他认为,那时的"野蛮人",非恶非善,无过失无德行。原因是:人类的智力未开化,没有可以供他们加以运用和滥用的才能;没有知识当然也就没有法律,从而也就没有区分行善和作恶的准则。那时,社会不存在不平等,就是体力、智力方面的"天生的"或"自然的"不平等也微乎其微。在这种情况下,所有人都是不受任何束缚的,强者自然也无从行使他的权力。正是从没有不平等这个角度上,卢梭称"自然状态"是人类的"黄金时代"。他认为自然的东西是好的,而文明是人为的造作,破坏了自然的本性,自然人是幸福的。他提倡回到自然去。①

二、社会契约论

1. 格老秀斯的理论

在17、18世纪资产阶级革命斗争中,古典自然法学派代表人物们不仅系统地讨论自然法思想,而且设计出实现自然法的正义和理想蓝图,进一步提出了社会契约、人民主权、权力制衡、法治原则等光辉理论。

格老秀斯是近代社会契约论国家观的倡导者,认为国家起源于人类的契约,而非上帝的创制。在文明社会出现以前,人类历史上存在着一种自然状态,人类在自然状态下得不到安全保障,经常受到异族或其他动物的侵袭,人们在理性和经验的启示下,认识到联合起来的好处,于是他们联合起来,建立了有组织的社会。方式是每个人放弃他所享有的自然权利,把它交给少数人或某个人,让他或者他们管理全社会的事务,这样就用契约的方式建立了国家,用法律和强制力保护全社会的利益。建立国家的目的在于谋求公正,国家的根本任务就是维护公共安全。

2. 霍布斯的理论

霍布斯同其他契约论者一样,主张国家起源于契约。他说,在自然状态下,土地的开辟、航海业的发展和应用、文学艺术的繁荣等等,是根本谈不上的。人类的生命是短促的,生活是贫困的,关系是凶残

---

① 卢梭:《论人类不平等的起源和基础》,第20、44页。

的,没有公道不公道可言。然而,人类理性的驱使和过和平生活的欲望,使得人们要求摆脱这种战争状态,过安定和平的生活。也就是说,为了"自我保存",为了自私的目的,人们便要求建立公共权力,而建立这种公共权力的唯一方法,就是人们相互约定,把他们所有的权力与力量交付给一个人或者由一些人组成的会议,由这个人或会议代表他们的意志,行使公共权力。[①] 他主张把国家权力交给一个人,具体地讲就是交给君主,并授予君主无限的权力。统治者有权限制言论自由,有权制定法律,有权任免官吏和授予勋位。他甚至公然宣称,不放弃自身的统治权力就是统治者固有的权力。臣民没有得到统治者的允许,不得另订新约,更不能放弃君主而回到自然状态。

3. 洛克的理论

洛克说,由于自然状态存在着缺陷,人们在理性的指导下,不得不脱离自然状态而建立政治社会。人类最初建立政治社会,必须通过契约的方式,因为任何人放弃其自然自由并受制于公民社会的种种限制的唯一方法,是同其他人协议联合成为一个共同体。[②] 人天生是自由平等的,要使任何一个人服从另一个人的政治权力,只有得到他本人的同意,而这种同意是必须由契约表现出来的。具体而言,第一,每个结合者不是放弃全部的自然权利,而是放弃部分权力交给全社会,这个被放弃的部分权利,即个人惩罚罪犯的权利;第二,每个结合者把部分权利交给整个社会而不是某个个人;第三,政治社会的行动应取决于社会的大多数。多数人有权采取行动,而其余的人必须服从,但他并不忽视每个缔约者的意志;第四,政治社会依靠集体的力量,仍然保护公民的生命、自由和财产权,这些权利由自然权利变为公民享有的不可剥夺的权利。政治社会必须保护公民的这种权利,否则就叫超出了"公众福利"的需求,人民就有权进行反抗。反抗也是人民的一项自然权利,因而必须建立一个有限权利的政府。如果政府不能服务于这个目标,人们就有废除原来契约的权利。

---

① 霍布斯:《利维坦》,第131页。
② 洛克:《政府论》(下),第59页。

4. 卢梭的理论

对于社会契约论有独到、精辟、深刻见解的,是卢梭于1762年出版的《社会契约论》一书。他首先反驳了两种常见的国家起源论。一种是家庭起源论。卢梭说,家庭是最原始、最自然的社会,在家庭中,父亲与子女之间以爱为基础,但在国家中,首领对人民没有这种爱,有的只是发号施令。可见,国家与家庭有本质上的不同,因此它们之间也不可能有什么因袭的关系。另一种是暴力论或战争论。卢梭说,战争总是要基于一定利益目的之上的,但在自然状态下,谁也没有什么固定的财产,所以私人间的战争是根本不可能出现的。这就证明,硬说国家产生于强者的暴力和私人战争的观点是毫无根据的。卢梭断言,国家起源于契约。随着私有制的出现,人们越来越受到相互掠夺和残杀的威胁。在这种情况下,人们就被迫去寻找自由和安全的新的出路,即要求订立社会或国家的契约。卢梭认为,社会契约论的主题是要寻找一种结合的形式,使之能以全部共同的力量来维护和保障每个结合者的人身和财富,并且由于这一结合而使每一个与全体相联合的个人又不只是服从自己本人,并且仍然像以往一样的自由。① 卢梭认为,社会契约成立的方式,是每个结合者及其自身的一切权利全部转让给予整个的集体。转让全部权利的理由是:第一,只有全部转让,才可以做到对于所有的人的条件都是同等的。第二,只有全部转让,才能使"联合体"完美。如果一些人全部转让,而另外一些人只转让一部分,那么就可能使社会或国家变成某些人推行暴政的工具。第三,只有全部转让,才能做到没有向任何人奉献出自己。而人们可以从社会得到同样的权利,并增加社会的力量以保护自己的利益。第四,通过这一种方式建立的集合体表现了人民最高的共同意志。这个意志就是"公意"。"公意"在卢梭的政治理论和法律思想中占有重要地位。契约、主权、法律都有与这有关。表达出来就是:我们每个人都有以其自身及全部的力量共同置于公意的最高指导之下,并且我们在共同体中接纳每一个成员作为全体之不可分割的一部分。这样的社会或国家,就是共和国,关于社

---

① 卢梭:《社会契约论》,何兆武译,商务印书馆1980年版,第23页。

会契约存在的形式,卢梭说,这种社会契约的条款从来就没有被正式宣告过,但在普天之下为人们所默认或公认。亦即"社会契约"这一概念,无非是表示客观历史上以往存在的普遍情况而已。社会契约要得以履行,为使它不至成为一纸空文,就应该有这样的规定:任何拒不服从公意的人,全体就要迫使他服从公意。当执政者滥用职权不履行契约,以损害人民权利和利益时,人民就有权取消契约,有权通过暴力夺回自由。

第三节 人民主权论、分权论和法治论

一、人民主权论

国家成立后,谁是主权的所有者?古典自然法学派的代表人物们,有的主张主权属君主一人所有,有的主张主权属一些人所有。洛克和卢梭认为,人民应是主权的唯一所有者,提出了人民主权的理论。卢梭认为,社会契约构成的统一政治体,存在一种超乎各成员之上的绝对权力。这种权力在受公意指导时,就是所谓的主权。卢梭认为国家主权属于全体人民,亦即主权是一个整体的人民共同体,个人仅仅是一个成员。按照卢梭的描述,主权有如下特征。

1. 主权不可转让

卢梭反对格老秀斯、霍布斯的君主制主权,认为主权不可转让。因为主权是公意的运用,是国家的灵魂和集体的生命,所以,就永远不可转让,意志是不可转让的,从而批驳了格老秀斯、霍布斯主权可以转让的观点。

2. 主权不可分割

卢梭反对洛克、孟德斯鸠的分析学说,认为主权不可分割。在卢梭看来,代表主权的公共意志是一个整体。分权学说的错误在于把主权的表现当作主权的构成部分。

3. 主权不可代表

卢梭反对代议制,认为主权不可代表。这是依主权不可转让引

申出来的。主权要么就是公意,要么就是非公意,中间的东西是没有的,而非公意就不是真正的主权。根据这个道理,卢梭反对代议制,而主张一种直接民主制。他说,在立法权方面,人民不能让别人来代表。因为人民一旦给自己选出代表,他们的意志就不再是自由的,自由就消灭了。而在行政权方面,人民可以而且应当选代表,因为行政权是一种执行法律即公意的权力,从而区分了国家主权与政府。这样,卢梭主张实行直接民主制,反对代议制。

  4. 主权至上

  卢梭认为,主权是绝对的、神圣的、不可侵犯的、至高无上的权力,亦即主权有普遍的强制力,有支配它的各个成员的权力。①

二、分权理论

  1. 洛克的理论

  "以权力制约权力"是西方反封建的斗争中取得的一个重要理论成果。在近代资产阶级思想家中,洛克是第一个提出分权学说的人。他把权力分为三种:即立法权、行政权和联盟权(对外权)。②

  洛克明确强调,立法权是国家的最高权力,它指享有权力来指导如何运用国家力量,以保障社会及其成员的存在与利益。他说,一个国家的成员是通过立法机关才联合并团结成为一个有机体的。立法机关给予国家以形态、给生命以统一的灵魂。分散的成员因此才发生相互影响和相互联系。正因为立法机关拥有最高权力,其他国家机关(尤其是行政机关)应视为立法机关的派生机关。其他机关的权力都是根据法律而获得的,立法机关在认为有必要的时候,有权收回自己的授权,或者有权处罚任何违法的不良行为。立法权对于国家起举足轻重的作用,为防范它堕落为专制的机关,必须采取以下措施:第一,把立法权与执行权区别开来,即实行"权力分立"。洛克说,如果同一批人同时拥有制定和执行法律的权力,就会给人们的弱点以绝大的诱惑,使他们动辄攫取权力,使自己免于服从自己制定的

---

① 卢梭:《社会契约论》,第35—40页。
② 洛克:《政府论》(下篇),第89页。

法律,并且在制定法律时,使法律适合于自己的私人利益,因而,他们就拥有了与社会的其余成员不同的利益,违反了社会和政府的目的。第二,不使立法机关成为常设机关。他说,立法机关既然不是经常有工作可做,就没有必要经常存在。法律制定后,他们重新分散,自己也受所制定的法律的支配,这是对他们的一种新的和切身的约束。第三,限定立法权的范围:一是它必须遵循自然法精神,对于人民的生命和财产不得进行专断;二是审判工作不能以立法机关的临时专断命令为根据,而必须以颁布过的、经常有效的法律为根据,并由有资格的著名法官来执行;三是未经本人同意,不得取去任何人的财产的任何部分;四是它不能把制定法律的权力转让给其他人。

行政权,洛克指的是以君主为首的内阁的法律执行权。按照洛克的意思,行政权实际上包括国家的全部治理和司法大权,它与立法权是分割开来的。洛克说,由于那些一时和短期内制定的法律,具有经常持续的效力,并且需要经常加以执行和注意,因此就需要有一个经常存在的权力,负责执行继续有效的法律,所以立法权和执行权往往是分立的。

洛克所说的对外权,包括战争与和平,联合与联盟,以及其他涉外权力。这个权力虽然是洛克提出的三权之一,但并不是一种独立于行政权之外的权力。洛克承认,对外权和行政权几乎总是联合在一起的,难以分开,因为两者的行使既然都需要社会力量,那么把国家力量交给不同的和互不隶属的人们,几乎是不现实的,而如果执行权和对外权掌握在可以各自行动的人的手里,这就会使公众的力量处于不同的支配之下,迟早会导致纷乱的灾祸。由此可见,洛克的权力分立论并非主张三权分立,而仅仅主张立法权和行政权的两权分立。

2. 孟德斯鸠的理论

孟德斯鸠在《论法的精神》中极力强调政治自由,而政治自由以需要政府予以保障。他继承洛克的分权理论,加以更系统的发挥和阐述。他认为,政治自由只有在那些国家权力不被滥用的地方才存在。但是一切有权力的人都有容易滥用权力,这是一条万古不易的经验。有权力的人们使用权力,一直到遇有界限的地方才停止。从事物的性质来说,要防止滥用权力,就必须以权力约束权力。① 孟德斯鸠认为,任何一个国家都包括立法、司法和行政三种权力。立法权指制定、修改或废除法律的权力;行政权指宣战或媾和,派遣或接受使节,维护公共安全,防御侵略的权力;司法权是适用法律,判断是非的权力。三种权力应分割由不同的国家机关行使,即立法权由两院制的议会行使,行政权由国王或政府行使,司法权由法院行使。

按照孟德斯鸠的说法,当立法权和行政权集中到一个人或一个机关中时,自由便不存在了。因为,这意味着法律制定者就是法律的执行者,就可能导致双重的暴虐——暴虐的法律和暴虐地执行法律。如果司法权不同立法权分开,自由就不存在了。因为,这意味着法官就是立法者,可能导致对公民生命和自由的任意专断。如果司法权同行政合二为一,法官将握有压迫者的力量,自由就失掉了保障。如果三权都集中到一人或一个机关手中,那就是专制主义,一切都完了。

孟德斯鸠还主张,权力不仅应分开,而且还应互相制约。立法机关不但有权制定法律,还有权监督法律和公共决议的执行。行政权要服从法律,但对立法机关的越权行为有权加以制止,并对立法机关通过的某些法案行使否决权,司法机关应根据法律,独立进行审判,对法律负责。具体讲,这种相互制约表现为四个方面:第一,立法机关由贵族院和平民院构成,这两部分各有其意见和利益,分别活动,互相行使否决权,可见立法部门内部具有互相牵制的关系。第二,行使机关有对立法的否决权,立法机关不能自行集会或闭会,行政机关决定集会或闭会的时间。这是行政机关对立法机关的一种牵制。第三,立法机关对行政机关执行法律的情况进行监督,这是立法机关对行政权的制约。另外,立法机关对行政首脑的违法行为享有弹劾权。第四,司法机关对立法机关的活动是否符合宪法和行政首脑的执行情况有监督权。

3. 汉密尔顿的理论

把这种权力分离的理论应用到实践并予以发展的,当属美国的

---

① 孟德斯鸠:《论法的精神》(上),第 153—164 页。

汉密尔顿(1757—1804年)。在美国宪法的制定过程中,汉密尔顿等人相继发起了讨论,并在结集出版的《联邦党人文集》一书中,阐释了他独到的分权与制衡理论。汉密尔顿所讲的分权,就是对于立法、行政和司法三个部门权限的严格划分,并保证各部独立地行使这种权力。具体说,在美国,立法权属于参众两院组成的国会,行政权属于合众国总统,司法权属于联邦各级法院及下院法院。对于各部门的权限,汉密尔顿都作了精心设计,并予以详尽地论证。汉密尔顿认为,主要的方法有两个方面:第一,使一个部门不依赖另一个部门。组成一个部门的人员,不由另一个部门来任命,而要尽可能做到直接来自"人民"。假如,国会议员和总统都有分别由人民选举出来,最高法院的法官是总统与议会两部门结合起来任命,他们虽不由人民选出来的,但也不是一个部门单独决定的。又如,按宪法惯例,法官终身任职,行政部门对法官虽有任命权,但无罢免权,立法部门对法官虽有同意与否决权力,但非因法官犯罪并依法定程序弹劾之外,无罢免权。各部门公职人员的薪给,靠法律规定,而不依赖其他部门来供给。第二,给予各部门的主管人以抵抗其他部门干涉的法定手段和个人的主动性。汉密尔顿把抵抗一个部门的越权行为称作防御。他认为,在法律上,防御规定必须与攻击的危险相称。汉密尔顿又说,这样的法律是建立在人人都有野心的人性分析基础之上的,所以是野心必须有野心来对抗的办法。他解释说,这种规范不是对政府或长官的污辱,而只是客观必然而已。如果人人都是天使,就不需要任何政府了。如果是天使统治人,就不需要对政府有任何外来的或内在的控制了。汉密尔顿说,三个权力部门的独立性并不是绝对的,三者的分立是指其主要方面而言的,而不是说每个局部都是孤立的,互不混合的。只要各个权力部门在主要方面来保持分离,就不排除了特定的目的予以局部的混合。此种局部混合,在某种情况下,不但并非不当,而且对各权力部门之间互相制约甚至还是必要的。互相制约的直接目的,是使各部门对其他部门都有法定的监督,即各部门都能按照法律的规定办事。具体表现在,第一,对立法权的制约,总统有法律提案权,特别是具有有条件的法律否决权;最高法院有权解释法律,有权宣布国会所通过的法律违宪失效。第二,对行政权的制约,国会有对以总统为首的政府官员的质询权和弹劾权,有对政府签订的条约和一些重大决定的批准权;法官拥有对行政官员的某种审判权,在国会审判总统时,最高法院首席法官为当然首席。第三,对司法权的制约,总统和国会行使法官任命权;国会有司法性的叛国罪的宣告权和审判总统的权力;总统有特赦权,有提名并任命联邦最高法院法官之权。如此等等,这就是法律上的互相制约与监督。

仅有三种权力的分立,制约还是不够的。在汉密尔顿看来,必须保持三个机关彼此在权力或力量比例上的均势,以使任何一个部门在实施自己的权力时都不能直接地对其他部门具有压倒的影响,以防止把某些权力逐渐集中于一个部门[1],这就是汉密尔顿的平衡理论,他把平衡的重点放在立法部门上。他认为,立法部门的成员很多,他们分布和生活在一般人民中间。他们的血统关系、友谊关系和相互结识,在社会上最有势力的那部分人当中占有很大比例。他们受公众信任的性质意味着他们在人民当中有个人影响。具有这些有利条件的立法机关,是不可能使行政或司法机关有均等机会获得有利的结局。他还说,立法部门由于其他情况而在政府中获得优越地位,其法定权力比较广泛,同时又不是受到明确的限制,因此立法部门更容易用复杂而间接的措施掩盖它对同等部门的侵犯。因而,必须设立两院即参议院和众议院,并规定两院产生的途径、议员条件、承担的职能等都不相同,就可以造成国会内部强有力的自我制约,特别是对众议院权力的抵消。由此,汉密尔顿主张加强行政和司法权的力量。从行政权上看,他主张赋予总统十分广泛的大权,这种大权几乎可以说是近乎独裁的权力,并且坚持总统连选连任。总统任期越长,就越不会产生邪念,从而越能充分发挥单一性的优越力,维护行政权的效能和国家安全。从司法权上看,汉密尔顿认为,法院的重要性和它所经常处的地位是不相称的。他说,法院对保卫宪法和人权起着积极作用。但是,与立法、行政部门相比,司法部门既无军权,又无财权,不能支配社会的力量与财富,不能采取任何主动的行动。因而它既无强制,又无意志,只有判断,而且为实施其

---

[1] 汉密尔顿等:《联邦党人文集》,第264页。

判断亦需借助于行政部门的力量。所以,司法机关为分立的三权中最弱的一个,与其他二者不可以比拟,这就自然需要增强司法部门的权力。① 具体方法,例如,法官终身制,法律的违宪审查权,广泛的审判权等。

三、法治理论

1. 洛克的理论

洛克是近代资产阶级法治主义的重要倡导者之一。他主张的思想有以下内容:第一,国家必须以正式的法律来统治。就是说,这种法律必须是以法定的手续制定和公布出来,并被普遍接受的法律。为此,他坚决反对以临时性的命令和未定的决议进行统治。第二,执行已经公布的法律。洛克说,有了法律而不执行,等于无法。不执行法律的政府是专横的政府,从而就不能算作真正的政府。如果握有最高执行权的人疏忽和放弃他的职责,以使业已制定的法律无从执行,那么这显然已把一切都变成无政府状态。因而实际上使政府解体。因为法律不是为了自身而被制定的,而是通过其自身的执行成为社会的约束,使国家的各部门各得其所,各尽其职,当它完全停止的时候,政府也就搁浅了,人民就成了没有秩序或联系的杂乱群体。第三,法律面前人人平等。洛克说,每一个个人和其他最微贱的人都平等地受制于法律。公民社会的任何人都不能免受法律制裁。对于那些位高权重的人要从严要求。损害和罪行,不管是出自戴王冠的人或微贱的人之手,都是一样的。罪犯的名位和他的党羽的数目,除了加重罪行之外,并不使罪行有何差异。洛克认为,立法者不可能预见并用法律规定社会中的一切事情。这一点表明,法律执行者在无法律规定的场合,应当根据自然法的精神自由裁处,直到有关的成文法加以规定为止。这是为公共福利所必不可少的。这同非法专横是两码事。

洛克认为,法治与暴政是势不两立的。统治者无论有怎样正当的资格,如果不以法律而以他的意志为准则,如果他的命令和行动不

---

① 汉密尔顿等:《联邦党人文集》,第394—395页。

以保护人民的财产而以满足自己的野心、私情、贪欲和任何其他不当的情欲为目的,那就是暴政。①

2. 卢梭的理论

卢梭认为,理想的民主共和国,同时就是一个法治国。他说,凡是实行法治的国家,无论它的行政形式如何,都可称为共和国。卢梭的法治的基本内容是:首先,卢梭认为是立法权唯一地、永远地属于人民全体,即属于公意。反对以言代法。卢梭说,一个人,不论他是谁,擅自发号施令绝不能成为法律。其次,法治要求严格按照法律办事,遵守法律,在法律面前人人平等。他认为行政官是执行者而不是仲裁者,是保卫法律而不是侵犯法律。他说,公民都知道遵守法律的重要性而普遍地守法,这里不存在例外,因为有了例外,对谁都不利,所以大家都怕有例外,而怕例外的人就会热爱法律。②

3. 法治理论的历史地位

法治的问题是中外法理学界长期反复争论而无统一认识的问题。人治与法治之争,在西方要追溯到古希腊柏拉图和亚里士多德。人治的关键是治国依人的意志和权力,其前提是人的聪明才智和人的灵活变通;法治的关键是治国依法,其前提是法律的理性和恒定的标准。从这个意义上讲,法治与人治相对。两者都可以成为治理国家的有效工具,因此他们之间在一定条件下并不矛盾,都可以为一定政体服务。一个贤明的国王和一个开明的君主可以依人也可以依法实行开明的专制统治,一个暴虐的君主和一个绝对的君主可以依人实行残暴的统治,也可以依法实行更加残暴的统治,因此洛克认为国王和暴君的区别在于他们是否运用法律行使他们的权力,孟德斯鸠在区分君主政体和专制政体时,唯一的标准就是看这个君主是否依照法律进行统治。③ 这种人治与法治可以统一的理由,在于他们都是一种治国的手段,一种治国的策略,而不涉及政权问题。在西方,

---

① 洛克:《政府论》(下),第 121—122 页。
② 卢梭:《社会契约论》,第 51 页。
③ 参见洛克:《政府论》(下篇),第 124 页;孟德斯鸠:《论法的精神》(上册),第 8 页。

这种理论在17—18世纪得到了新的发展。以洛克、孟德斯鸠和卢梭等为代表的自然法学家们,提出了一种新的法治理论。这种理论可能是复兴古希腊罗马的理论,但是在理论内核上已发生根本的变化。他们认为,政治的统治应该以法律为基础,法律应该是人民意志的体现;人民选举出自己的代表行使国家的权力;政府官吏及法官严格按照立法机关的法律实施,自由裁判权严格受到限制;法律本身应该是正式的、公布过的和众所周知的;法律面前人人平等,任何人没有超过他人的权力;主权属于人民,政府和国家唯一的目的就是保护人民的生命自由和财产;为了防止国家权力的滥用,为了保障政治的自由,权力必须分离并由不同的人去掌握,以权力制约权力,等等。也就是说,法治,连同人民主权、代议制、自由、平等、分权一起,成为国家的根本制度。法治不再仅仅是一种治国的工具,而是国家制度和社会制度的一个组成部分,这个意义的法治,不再与"人治"相对,而是与封建的"专制"相对。所以洛克说:"统治者无论有怎样正当的资格,如果不以法律而以他的意志为准则,如果他的命令和行动不以保护他的人民的财产而以满足他自己的野心、私愤、贪欲和任何其他不正当的情欲为目的,那就是暴政。"只要权力不是用于管理人民和保护他们的财产,而用于其他的目的,"那么不论运用权力的人是一个人还是许多人,就立即成为暴政"[①]。因此雅典也有三十个暴君,罗马也有十大执政。自然法学家的这些理论在西方资产阶级革命之后,在西方各国以这种形式或那种形式在法律上确立下来,成为"法律至上"的社会理论和社会制度。

西方近代资本主义制度确立后,洛克和卢梭所倡导的法治成为立国的根本,议会处于至高无上的地位,法院只是法律的适用机关,法官没有制定法律的权利。洛克和卢梭所倡导的法治主义仍然是现代法治社会的基本前提。

---

① 洛克:《政府论》(下篇),第121—123页。

第四节 平等论、自由论和法的精神

一、平等理论

1. 霍布斯的理论

霍布斯说,人是生而平等的,自由的。因此,人类的自然状态就是完全平等、绝对自由状态,或者说就叫做享有充分的自然权利的状态。霍布斯说:"自然使人在身心两方面的能力都十分相等"①,从每一个人都满意与他所得的一份这一现象看来,世界再没有比这现象更足以表示才智的平等分配,也就是讲,人人都有同等的篡夺财产的能力,都有单独地或联合地攻击另一个人的能力。另一方面,除了能力之外,人人也随时可以毫无限制地把这种能力付诸实践,即实现"绝对的自由"。

2. 洛克的理论

洛克认为,人类的自然状态是一种自由的状态和平等的状态。所谓"自由",是指人们在自然法的范围内,能按自己认为合适的办法,决定自己的行动和处理自己的财产和人身,而无须得到任何人的许可或听命于任何人的意志。所谓"平等",是指一切权力和管辖权都是相互的,没有一个人享有高于另一个人的权力。他们毫无差别地享有自然界的一切条件和运用自己的身心能力,不存在从属和受制的关系。②

3. 卢梭的理论

卢梭认为,人类的不平等经历了三个发展阶段。

第一,土地私有制的产生导致不平等的第一个阶段。

卢梭指出,土地私有制是从自然状态进入不平等状态的最重要的步骤。他说:"谁第一个把一块土地圈起来并想到说:这是我的,而且找到一些头脑十分简单的人居然相信了他的话,谁就是文明社

---

① 霍布斯:《利维坦》,第92页。
② 洛克:《政府论》(下篇),第5页。

会的真正奠基者。"①同时,卢梭也指出,私有制是伴随着一系列技术改革和生产工具创造,以及与此相应的人类智能发展的长期过程的产物,包含着历史的必然性。卢梭说,"自从一个人需要另一个人的帮助的时候起;自从人们觉察到一个人具有够两个人食粮的好处的时候起;平等就消失了、私有制就出现了、劳动就成为必要了、广大的森林就变成了须用人的血汗来灌溉的欣欣向荣的田野;不久便看到奴役和贫困伴随着农作物在田野中萌芽和滋长。"②私有制的出现,导致了社会上富人与穷人的区分,这是人类社会不平等的第一阶段,也就是所谓经济上的不平等。

第二,国家权力机关的建立导致不平等的第二个发展阶段。

社会贫富产生后,富人就施展阴谋诡计,以保障大家自由为幌子,他向他们说:"咱们联合起来吧,好保障弱者不受压迫,约束有野心的人,保证每个人都能占有属于他自己的东西。因此,我们要创立一种不偏袒任何人的、人人都须遵守的维护公正与和平的规则。这种规则是强者和弱者同样尽相互间的义务,以便在某种程度上,补偿命运的不齐。"③要把力量结成一个至高无上的权力,这个权力根据明智的法律来治理,以保卫所有这一团体中的成员,防御共同的敌人,使人们生活在永久的和睦之中。因此,社会和法律就是这样或应该是这样起源的:"它们给弱者以新的桎梏,给富者以新的力量;它们永远消灭了天赋的自由,使自由再也不能恢复;它们把保障私有财产和承认不平等的法律永远确定下来,把巧取豪夺变为不可取消的权利;从此以后,便为了少数野心家的利益,驱使整个人类忍受劳苦、奴役和贫困。"④卢梭强调说,国家的产生不是抑制不平等,而是使不平等进一步深化。因而人类不平等的第二阶段便是弱者和强者的区分,出现了统治与被统治的关系,也就是政治上的不平等。

第三,暴君的出现导致不平等的第三个阶段。

卢梭说,尽管国家如何是一个罪恶的产物,但一开始它还是合法

---

① 卢梭:《论人类不平等的起源和基础》,第 111 页。
② 同上书,第 121 页。
③ 同上书,第 128 页。
④ 同上书,第 128—129 页。

的、法定的权力。后来,由于统治者的贪婪和任性,便逐渐堕落为压迫全社会的专制暴政,形成暴君政体。因此,不平等的第三阶段是主人与奴隶的区分,是不平等的顶点。卢梭在分析了不平等的产生和发展过程之后,提醒人们注意这样一点:第一阶段的开始是自然的平等;第二阶段是同自然平等相对立的不平等;第三阶段是同不平等对立的另一种平等。因为在暴君面前,所有人都等于零,不是奴隶。从而导致了一个"极度腐化"的"新的自然状态"。基于这种"新的自然状态",人们又重新获得了自由活动的权利,获得了否定暴君的权利。这又是平等的,作为一个暴君没有任何理由存在什么怨言。他的名言是"暴力支持他,暴力就推翻他。一切事物都是这样按照自然的顺序进行着,无论这些短促而频繁的革命的结果如何,任何人都不能抱怨别人的不公正,他只能怨恨自己的过错或不幸。"①

对于卢梭的这种论述,恩格斯曾给予了高度的评价。他说在卢梭那里可以看到与马克思《资本论》中所遵循的完全相同的思想进程:按本性说是对抗的,包含着矛盾的过程,每个极端向它反面的转化,作为整个过程的核心便是否定的否定。

二、自由理论

1. 洛克的理论

洛克被称之为"自由主义的鼻祖",其自由论的一个显著特点就是,他坚持把自由和法律或理性结合起来。亦即自然状态的自由与自然法结合在一起;政治社会中的自由同国家的法律结合在一起。

具体地说,洛克强调几点:

第一,自由的含义。

关于自由的含义,洛克说:"处在社会中人的自由,就是除经人们同意在国家内所建立的立法权以外,不受其他任何立法权的支配;除了立法机关根据它的委托所制定的法律以外,不受任何意志的统辖或任何法律的约束。"②换言之,处在政府之下的人们的自由,应有

---

① 卢梭:《论人类不平等的起源和基础》,第146页。
② 洛克:《政府论》(下篇),第16页。

长期有效的规则作为生活的准则,这种规则为社会一起成员所共同遵守,并为社会所建立的立法机关所制定。针对绝对君权主义者菲尔曼对自由的曲解,洛克指出,"自由并非像菲尔曼爵士所告诉我们的那样:'各人乐意怎样做就怎样做,高兴怎样生活就怎样生活,而不受任何法律束缚的那样自由。'"①

第二,自由与法律。

洛克论证说,法律是包括每个人自由意志在内的共同意志,是包括每个人正当利益在内的共同利益;因而没有理由把法律与自由对立起来。相反,他说:"法律按其真正的含义而言与其说是限制还不如说是指导一个自由而智慧的人去追求他的正当利益。"②他继续解释说,假设人们不要法律会更快乐,那么法律就成为一个无用之物而归之消灭了;反之,既然承认法律的价值,就表明对于人们有益。那么,为什么往往会有人觉得法律是限制甚至会废除自由呢?主要是因为他们对于法律的目的不理解,尤其是把法律的防范人们不致堕入泥坑和悬崖的作用称为对自由的"限制"。所以这是一种无知和误解。洛克说:"法律的目的不是废除或限制自由,而是保护和扩大自由。这是因为在一切能够接受法律支配的人类状态中,哪里没有法律,哪里就没有自由。"③

第三,自由与理性是相互一致的。

洛克进一步分析说,自由与法律的统一是同理性的力量分不开的。他说:"人的自由和依照他自己的意志来行动的自由,是以他具有的理性为基础的,理性能教导他了解他用以支配自己行动的法律,并使他知道他对自己的自由意志听从什么程度。"④反过来说,倘若一个抛去理性而离开法律追求自己无限制的自由,那就等于降到低于人的,同野兽一样的不幸的状态。

2. **孟德斯鸠的理论**

在自由的问题上,孟德斯鸠说,没有比自由这个词被赋予更多的

---

① 洛克:《政府论》(下篇),第16页。
② 同上书,第36页。
③ 同上。
④ 同上书,第39页。

含义,并在人们意识中留下更多不同的印象。

他说,有些人认为,能够轻易地废黜他们曾赋予专制权力的人就是自由;另一些认为,选举他们应该服从的人的权利就是自由;另外一些人把自由当作是携带武器和实施暴力的权利;还有些人把自由当作是受一个本民族的人统治的特权,或是按照自己的法律受统治的特权,某一民族在很长时间内把留长胡子的习惯当作自由,又有一些人把自由这个名词和某一种政体联系在一起,而排除其他政府,欣赏共和政体的人说共和政体有自由,欣赏君主政体的人说君主政体有自由。结局是每个人把符合自己习惯或爱好的政体叫做自由。然后,孟德斯鸠提出了他的经典说法,"在一个国家里,也就是说,在一个有法律的社会里,自由仅仅是:一个人能够做他应该做的事情,而不被强迫去做他不应该做的事情。"亦即"自由是做法律所许可的一切事情的权利。"①如果一个公民能够做法律所禁止的事情,他就不再有自由了,因为其他的人也同样会有这个权利。

孟德斯鸠指出,公民的自由有哲学上与政治上的涵义,哲学上的自由是能够行使自己的意志,至少相信是在行使自己的意志,政治自由是要有安全或者至少相信有安全。简言之,哲学上的自由是指意志的自由;政治自由指不受其他公民侵犯的自由。

孟德斯鸠着重论述了政治自由。既然政治自由是个人的"安全",而单个公民是无能为力的,就必须靠一种政治制度来保证。这样就必须建立一种政府,在它的统治下,一个公民不惧怕另一个公民。由此出发,他批判了奴隶制。因为奴隶与主人之间有一种人身依附关系,这是与自由相违背的。政治自由与自然条件有着密切的关系,热带地区宜为专制政体,在这种地区自由就较少;寒冷地区宜为共和制,这种地区自由就较多。平原地区易被征服,自由就较少;山区较为安全,自由就较多,且有保障。

要保障人们的自由,就必须限制权力对于自由的侵犯,这里,孟德斯鸠提出了他著名的分权学说。他说,政治自由只有在那些国家权力不被滥用的地方才存在。但是一切有权力的人都容易滥用权

---

① 孟德斯鸠:《论法的精神》(上册),第154页。

力,这是万古不易的一条经验。有权力的人们使用权力一直到遇有界限的地方才休止。"从事物的性质来说,要防止滥用权力,就必须以权力约束权力。"①

三、"法的精神"论

1. "法的精神"的含义

孟德斯鸠说:"从最广泛的意义来说,法是由事物的性质产生出来的必然关系。在这个意义上,一切存在物都有它们的法。"②这里的"法"包含有事物存在的根据和法则的含义,是一种广义上的法,从方法论上看,这是从社会关系的角度探讨法律问题的倾向。在孟德斯鸠看来,具体的法,即他称之为人为法,只不过是法这个总概念的一部分,即法在人类中的表现,是通过理性而产生的行为规范。他认为:"一般地说,法律,在它支配着地球上所有人民的场合,就是人类的理性;每个国家的政治法规和民事法规应该只是把这种人类理性适用于个别的情况。"③

孟德斯鸠觉得,法律必须反映和表现下列几个方面的关系:

第一,法律要反映一个国家的整体情况,一个国家的法律能适合另一个国家的情况,是非常巧合的事情。

第二,法律要同国家政体的性质、原则相适应。在共和政体或民主政体下,制定投票权利的法律,是基本法律;对公民的选举权与被选举权、议会及政府官吏等职权做出规定。在贵族政体下,贵族是统治者而且有一定的数量,需要设立一个处理贵族事务的"参议会",所以制定有关参议会的成员、资格、职权的法律,就是基本法律。在专制政体之下,只凭一个任性和反复无常的意志行事,所以不可能有什么基本法律。

第三,法律要和国家的自然条件相适应。也就是与气候、土地质量、地理形势、面积、人民的生活方式等相适应。

---

① 孟德斯鸠:《论法的精神》(上册),第154页。
② 同上书,第1页。
③ 同上书,第6页。

第四,法律要与政治所能容忍的自由程度相适合,与居民的信仰、性情、财富、人口、贸易、风俗习惯等相适应。

第五,法律与法律之间要相互适合;与法律的渊源、立法目的及作为法律基础的事物秩序相适合。

综合这巨大的"关系",便构成了孟德斯鸠所说的"法的精神"。这是一个庞大的研究课题。《论法的精神》一书的中心思想就是围绕这个问题展开的,"我将研讨所有的这些关系。这些关系综合起来就构成所谓的'法的精神'"①。

2. 政体理论

在政体理论方面,孟德斯鸠依据掌握国家最高权力的人数及掌权者对法律的态度,把政体分为:第一类,共和政体。在这种政体下,主权属于全体人民或人民的一部分。共和政体又可分为民主政体与贵族政体。第二类,君主政体。在这种政体下,主权属于君主,君主依照法律进行统治。实际上,孟德斯鸠指的是立宪君主制。第三类,专制政体。在这种政体下,主权属于君主,但君主不是依照法律而是依照个人意志或任性进行统治。

每个政体都有自己的政体性质,所谓政体的性质是指构成政体的东西,是政体本身的构成方式,它涉及国家最高权力由谁组成的问题,即多数人的统治,还是少数人的统治,还是一个人的统治。更为突出的是,孟德斯鸠提出了著名的政体原则的概念。所谓政体的原则,孟德斯鸠说,"是使政体行动的东西……是使政体运动的人类感情"②。

具体地讲,三类政体的原则如下:

第一,共和政体的原则是"品德"。

这里的品德指的是政治上的品德,实际上指忠于集体的精神,而不是指道德上或宗教上的品德。在共和政体下,就是"爱共和国"的感情和优良的风俗。民主政体是众人的政治,所以需要品德的无限发挥,使人人都感到自己对国家的责任,尤其使"执行法律的人觉得

---

① 孟德斯鸠:《论法的精神》(上册),第7页。
② 同上书,第19页。

本身也要服从法律,并负担责任"①,否则民主的政治就无法维持。

第二,贵族政体的原则是"节制"。

在贵族政体下,品德同样是需要的,因为它也是集体掌权的。但是同民主相比,贵族政体对品德并不是绝对的,因为掌权者毕竟是少数人,品德少一些也不致大乱。贵族政体所需要的是节制,指对私欲的某种限制。这是一种较小的品德,目的在于"使贵族们至少在贵族之间是平等的,这样他们就能够存在下去"②,即能维持其统治。

第三,君主政体的原则是"荣誉"。

君主政体是一个人的统治,因此它不需要人人关心如何治国的问题,即不需要什么品德,它所需要的是荣誉,以荣誉为动力。所谓荣誉,孟德斯鸠说,就是每个人和每个阶层的成见。即个人的名誉、私欲、野心。也就是激励人们竞相追求他所认为有益于自己的东西。因为,有了每个人的发展自己的愿望,最后就可促进整个国家的发展。孟德斯鸠进一步论证道,君主政体要有优越的地位、品级、甚至是高贵的出身。荣誉的性质要求优遇和高名显爵。他说:"在共和国里,野心是有害的,在君主国里,野心却会产生良好的效果。野心使君主政体活跃而有生命。"③

第四,专制政体的原则是"恐怖"。

专制政体的原则不会是品德,这是显而易见的,因为在暴君统治下,把轻视人的生命视为光荣,任意对人民生杀豪夺;他为所欲为,反复无常,人民无任何规则可遵循。所以,专制政体的原则只能是恐怖。专制政体绝不是荣誉,孟德斯鸠说:"在那里,人人都是平等的,没有人能够认为自己比别人优越;在那里,人人都是奴隶,已经没有谁可以和自己比较一下优越了。"④专制政体的原则是恐怖,恐怖的目的是平静,但这种平静不是太平,他只是敌人就要占领城市的缄默而已。孟德斯鸠说,在专制政体下,有强烈自尊心的人们,就可能在那里进行革命,所以就需要恐怖,它是压制人们的一切勇气,去窒息

---

① 孟德斯鸠:《论法的精神》(上册),第20页。
② 同上书,第23页。
③ 同上书,第25页。
④ 同上。

一切野心。这就是专制政体需要恐怖的原因。应该说,孟德斯鸠是反对专制政体而崇尚混合君主政体,这种君主制模式,实际上是指英国式的君主立宪制。

孟德斯鸠认为,任何统治者都不是为了统治而统治,都是为了追求特定的目的。专制政体的目的是君主个人的欢乐;君主政体的目的是君主与整个国家的荣誉。一切国家的目的都是保卫自己。

3. 政体与法律

在政体与法律关系上,孟德斯鸠认为政体的性质决定了法律的性质。具体而言,孟德斯鸠论述了下述问题。

(1) 政体的好坏

孟德斯鸠认为,世界上不存在绝对好的政体和绝对坏的政体,它的好坏是相对的。一个政体的好坏,要看它是否适合该国社会的政治、经济、地理、气候的要求。比如说,在炎热的气候下,人们比较懒惰,对于他们的劳动需要加以强迫,所以专制政体是最适合的。在寒冷的气候条件下,人们比较刚毅、勇敢、活泼、热爱劳动,所以共和制最适合,等等。这就是孟德斯鸠享有盛名的"地理环境决定论"。这种理论,在政治思想领域曾经发生很大的影响。

(2) 政体的改变

政体的改变以政体原则的改变为转移。民主政体随着平民的爱共和国的、平民的感觉消失而消灭。君主政体随特权阶级荣誉观念的消失而消灭。至于专制政体,它本来就不稳固,随时都可能消灭,这就是说,每种政体的改变,都是它自身逐步腐化的结果,如民主政体可能变成贵族政体或君主政体,或者无政府状态,或者变成专制政体。贵族政体可能会变成寡头政体,君主政体可能变成专制政体。他说,当一个君主,把全国的事都集中在自己一身的时候,君主政体也就毁灭了。当特别卑鄙的人们以为奴颜婢膝中获致显贵而以此为荣的时候,当他们认为对君主负有无限义务而对国家则不负任何义务的时候,君主政体也就腐化了。

(3) 领土大小与政体的稳固

孟德斯鸠重视政体要适合领土大小。按照他的观点,共和政体适于领土面积小的国家,君主政体适于中等的国家,专制政体适于大的国家。如果领土面积变化,政体就要随之变化,所以,要维护原有政体,就要保持原有的疆域。孟德斯鸠这种观点同马基雅维里不同。马基雅维里认为,不论什么政体的国家,只有实行领土扩张才能生存;而孟德斯鸠认为,领土扩张只能利于专制主义,使共和国的品德与君主国的荣誉丧失,使之自取灭亡。

(4) 政体和法律

孟德斯鸠认为政体的性质决定了法律的性质和形式,应该说,这来源于亚里士多德的看法。具体而言,孟德斯鸠认为,政体不同,刑法的特点也各不相同。刑法的多少与繁简程度直接与政体相关。共和政体下,由于人们的生命、荣誉、财产都受到重视,所以刑法要繁杂得多;君主政体下,就简单得多;专制政体下,无所谓刑法了,法官就是法律。政体不同,审判方式也不同。君主国里,采用法官公断方式,实行少数服从多数的原则。专制政体下,君主可亲自审判案件。政体不同,刑法轻重也不同。严刑峻罚是专制政体的特点。还有,其刑法的种类也繁多,肉刑、拷问、羞辱刑、株连等,都以专制政体为最甚,而为共和制所排斥。孟德斯鸠认为,在君主制下,有一套复杂的社会关系的区分,如等级、门第、出身等,因而导致相应的财产关系也复杂,从而法律以及纠纷也多;在专制主义国家里,一切都属于君主的,几乎不需要或极少需要法律。寒冷地区(如欧洲)通常实行一夫一妻制;热带地区(如亚洲)通常实行一夫多妻制。妇女在共和制里地位较高,在专制政体下,妇女受到歧视和处于被支配地位。

第五节 古典自然法理论的历史地位

一、古典自然法学的实践成就

古典自然法学的贡献是巨大的,这不仅表现在理论方面,同样表现在实践方面。不管是在法律理论领域,还是在法律的实践领域,西方在历史上都经历过多次根本性的变革,其中,古典自然法学的导致的理论变革和实践上的革命都是空前的。

古典自然法学所倡导的民主、自由、平等、人权、法治和分权的理想,是通过资产阶级革命后资本主义法律制度的建立,而最后由理想变成法律的。从私法的角度上讲,西方近代的法律制度可能受到古罗马法的影响,私法的发展有它自身的逻辑,但是,从公法上看,古典自然法学对于西方的影响则是直接的,我们可以说,古典自然法学的理论实际是西方近代资本主义国家和法律得以建立的理论基础。

洛克的理论本身就是英国光荣革命的产儿,他也曾经通过贵族参与过英国革命。英国的政制对于孟德斯鸠有着一种魔力,他关于政治和法律的理论,是他通过对于欧洲各国的考察,最后认定英国最优,而在《论法的精神》中提出的。孟德斯鸠影响了卢梭,卢梭的极端主义和他的浪漫主义导致了他的直接民主制理论和暴力革命的理论,卢梭被罗伯斯庇尔奉为老师,后者又是法国革命最偏激的领袖,卢梭的暴力革命理论、直接民主的理论、人民主权的理论直接通过雅各宾派1793年宪法予以实现。美国建国之初,没有自己的理论,美国的开国元勋接受的或者认可的是欧洲大陆式的教育,杰弗逊是洛克的信徒,汉密尔顿是孟德斯鸠的继承者,而潘恩则在这个时候反复来往于美洲大陆和欧洲大陆之间。在德国,带有浓厚古典自然法学理论特色的普芬道夫和沃尔夫,直接成为普鲁士近代法律的制定者,那部被认为体现了沃尔夫思想的《普鲁士腓特列大帝法典》,是西方18世纪开始的广泛立法运动的起点。这个时期立法运动的最高成就是《拿破仑法典》,这部近代私法的经典,充分地体现了古典自然法学的思想。随着拿破仑的军事扩张,《拿破仑法典》的影响到法国之外,1811年的奥地利民法典、1896年的德国民法典和1907年的瑞士民法典,都在不同程度上受到《拿破仑法典》的影响,古典自然法学所倡导的一系列原则都被这些法律所继承下来。①

在具体的法律规定方面,法国1789年《人权与公民权宣言》第1条:"在权利方面,人们生来是而且始终是自由平等的。"这是讲近代的平等。第2条:"任何政治结合的目的都在于保存人的自然的和不可动摇的权利。这些权利就是自由、财产、安全和反抗压迫。"这是近代的天赋人权。第3条:"整个主权的本原主要是寄托于国

---

① 博登海默:《法理学》,邓正来、姬敬武译,华夏出版社1987年版,第67—68页。

民。"这是人民主权。第 4 条:"自由就是指有权从事一切无害于他人的行为。因此,各人的自然权利的行使,只以保证社会上其他成员能享有同样权利为限制。此等限制仅得由法律规定之。"这是讲自由。第 6 条:"法律是公共意志的表现……在法律面前,所有的公民都是平等的。"这基本就是卢梭的原话。第 11 条:"自由传达思想和意见是人类最宝贵的权利之一;因此,各个公民都有言论、著述和出版的自由……"这是讲思想自由和表达自由。第 17 条:"财产是神圣不可侵犯的权利,除非当合法认定的公共需要所显示必须时,且在公平而预先赔偿的条件下,任何人的财产不得受到剥夺。"这是讲财产权。

美国 1776 年《弗吉尼亚权利法案》第 1 条:"一切人生而同等自由、独立,并享有某些天赋的权利,这些权利在他们进入社会的状态时,是不能用任何方式对他们的后代加以褫夺或剥夺的;这些权利就是享有生命和自由,取得财产和占有财产的手段,以及对幸福和安全的追求和获得。"这是社会契约论和自然权利理论的应用。第 2 条:"一切权力属于人民,因之来自人民,执行法律的一切官吏都是人民的受托人和仆人,在任何时候均应服从人民。"这是人民主权。第 3 条:"政府是……为了人民、国家和社会的共同福利、保障和安全而建立的……当任何政府无力实现或违背这些目的时,国民的大多数有权改革、更换或废除该政府……"这是指反抗权。第 5 条:"国家的立法权和行政权应与司法权分立并有所区别……"这是指权力分立。第 12 条:"出版自由是自由的重要保障之一,任何政府,除非是暴虐的政府,决不应加以约束。"这是讲出版自由。美国 1776 年的《独立宣言》则明确宣告:"人人生而平等,他们都从他们的造物主那里被赋予了某些不可转让的权利,其中包括生命权、自由权和追求幸福的权利。为了保障这些权利,所以在人们中间成立政府。而政府的正当权利,则系得自被统治者的同意。如果遇有任何一种形式的政府变成损害这些目的的,那么,人民就有权利来改变它或废除它,以建立新的政府。""当一个政府恶贯满盈、倒行逆施……企图把人民抑压在绝对专制主义的淫威之下时,人民就有这种权利,人民就有这种义务,来推翻那样的政府,而为他们未来的安全设立新的保障……"宣言的起草人是杰弗逊,宣言中的这一整套的理论,实际上就是古典自然法学理论的一个经典的总结。①

至于具体的法律制度,渊源于古典自然法学理论的东西随处可见,比如,法无明文不为罪的规定,法律不溯及既往的规定,无罪推定的规定,减轻刑罚的规定,公正审判的规定,保证有陪审团的规定,私有财产不可侵犯的规定,契约自由的规定,等价有偿的规定,过错责任的规定,等等。以《拿破仑法典》为例,第8条规定,"所有法国人都享有民事权利。"这是人生而平等,普遍享有法律权利的应用。第554条规定:"所有权是对于物有绝对无限制地使用、收益及处分的权利。"这是私有财产神圣不可侵犯原则的法律化。第1134条规定,"依法成立的契约,在缔约契约的当事人间有相当于法律的效力。"这是意志自由,有权利处理自己人身和财产权利原则的具体化。第1382条规定,"任何行为使他人受到损害时,因自己的过失而致行为发生之人对该他人负赔偿的责任。"这是个人对于自己行为负责,行使自己自由的同时不危害他人原则的法律表现。②

二、古典自然法的理论成就与缺陷

古典自然法学是特定历史下的产物,它是当时新兴资产阶级设计的一套新的理论。人类的早期历史和经验,只能产生专制和人治,不可能产生民主和法治,两者比较而言,后者终究优于前者。古典自然法学的理论,其构建方式是可能是浅薄的,可能是一种空想,但是,从最根本上看,它渊源于人类的本性,或者是理想的人类的本性,在这种本性的驱使之下,古典自然法学论之选择了自然状态、自然法、自然权利和社会契约。正是在这种理论的指导之下,人类社会进入了一个全新进步的社会,这是我们所无法否定的事实。而且,当人类到了一个及其相似时期的时候,人们也仍然会拿起这个武器,去设定一个可能是虚构的然而是理想的社会制度,这一点我们可以从罗尔

---

① 这些法规的引用均来自:《中国人权百科全书》,中国大百科全书出版社1998年版。
② 这些法条的引用均来自:《拿破仑法典》,李浩培译,商务印书馆1979年版。

斯的"社会正义"理论中,特别是在他的"无知之幕"下的社会选择理论中,可以发现这一点。①

然而,自19世纪以来,古典自然法学的理论遭到了猛烈的抨击,19世纪的哲理法学、分析法学和历史法学都从各自的角度批判了近代的自然法学,而到了20世纪,随着现实主义法学,特别是近年来美国批判法学运动的兴起,古典自然法学直接成为这些理论的攻击对象。这里,我们有必要这个问题适当展开,以使我们对于古典自然法学有一个客观的认识。

从表面上看,康德的理论与自然法学有着密切的渊源关系,他对于社会和法律的认识,大都来源于卢梭的理论,但是从根本上说,康德的理论已经不属于古典自然法学,他从他的哲学出发,得出了他关于法律和法律体系的看法,开始将法学作为一门学科进行设计,这就是他的"法的形而上学"。黑格尔虽然把他的法哲学称之为一种自然法的理论,但是,他的法哲学已经不再是法国革命式的自然法理论,他是从自然法最广泛意义上理解使用这个词。他也提出了系统的法哲学,有时被称之为古典法哲学的顶峰。②

最严厉地批判自然法学的人,应该首推边沁,他把自然法的理论称之为一种修辞上的胡闹,他说从自然法只能得到自然的、虚构的权利,唯有从一个国家的实在法才能得出真正的法律权利。他用功利主义取代了古典自然法学的形而上学,认为国家不是起源于社会的契约,而是起源于臣民对于主权者的一种服从习惯。更为重要的是,他区分了立法学和法理学,前者又可称为伦理学,这个部分涉及法律应该是什么的问题,后者才是真正的法律科学,这个部分仅仅涉及法律实际上是什么的问题。③ 在这个基础上,奥斯丁创立了分析法学,他的《法理学范围之确立》标志着一种新的法学方法和法学流派的出现。

历史法学对于古典自然法学的评价则是中肯的。以萨维尼为代

---

① 罗尔斯:《正义论》,何怀宏译,中国社会科学出版社1988年版,第136—142页。
② 参见吕世伦:《黑格尔法律思想研究》,中国人民公安大学出版社1989年版,第68—69页。
③ 参见边沁:《道德和立法原理导论》,时殷弘译,商务印书馆2000年版,最后一章。

表人物的德国历史法学多少有些康德理论的影子,他所倡导的"民族精神",民族的善良风俗,民族传统等等,都带有浓厚的浪漫主义情调,这不能不说是最终来源于卢梭。梅因以一个严谨历史学家的眼光,客观中肯地评价过自然法学,一个方面,他认定,古典自然法学是一种理论上的虚构,历史上不存在一种自然的状态,梅因对卢梭的评价是,他没有学识,很少美德,并且也没有十分坚强的个性,他只有想象力以及他对于人类的真诚热爱。梅因认为,古典自然法学的理论是粗糙的,是历史研究的劲敌。另外一个方面,它也有可赞美之处,自然法学及其法律观念之所以能保持其能力,主要是它能将各种政治及社会倾向连接在一起,紧紧握住了那些思想得少、同时又不善于观察的人。梅因总结说,自然法"明显地大量渗入到不断由法国传播到文明世界各地的各种观念中,这样就成为改变世界文明的一般思想体系的一部分"[①]。

如果说19世纪的法学是从自然法学理论自身缺陷予以批判的话,那么可以说,到了现代,人们开始怀疑古典自然法学所设计的人类理想社会制度。民主、自由、人权、法治和分权等等,除了具有美好的幻想成分和代表了人类理想的追求之外,不再具有实际的意义。民主是短暂的,不民主是经常的。人类的处境不是自由的,而是处于不自由的包围之中。一个判决完全在立法机关法律规定的范围之内是一种幻想。法律不能独立于政治之外,政府不在法律之下。在他们猛烈地批判之下,古典自然法学所构建的社会理想和社会结构,已经开始分崩离析。

[①] 梅因:《古代法》,沈景一译,商务印书馆1997年版,第52页。

第四章 哲理法学

第一节 哲理法学概述

哲理法学派由康德创立,其他代表人物还有黑格尔和克饶斯。康德和黑格尔都是德国著名的哲学家。法哲学是他们庞大哲学体系的一个组成部分。哲理法学用哲学的观点和方法阐述法律理论。哲理法学的代表都试图通过形而上学的方法发现一些标准,以此来构造法律制度、法律学说和法律概念的完整的法哲学体系。主要代表人物是康德(1724—1804年)和黑格尔(1770—1831年)。此派在19世纪上半叶流行于欧洲大陆和美国。哲理法学认为,法哲学是哲学的一个分支。康德第一次设定了法的形而上学体系,黑格尔则把法律的历史解释为一种权力理论的进化和扩展,克饶斯则认为法律的目的是一种伦理,即个人的完美化。哲理法学是西方19世纪主要法学流派中有其自身特点的一个分支。

第二节 康德的《法的形而上学原理》

一、康德法哲学的几个基本概念

按照康德的设想,法的形而上学是其道德形而上学的一部分,因而也是其晦涩庞大哲学体系的一部分。康德的法哲学体系充满了哲学和伦理的名词术语和阐述。为了明确和易于理解,这里尽量避开其深奥的哲学伦理说教,将论文的主要注意力集中于康德的法哲学体系。比如说,Recht 一词,既有权利的意思,又有正义的意思,还有法律的意思。本书在涉及该词时,将按康德的上下文含义及其法律语言的一般含义予以处理。

1. 法的形而上学一般性术语

这些术语实际上是法理学和伦理学共通的概念,其中包括:

"责任"是绝对命令表明的某些行为,它是自由行为的必要性。"义务"是任何人被允许去做或不允许去做的行为所受到一种责任的约束。义务是一切责任的主要内容。"行为"是指行为的主体按照服从责任的原则,行使其意志时的选择的自由。"人"是主体,他有能力承担加于他的行为。道德的人格是受道德法则约束的一个有理性的人的自由。"物"是指那些不可能承担责任主体的东西。它是意志自由活动的对象,它本身没有自由。"公正和不公正"一般是指一个行为是否符合于义务或违背义务。凡是与义务相违背的行为叫做违法。对义务的一种无意违法,如果要追责他本人,称为"过失"。行为人意识到自己行为的违法称为"故意",故意的违法构成犯罪。那些使外在立法成为可能的强制性法律,通常称为外在的法律"外在的法律"。那些外在的法律即使没有外在立法,其强制性可以为先验理性所认识的话,称为"自然法"。那些无真正的外在立法则无强制性的法律,称为"实在法"。自然法要成为外在的立法,就必须假定先有一条自然法来树立立法者的权威,表明通过他本人的意志行为,他有权使他人服从责任。通过法令来下命令的人是制法者或"立法者"。被授权去判定行为是否合法的单个人或集体是"法官"或法庭。对一种应该受谴责的有缺点的行为所承受的法律效果或后果便是"惩罚"。一项值得称颂的并为法律所承诺的行为的后果就是"奖赏"。

2. 法理学与法哲学

康德明确区分了"法理学"和"法哲学"。他说,权利科学研究的对象是外在立法机关公布的法律的原则。立法机关在实际工作中应用权利科学时,立法就成为一个实在权利和实在法律的体系。精通这个知识体系的人称为法学家或法律顾问。从事实际工作的法学顾问或职业律师就是精通和熟悉实在的外在法律知识的人,他们能够应用这些法律处理生活中可能发生的案件。"这种实在权利和实在法律的实际知识,可以看作属于法理学的范围。可是,关于权利和法律原理的理论知识,不同于实在法和经验的案件,则属于纯粹的权利科学。所以权利科学研究的是有关自然权利原则的哲学上的并且是有系统的知识。"①"纯粹的权利科学"即为法哲学或法的形而上学。康德说,从事实际工作的法学家或立法者必须从这门科学中推演出全部实在立法的不可改变的原则。

3. 法律的定义

康德提出了其完整的法律的定义。法律可以理解"为全部条件,根据这些条件,任何人的有意识的行为,按照一条普遍的自由法则,确实能够和其他人的有意识的行为相协调"②。法律的定义涉及三个方面的内容:第一,法律只涉及一个人对另一个人的外在的和实践的关系;第二,法律只表示一个人的自由行为对别人的行为的自由的关系,它不涉及愿望或纯粹要求关系,也不考虑行为的仁慈或不友好;第三,法律只考虑意志行动的形式,而不考虑意志行动的具体内容。法律的普遍原则是:一个人的意志的自由行使,根据一条普遍法则,能够和其他任何人的自由并存。一项法律权利,应该有两个方面的要件,一是这项权利有其法律的依据,康德称为"资格"或"权限";二是对权利的侵害会导致对侵害者的强制。比如说,当人们说债权人有权要求债务人偿还他的债务时,这丝毫不是说债权人可以让债务人的心里感觉到那是理性责成他这样做,而是说,债权人能够凭借某种外在强制力迫使任何一个债务人还债。

法律的强制与人们的自由是统一的,它们基于作用与反作用的平衡的物理法则。但是,康德也承认有两种法律并同时不具备这两个方面的特征:一是衡平法,这是没有强制的权利;一是紧急避难权,这是没有权利的强制。关于衡平法,康德举例说,一个利润平均分配的合伙组织的一个合伙人,实际上比其他合伙人干得多,付出的劳动也多。按照公平的原则,他应该得到的利润应该比其他合伙人要多;但按照合伙协议,他并不能多得。又如,一个仆人与雇主约定干完一年后拿工资,但一年后货币贬值。仆人拿到的工资不可能和他当初订立协议时的价值相等。在这两种情况下,依照严格意义的法,他们

---

① 康德:《法的形而上学原理——权利的科学》,沈叔平译,商务印书馆1991年版,第38页。

② 康德:《法的形而上学原理》,第40页。

是得不到法律的保障的,因为当事人要为合同存续期间的风险承担各自的责任。康德说,这种祸害是无法用法律的形式去消除的,受害人只能求助于公正这位无言女神,只能提交到"良心的法庭",即王室法庭。衡平法的格言是:严格的法律是最大的错误或不公正。关于紧急避难权,康德将它描述为,当我遇到可能丧失自己生命的危险情况时,去剥夺事实上并未伤害我的另一个人的生命的权利。他举例说,当一条船沉没了,一个人为了活命,将另外一个人推倒。后者因掉下木板而被淹死,前者因在木板上而活。康德说,事实上没有任何刑法将前者处于死刑,因为在当时的情况下,丧失生命的危险要比法律的威吓要更大。因此,紧急避难权的格言是:在紧急状态下没有法律。

康德从义务的角度,对法律进行了分类。他依照乌尔比安的三句法律格言把法律分为三种:第一,内在的义务,即"正直地生活!"含义是:不能把你自己仅仅作为供别人使用的手段,对他们说来,你自己同样是一个目的。第二,外在的义务,即"不侵犯任何人"。第三,联合的义务,即"把各人自己的东西归给他自己"。含义是:每个人对他的东西能够得到保证不受他人行为的侵犯。康德也从权利的角度对法律进行了划分。首先,自然的权利和实在法规定的权利。前者以先验的纯粹理性的原则为依据;后者是由立法者的意志规定的。其次,天赋的权利和获得的权利。前者是每个人根据自然而享有的权利,它不依赖经验中的一切法律条例。这里,康德认为只要一种天赋的权利,那就是与生俱来的自由;后者是以天赋的权利为依据的权利。

二、康德的私法理论

康德认为权利最高一级的划分是天赋的权利和获得的权利,或者称为自然的权利和文明的权利。前者构成私法的内容,或者构成公法的内容。这里,康德反对使用"社会的权利"一词,因为他说,与"自然状态"相对的是"文明状态"而不是"社会状态"。按照权利的这一种划分,康德将其法哲学的体系分为私法的理论和公法的理论。

1. 物权法理论

(1) 占有

在康德那里,没有完整的所有权概念,他所用的近似的说法是"我的和你的",与卢梭的"私有制"概念有一定的共同之处。但在康德的"占有"理论中,包含了其所有权理论。康德区分两种意义的占有,即感性的占有(指可以由感官领悟的占有)和理性的占有(指可以由理智来领悟的占有)。前者可以理解为实物的占有,后者可以理解为纯粹法律的占有。这一区分有点类似于现代占有权和所有权的区分。康德认为,占有的对象包括三个方面的内容:物、行为和相互关系。康德反复强调,真正的占有是理性的占有,举例而言,如果我仅仅用手拿住一个苹果,或者在物质上占有它,我没有权利把这个苹果称为"我的",即享有所有权。只有在这种情况下,即我占有这个苹果,即使我现在没有拿住这个苹果,不管这个苹果在什么地方,我都有资格说这个苹果是"我的",那么我才可以说我真正地占有了这个苹果,也就是说我享有了这个苹果的所有权。这样,康德得出了占有的真实定义:"外在的'我的'(财产)是在我之外的东西,因此谁阻止我去使用它就是一种不公正,我确实把它作为一个对象拥有它,虽然我可能没有占有它。"①

康德还从自然状态和文明社会的角度进一步论述了占有制度。他说,在自然状态下,占有只能是暂时的或临时的占有;只有在文明社会中或在法律状态中,有了公共立法机关制定的法规,才有绝对的或有保证的占有。康德解释道,一个单方面的意志对一个外在的因而是偶然的占有,不能对所有的人起到强制性法规的作用,因为这可能侵犯了与普遍法则相符合的自由。所以,只有那种公共的、集体的和权威的意志才能约束每个人,因为它能够为所有人提供安全的保证。当人们生活在一种普遍的、外在的以及公共立法状态之下,而且还存在权威和武力,这样的状态才称为文明状态。在文明状态下,才可能有真正的占有权。从自然状态的潜在的法律占有到文明社会的真正占有,是通过把所有人的意志联合起来,在公共立法中确立为法

---

① 康德:《法的形而上学原理》,第59页。

律的占有的过程来实现的。

(2) 物权法理论

康德说,物权,或称"在一物中的权利"的词语定义是一种反对所有占有者占有它的权利;其真正的含义是:为我和所有其他人共同占有的物,通过原始的或派生的方式一个人使用该物的权利。这里,他强调了物权中的人的因素,强调了从共同占有到一人占有的变化过程。他说,如果地球上只有一个人的话,是不可能获得任何外在物作为他自己所有的。康德明确指出,第一种获得物只能是土地。他说,每一部分土地可以原始地被获得,这种获得的可能性的依据,就是全部土地的原始共有性。在出现自由意志的法律行为之前,所有人都原始地正当地占有了土地,这是一种原始的共同占有。这种原始的共同占有诸物的概念并非来自经验,亦不受时间条件约束,因为这是在真实历史中远古社会的一种想象的、无法证明的设想的占有。对土地的原始占有首先是通过个人的意志行为对一外在对象的获得,唯一的条件是该行为在时间上是最早的。这里,康德又重申了自然状态下的占有与文明社会下占有的区别。他说,只有在一个文明的社会组织中,一物才能被绝对地获得,而在自然状态中,获得的只是暂时的。

2. 对人权理论

对人权是指占有另外一个人的自由意志,即通过我的意志,去规定另一个人的自由意志去做出某种行为的力量。由一个人到另外一个人的财产的过渡,康德称为转让。通过两个人联合意志的行为,把属于一个人的东西转移给另外一个人,这就构成契约。每一项契约都包括意志的四个法律行为:其中两个是准备行为,两个是构成的行为。两个准备的行为是要约和同意,作为商议这项事务的形式;两个构成的行为是承诺和接受,作为结束该事务的形式。财产的转移,不是由于要约人的个别意志,也不是承诺人的个别意志,而是由于双方结合的或联合的意志来实现的。之所以说通过契约获得财产的权利是对人权,是因为它的效力只能影响到某个特定的具体的个人,特别是影响到他意志的因果关系。而物权则被认为是和所有人的联合意志的观念一致,是一种权利对抗每一个人的意志。另外,来自契约的权利,只有经过交付才变成物权。

康德将契约作了形式上的划分:第一种契约是无偿的契约,属单方面的获得。这一类契约包括保管、借用和捐赠。第二种契约是负有法律义务的契约,属彼此相互获得,或者是交换的,或者是租雇的契约。彼此交换的契约包括物物交换、买卖、借钱或借物;出租或雇佣的契约包括出租一物给他人去使用、受雇去劳动和委托。第三种契约是告诫的契约,这种契约没有任何的获得,它仅仅是保证已经获得的东西。具体包括抵押品、保证人的责任和人身安全的保证。

康德还用货币和书籍的概念来说明契约的关系。他认为,货币是一种物,只能在转让或交换中才能利用它。他对货币的定义是:人们在彼此交换"互换物"中,继续维持人们勤劳的普遍手段。它规定一切其他构成产品或物品的价格。在书籍问题上,康德提及了知识产权的问题。他说,当一位出版人得到作者允许或得到该作者授权去出版该书时,他是该书的合法出版人;如果他没有得到允许和授权而去这样做,该出版人便是一个假冒出版者或非法出版人。未经授权而出版书籍等于出版者盗窃了作者有资格和有能力去行使他正当权利的权利,应该依法禁止。

3. 有物权性质的对人权

康德说,有物权性质的对人权是把一外在对象作为一物去占有,而这个对象是一个人。这种权利专门涉及家属和家庭的权利,主要包括男人得到妻子,丈夫和妻子得到孩子,家庭得到仆人。

婚姻的权利。家庭关系由婚姻产生,婚姻是依据法律,两个不同性格的为了终身互相占有对方的性官能而产生的结合体。婚姻是一种对人权,但同时又具有物权的性质。比如,已结婚的双方,如有一方逃跑或为他人占有,另一方有资格在任何时候,无须争辩地把此人带回到原来的关系中,好像这个人是一件物。婚姻双方彼此的关系是平等的占有关系,无论在相互占有他们的人身还是他们的财产方面都是如此。因此,只有一夫一妻制的婚姻才真正实现这种平等关系。纳妾很难被纳入权利的契约之中。它是类似于雇佣关系的私通契约,也可以堕落成为一种肮脏的契约。最后,婚姻的完成,是以夫妻的同居而实现。有同居的事实而没有事前缔结婚约,或者有婚姻的契约而没有随后的同居,都不能使婚姻成为现实。

父母的权利。在父母子女关系上,康德说,父母不能把他们的子女看作是他们的制造物,因为不能这样看待一个享有自由权利的生命。同样,他们也无权像对待自己的财产那样可以毁掉自己的孩子,甚至也不能让孩子听天由命,因为他们把一个生命带到人间,而他事实上成为此世界的一个公民,即使根据权利固有的概念,他们已经不能对这个生命置之不理,漠不关心。进一步地,父母必须有权去管教与训练他们的子女,这些训练一直要进行到子女独立成人的时期,即子女能够谋生的年龄。到了这个时期,父母才可以实际上放弃他们发布命令的权利,同时也放弃了补偿他们以往的操心和麻烦的一切要求。父母只能依据感恩的责任,可以向子女提出作为道德义务的要求。

家庭成员的权利。一个家庭的孩子成年并有能力自力时,这个家庭随之解体。如果想要维持这个家庭,就要订立新的契约,成立一个新的家庭。这样就有了发号施令的主人和服从命令的家人和仆人。从一家之主看来,家人和仆人属于他,但他不能把自己当作他们的所有者或者物主去对待他们。因为一个人有其自由和人格,他不能全部放弃他的全部自由。每个人都是生来自由的一个人生下来并无过错,即使是犯过法而变为奴隶的子女,始终都是自由的。因此,家主和家仆之间存在一种有物权性质的对人权。

4. 意志的外在对象的理想获得

严格地说,上述三种获得财产的方式构成了康德固有获得财产方式的完整内容。但在获得财产方式和通过法律审判方式获得财产方式之间,康德又插入了一节,即他称为"意志的外在对象的理想获得"。这种方式康德总结为三种:凭时效取得财产权的获得、凭继承或接替他人的获得和凭不朽功绩,或者因为死于好名声而要求的权利。

康德的时效理论主要涉及民法的占有时效。他说,任何人在一段时间里如果忽略了把他的占有行动在文书中加以说明,那么他就已经失去要求继续是占有者的权利;至于他忽略了多长时间,并无须特殊的限制。康德认为,占有时间较长久的占有者,由于长期使用而来的获得的资格,则属于自然权利的领域。

继承的构成,康德认为是由一个将要死去的人,把他的财产或货物转交给一个生存者,并经过双方的意志的同意。这里,康德主要论及遗嘱继承问题,并强调双方意志同意在继承中的重要地位。但他没有涉及现代民法的法定继承,也没有区分继承的关系和继承的开始。康德认为,根据单纯的自然权利,遗嘱是有效的。当建立了文明状态后,立遗嘱可以并值得在文明状态中加以推行并定为法律。

康德所谓"一位好名声的人死后继续存在的权利",大体上是指人身权。他说,好名声是天生的和外在的占有,这是一种精神的占有,它不可分离地依附在这个人身上。因此,任何企图把一个人的声誉或好名声在他死后加以诽谤或诬蔑,始终是可以追究的。而且进一步,他的后代和后继者都有资格去维护他的好名声。康德说,甚至对一个已故作家的剽窃,虽然没有玷污死者的名誉,仅仅是盗用了他一部分财富,那也应正确地被认为损害了该作家的人权。

康德说,主持有关正义的事宜并加以执行的组织称为正义的法庭,法庭所从事的公务程序就叫审判制度,对某一案件所作的判决叫判词。由判决规定的财产获得方式有四种:捐赠契约、借贷契约、再取得丢失物的权利和誓言的保证。

捐赠契约表示把属于我的一物或权利无偿地转让。我是捐赠人,另一方为受赠人,按照私法原则发生关系。一般地讲,在这种情况下,我是不受到某种强制必须去履行我的诺言的,因为没有人会对自己置之不顾的。但是在文明状态中,这种情况有可能发生。比如,康德说,在公共法庭上,法庭可能根据真实的情况,强制赠与人去履行自己的诺言。

借贷契约是我让某人无偿使用我的东西。借用物在借用人占有期间发生损坏或灭失,应该由借用人承担责任。但根据这种契约的性质,对借出物可能遭到的损坏,不能在这种协议中明确地规定。因此,在这种情况下,判断任何偶然的损失必须由谁承担的问题,不能从契约自身中的条件来决定,它只能由审判此事的法庭所采用的原则来判断。

再取得丢失物的权利,康德主要是指民法上的善意取得的问题。

康德举例说,我按照法律规定的手续在公共市场买了一匹白马。但这匹马是一匹盗窃来的马,真正的物主要取得该马的所有权。结果,在这种情况下,我可能是一个真诚的占有者,在事实上,我仍然只是一个假定的所有者,因为真正的物主尚有再取得丢失物的权利来反对我的获得。在法庭上,根据做出法律决定所需要的方便,有关此物的权利不被看作是对人权,而是被看作在此物自身中的物权,因为这个物权是最容易地并明确地被判断的。这样,法官便可以尽可能容易地和明确地判定每一个人应有的东西是什么。

誓言来源于宗教,但又用于法庭,因为它与公正密不可分。不加上这些做法,人们就不会说真话,公正的法庭就没有适当的手段去查明真相,并去决定权利的问题。所以,规定一项有发誓责任的法令仅仅是由于法律权威的方便。但康德同时指出,立法权力把这种迷信的威力引进司法的权力之中,是一种带根本性的错误,因为它与人类不可剥夺的自由相冲突。

三、康德的公法理论

在公法理论方面,康德区分了自然状态和文明状态,自然状态可以看成是个人权利,即私法的状态。文明状态是公共权利,即公法的状态,或者称为法律的状态。法律状态下有公共的正义,公共正义指的是按照普遍的立法意志,能够让人真正分享权利的可能性的有效原则。公共正义分三种:保护的正义、交换的正义和分配的正义。在第一种正义中,法律仅仅说明什么样的关系,在形式方面内在的是正确的;在第二种正义中,法律说明什么东西在涉及该对象时,同样是外在的符合法律的,以及什么样的占有是合法的;在第三种正义中,法律通过法庭,根据现行法律,对任何一个具体案件所作的判决,说明什么是正确的,什么是公正的,以及在什么程度上如此。在后一种关系中,公共法庭被称为该国家的正义。法律状态来源于自然状态,个人权利在两种状态下的内容其实是相同的。康德总结说,人民和各民族,由于他们彼此间的相互影响,需要有一个法律的社会组织,把他们联合起来服从一个意志,他们可以分享什么是权利。"就一个民族中每个人的彼此关系而言,在这个社会状态中构成公民的联合体,就此联合体的组织成员作为一个整体关系而言,便组成一个国家。"①

公法包括全部需要普遍公布的、为了形成一个法律的社会状态的全部法律。公法包括三个方面的内容:国家的权利和宪法、民族权利与国际法、人类的普遍权利,即世界法。

1. 国家的权利和宪法

(1) 社会契约论

康德主张,国家起源于社会契约。他说,在一个法律的社会状态能够公开建立之前,单独的个人、民族和国家绝不可能是安全的、不受他人暴力侵犯的。每个人根据他自己的意志都自然地按着在他看来好像是好的和正确的事情去做,完全不考虑别人的意见。因此,人们必须离开自然状态,并和所有那些不可避免要相互往来的人组成一个政治共同体,大家共同服从由公共强制性法律所规定的外部限制。人们就这样进入了一个公民的联合体,在这其中,每人根据法律规定,拥有那些被承认为他自己的东西。对他的占有物的保证是通过一个强大的外部力量而不是他个人的力量。对所有的人来说,首要的责任就是进入文明社会状态的关系。他说,人民根据一项法规,把自己组成一个国家,这项法规叫做原始契约。"这么称呼它之所以合适,仅仅是因为它能提出一种观念,通过此观念可以使组织这个国家的程序合法化,可以易为人们所理解。"②

在这里,康德的理论与卢梭的说法极为相似,他说,根据这种解释,人民中所有人和每个人都放弃了他们的外在自由,为的是立刻获得作为一个共和国成员的自由。从人民联合成为一个国家的角度看,这个共和国就是人民,但不能说在这个国家中的个人为了一个特殊的目标,已经牺牲了他与生俱来的外在的自由。他只是完全抛弃了那种粗野的无法律状态的自由,由此来再次获得他并未减少的全部正当的自由;只是在形式上是一种彼此相依的、受控制的社会秩序,也就是由权利的法律所调整的一种文明状态。

---

① 康德:《法的形而上学原理》,第136页。
② 同上书,第143页。

(2) 分权论

康德说,每个国家包含三种权力,即立法权、执行权和司法权。立法权具体化为立法者,执行权具体化为执行法律的统治者,司法权具体化为法官。三权之中,他比较看重立法权,因为一切权力都从此权力中产生。他认为,立法权只能属于人民的联合意志,"只有全体人民联合并集中起来的意志,应该在国家中拥有制定法律的权力"①。文明社会的成员联合起来构成国家后,就是这个国家的公民。公民具有三种不可分割的法律属性,它们是:宪法规定的自由,即除了必须服从他同意或认可的法律外,不服从任何其他法律;公民的平等,即不承认在人民之中还有在他之上的人;政治上的独立,即公民依据他自己的权利和作为共同体成员的权利生活下去,不依赖他人的专横意志。具有选举权的投票能力,构成一个国家成员的公民政治资格。但是同时,康德又区分了积极公民和消极公民。其区别就像助教与校长的区别,在田里干活的人与农场主的区别。他把一个国家里不是凭自己的产业来维持自己生活而由他人安排的人,都称为消极公民,都没有公民的人格。这里,康德把商人学徒、非国家雇佣的仆人、未成年人和妇女都列入消极公民的行列。他说,消极公民不是国家的完全公民,他们没有权利像共和国积极的成员那样去参与国家事务,他们无权重组新的国家,或者提出某些法律而取得这种权利。他们能提出的最大权利是国家的实在法不能违反自然法。

国家的三种权力,是彼此协作,相互补充的关系;又相互从属的关系,一种权力不能超越自己的活动范围去篡夺另一方的职能;然后通过上述两种关系的联合,分配给国内每个臣民种种权利。具体而言,执行权属于国家的统治者或摄政者。这个执行权,作为国家最高代表,任命官吏并对人民解释规章制度。这个执行权如果以法人的出现,就是一个政府发布的命令是布告或法令,而不是法律,因为它们是针对特定事件的决定。如果执行权像立法权那样制定和颁布法规,它就会成为一个专制的政府。立法权力不应该同时又是执行

---

① 康德:《法的形而上学原理》,第140页。

权力,因为作为一个行政官员,应该处于法律的控制之下,必须受立法者最高的控制。立法机关可以剥夺管理者的权力,罢免他或者改组他的行政机关。不论是立法权还是执行权都不应该行使司法职务,只有任命法官作为行使职务的官员。只有人民才可以审判他们自己,但这种审判是间接的,即通过他们选举的和授权的代表在陪审法庭上做出判决。立法、行政和司法三种权力的合作,这个国家才能实现自己的自主权。这个自主权包括:依照自由的法则,组织、建立和维持这个国家自身。

(3) 宪法权利

康德论述了若干宪法上的重要权利。第一,最高权力的权利、叛国、废黜、革命和改革。康德说,一个国家的最高权力,对人民只有权利而无义务。臣民对最高权力机关的统治者或摄政者的不公正的做法可以提出申诉和反对的意见,但不得积极反抗。对人民来说,不存在暴动的权利,更无叛乱权。废黜一个国王,可以被认为是一个王朝自愿地退位,并放弃他的权力,把权力交还到人民手中;或者可能是有意的投降,但前提是,对国王本人不予任何侵犯,目的在于让这个国王可以离位去过平民的生活。康德感叹道:"公开地正式处死一个君主,使那些心中充满人权理想的人感到震惊,每当想起查理一世和路易十六结束他们生命的情形时,这种感觉就一次又一次地出现在人们心中。"①康德也承认,更改有缺陷的国家宪法是很有必要的。但是,一切这样的变更只应该由统治权力以改良的方式进行,而不能由人民用革命的方式去完成。如果进行更改时,它们只影响于执行权力,而不是立法权力。

第二,土地权、征税权、财政、警察和检查权。康德认为,土地应该归立法权力具体化的统治者所有,但这里人民应该是国家的最高统治者。他说,最高的普遍所有者,不可能把任何一部分土地作为他自己的私人所有,因为这样他就成为一个私人了。只有人民才能私有土地并且是按照分配方式而不是按集体方式取得。骑士和教士对土地的占有,只能说是他们有暂时的使用权,而非所有权。国家可以

---

① 康德:《法的形而上学原理》,第150页。

毫无顾忌地收回,但应该予以补偿。统治者有权征收种种赋税和决定该国人民应得的东西,应尽的义务。当国家遇到紧急危机时,统治者有权强制性向人民借款。警察要特别关心公共安全、公共方便和善良风俗。所谓检查权是指统治者侦察人民中间是否存在政治的或宗教的秘密组织。但在行使这项权力时,必须由高一级统治机关的授权才能行动。

第三,对穷人的救济。康德说,统治者是人民义务的承担者。他向人民征收赋税是为了人民自己的生存。特别的是要对穷人进行救济,建立收容院以及建筑教堂,或者组织慈善基金会或者善意性的基金会。社会要存续下去,国家有时就要强迫富人提供必要的物资以维持那些无力获得必须生活资料人们的生活。另外,国家还有权加给它的人民一种义务去保护儿童,使他们免于困乏和免于无知。国家要与宗教区分看来,国家在宗教方面的作用是有限的,它不能干预宗教内部的争执和冲突。国家不反对建立教堂,但维持宗教事业的费用不能从国家的公共财政中开支,而只能由人民中对该教会有特殊信仰的那些人来负担,即,这笔费用只应作为一项负担落在有关教区之上。

第四,委派官吏权和授予荣誉的权利。康德认为官职应授予那些有能力的人,对于有能力的官吏,可以给予某种终身待遇的保证。统治者任命某人官职之后,如果此人没有犯过任何失职行为的话,统治者不能仅仅出于他的高兴而免去此人的官职。荣誉可以授予给公共机关的官员,也可以授予贵族。康德一方面承认贵族存在的事实,另一方面他也说世袭贵族的不合理性,因为谁也不能将其功绩传给他的后代。处理的方法是逐渐取消贵族阶层。

第五,惩罚和赦免的权利。康德说,执行惩罚是统治者的权利。任何人违犯公共法律,做了一个公民不该做的事情,就构成犯罪。犯罪分私罪和公罪。私罪由民事法庭审理,包括铸造伪币或者伪造交换证券、盗窃、抢劫等。公罪由刑事法庭审理,包括接受委托做买卖而在金钱或货物上贪污、投机、在贸易或出售货物中当着受害人的面弄虚作假。司法的或法院的惩罚不同于自然的惩罚。惩罚在任何情况下,必须因为一个人已经犯了罪并且他可能受到惩罚。惩罚也有教育的功能,包括对犯罪人的教育作用和对他的公民伙伴们的教育。惩罚方式和尺度是平等的原则,即"以牙还牙"的报复原则。根据这个原则,在公平的天平上,指针不会偏向任何一边。康德甚至提出,如果一个社会地位较高的人粗暴地侮辱了一个社会地位较低的无辜公民,他不但要被判向受害人道歉,而且还会因此受到单独的和痛苦的禁闭,以加重他的难受。康德说,根据报复的原则,对于谋杀犯和一些政治犯可以直至处于死刑。为此,康德反对贝卡里亚反对极刑的观点。康德把赦免定义为减刑或完全免除对他的惩罚的权利。他说,赦免是统治者所有权利中最微妙的权利。因为它既可能为统治者的尊严添加光彩,也可能由此而犯大错。因而,只有对偶然发生的某种有损于统治者本人的叛逆罪,他才应该行使这种权利。

第六,其他权利。康德在公民归属上采用出生地主义,即只要他生在该国,便是这国的公民,他们居住的地方就是他的祖国或国家。一个公民有移居出境的权利。统治者有权批准外国人移居入境的权利,有权决定把罪犯流放到国外的权利,还有权放逐其公民到国土之外的权利。

2. 民族权利和国际法

康德说,一国人民的许多人可以被看成是从一个共同祖先那里自然地流传下来并发展起来的该国的本土居民,另外也可以从心理状态和法律的关系上去考虑,他们好像都是由一位共同的政治母亲,即共和国所生。因此,他们所组成的国家也可以说是一个公共的大家庭或者民族。不论是什么地方的国家,如果是一个实体,他对于其他国家的关系,如果按照自然的自由条件来行动,那么结果就是一种持续的战争状态,因为这种自然的自由权利会导致战争。这里,康德将自然法的理论应用到了国际法领域。民族权利包括开始作战的权利、战争期间的权利和战争之后的权利。国际法的关系包括一个国家与另外一个国家的关系,一个国家中的一个人与另外一个国家中个人之间的关系,以及个人与另外一个国家的关系。

民族权利的原理有:民族之间的外部关系很自然地是一种无法律状态。在战争状态中,强者的权利占优势。民族之间有相互联盟的权利,这种联盟是松散型的,它随时可以解散,时时可以更新。具

体地说,民族的权利或者说国家在国际法上的权利有:

第一,要求本国臣民去进行战争的权利。国家与臣民的关系是统一的,臣民没有国家的保护,他们不能共同生产,不能安定地生活,也不能获得必要的生活资料。另一方面,公民是该国的成员,有参与立法的权利,不能仅仅作为是别人的工具,他们自身的存在就是目的,要他们去作战就必须通过他们的代表,得到他们自愿的同意。因此,要求臣民去作战是从统治者对人民的义务中引申出来的权利。

第二,向敌国宣战的权利。康德认为,在自然状态下,尚不可能采用法律程序的方式解决争端,因之,各民族有进行战争以及采用敌对行动的权利。战争的开始可以基于任何明显的损坏行为。

第三,战争期间,一个被迫作战的国家可以采取各种抵抗方式和防卫手段。但康德反对使用邪恶的和不讲信义的手段,其中包括:指派臣民当间谍,雇佣臣民或外邦人去当暗杀或放毒者,收买特工去散布伪造的新闻等等。在战争中,征服者可以向被征服的敌人强行征税和纳贡。但是,不允许强行剥夺个人财产,掠夺其人民。

第四,战后的权利包括:战胜者提出条件并同意根据一定条件和战败当局达成和平的结局;交换战俘的权利,在交换时不能索取赎金,也不必在人数上要求平等;被征服的国家不会降为殖民地,被征服国的臣民不至于成为奴隶。

第五,和平的权利。其中包括:当邻国发生战争时,有保持和平或保持中立的权利;有设法使和平可靠的权利,即保证和平的权利;几个国家结成联盟的权利。

第六,反对一个不公正敌人的权利。康德认为,一个国家反对一个不公正的敌人的权利是没有限制的。不公正的敌人是指它公开违背行为准则,使各民族之间不可能维持和平状态,并使自然状态继续存在下去。

3. 人类的普遍权利,即世界法

康德说,各民族之间的自然状态,正如各个人之间的自然状态一样,是一种人民有义务去摆脱的状态,以便进入法律的状态。"当这些国家联合成一个普遍的联合体的时候,这种联合与一个民族变成一个国家相似。只有在这种情况下,才可以建立一种真正的和平状态。"①这样的国家联合体成为一个庞大的组织,每一个人都可以称作世界的公民。于是,永久和平,这个各民族的全部权利的最终目的才可能实现。康德说,在18世纪前半叶实际上就有了一个相似的国家联合体,即海牙的国际大会。但后来武力被使用后,这个大会的协议被当作理论文献锁在了阴暗的档案柜里了。

康德认为,一个普遍的和平的联合体的理性观念,不能等同于博爱的或伦理的原则,而是一种法律的原则。这种联合体成就的条件是人们彼此交往的可能性。他说,每个人对其他所有人都处于一种最广泛的关系,他们可以要求与别人交往,并且有权提出要在这个方面作一次尝试,而一个国外的民族无权因此而把他们当作敌人来看待。

康德满怀深情地说,事实上,道德上的实践性从我们内心发出不可改变的禁令:不能再有战争。所有,不但你我之间在自然状态下不应该再有战争,而且我们作为不同国家成员之间,也不应该再有战争,因为任何人都不应该采用战争的办法谋求他的权利。这样也许可以彻底消除战争的罪恶。康德承认,这个目标的实现可能始终是一种虔诚的意愿,但是如果我们采取这种行为的准则,将会引导我们在工作中不断地接近永久和平。"从理性范围之内来看,建立普遍的和持久的和平,是构成权利科学的整个的最终的意图和目的。"②他确信,通过一个不断接近的进程,可以引向最高的政治上的善境,并通向永久和平。

第三节 黑格尔的《法哲学原理》

黑格尔哲学的抽象性决定了其法哲学的晦涩性。但从他的《法哲学原理》中,我们可以大致看出其法哲学的基本结构。

---

① 康德:《法的形而上学原理》,第187页。
② 同上书,第192页。

一、法的定义与法哲学体系

黑格尔认为法哲学作为一门科学,它以法的理念为对象。具体地说,以法的概念及其现实化为对象。在黑格尔看来,法学是哲学的一个部门,其出发点是其他学科的成果和真理。黑格尔说,法一般说来是实在的,从形式上看,它必须采取在某个国家具有权威性的有效的形式。这种法律权威,也构成了实在法学的指导原则。[①]

(1) 法的定义

黑格尔对法下了一个哲学的定义。他说:"法的基地一般说来是精神的东西,它的确定的地位和出发点是意志。意志是自由的,所以自由就构成法的实体和规定性。"[②]意志和自由是统一的,它构成联合法的内在规定性。意志没有自由是一句空话,自由只有作为意志,作为主体才是现实的。

意志的发展经过了三个阶段,首先,它表现为纯无规定性或自我在自身中反思的要素。这是一种超越本性、需要、欲望和冲动之上的绝对抽象或普遍性的无界限的无限性,对它自身的纯思维。这种意志自由在宗教方面表现为印度纯沉思的狂热,在现实应用中表现为类似法国革命的恐怖时期的破坏现存社会秩序的狂热。其次,意志自由的外化,即意志把自己设定为一个特定的东西,从无差别的无规定性过渡到区分、规定和设定一个规定性作为一种内容和对象。这时,上一个环节的普遍性变成了这个环节的特殊性。最后,上述两个环节的统一,即意志通过自身的反思而返回到普遍性的特殊性,也就是单一性。这种单一性的意志是自由的具体概念。在这个环节中,意志在它的限制中,即在他物中,守在他自己那里,意志在规定自己的同时,仍然守在自己身边,而且不停止地坚持其为普遍物。与这个环节相比,前两个环节始终是抽象的和片面的。黑格尔说,意志的活动在于扬弃主观性和客观性之间的矛盾而使它的目的由主观性变为客观性,并且在客观性中同时仍留守在自己那里。他称这种活动是

---

① 黑格尔:《法哲学原理》,范杨等译,商务印书馆1982年版,第1页。
② 同上书,第10页。

理念实体性内容的本质的发展。黑格尔的总结是:"任何定在,只要是自由意志的定在,就叫做法。所以一般说来,法就是作为理念的自由。"①

(2) 法哲学体系

黑格尔从发展的角度来看待法的内容。他说,自由理念的每个发展阶段都有其独特的法,因为每个阶段都是在其特有规定中的定在。这样,黑格尔就有了其完整的法哲学体系。首先,按照自由意志这一理念的发展阶段,意志首先是直接的,从而它的概念是抽象的,即人格;它的定在是直接的、外在的事物,这就是抽象法或形式法的领域。其次,意志从外部定在出发在自身中反思,于是被规定为与普遍物对立的主观单一性。这种普遍物,一方面作为内在的东西,就是善,另一方面作为外在的东西,就是现存世界;而理念的这两个方面只能互为中间。这就是主观意志的法,即道德的领域。最后,这两个环节的统一。善的理念在自身意志和外部世界中获得了实现,主观意志也是现实的和必然的,这是伦理的领域。伦理的最初的定在又是某种自然的东西,它采取爱和感觉的形式,这就是家庭。在家庭的分裂和现象中,有了市民社会。当特殊意志的自由具有独立性时,它既是普遍的,又是客观的,这就是国家。国家的法比其他各个阶段都高,它是在最具体的形态中的自由,再在它的上面的那只有世界精神的那至高无上的绝对真理了。

二、抽象法

自为地存在的意志即为抽象的意志,这就是人。一个自然的人最高贵的事就是成为一个具有人格的人。人是能意识到自己主体性的主体。作为这样的一个人,我知道自己在我自身中是自由的,在我面前除了纯人格之外什么都不存在。抽象法上的人格包含有三个方面的含义,首先,人格包含了权利能力,是一种形式的法。此时法的命令是:成为一个人,并尊敬他人为人。其次,作为权能性质的形式法,抽象法最初只是一种单纯可能性,是一种形式的东西。因此,法

---

① 黑格尔:《法哲学原理》,第36页。

的规定提供一种权能,一种许可或能力,但我没有绝对必要去行使我的权利,也就是说,可能性是存在,它具有也可能不存在这一意义。所以抽象法中只存在着禁令,即不得侵害人格或从人格中所产生的东西。最后,人格本身是肯定的东西,它要扬弃对自己的限制,使自己成为实在的,亦即它要使自然的定在成为它自己的定在。人格外化的过程,依次经过所有权、契约和不法三个环节。

1. 所有权

人作为理念而存在,必须给它的自由以外部的领域。黑格尔说,人唯有在所有权中才是作为理性而存在的。与自由精神相对立的是物,即某种不自由的无人格的以及无权的东西。黑格尔说,精神技能、科学知识、艺术、甚至在宗教方面的东西以及发明等等,都可以成为契约的对象,而与在买卖等方式中所承认的物同视;但是另一方面,这些技术、知识和能力是精神的东西,因而不同于一般的物,之所以把它们归入物的范畴之中,是因为精神同样可以通过表达而给它们以外部的定在。"所以在抽象法中,精神技能和科学知识等等,仅以法律上认为可占有者为限,才在被考虑之列。"①

黑格尔说,人有权把他的意志体现在任何物中,因而使该物成为我的东西。他认为这是人对一切物据为己有的绝对权利。当我把某物置于我自己外部力量的支配之下,这就构成了占有。当我作为自由意志在占有中成为我自己的对象,从而我初次成为现实的意志,这一方面则构成占有的真实而合法的因素,即构成所有权的规定。所有权包括私人所有权和共同所有权,私人所有权是单个的意志客观化了。从抽象的意义上,人是平等的,它并不意味着实际财产占有上的平等。黑格尔说,人当然是平等的,但他们仅仅作为具有人格的人,即在他们占有来源上是平等的。从这个意义上来说,每个人必须拥有财产。但是我占有多少的问题,不属于这个范围。黑格尔接着论述道:"正义要求各人的财产一律平等这种主张是错误的,因为正义所要求的仅仅是各人都应该有财产而已。其实特殊性就是不平等

---

① 黑格尔:《法哲学原理》,第52页。

所在之处,在这里,平等倒反是不法了。"①同时,黑格尔也承认先占取得。他说,物属于时间上偶然最先占有它的那个人所有,因为第二个人不能占有已经属于他人的东西。

所有权在意志对物的关系上,依次经过了三个发展阶段:取得占有、使用和转让。

(1) 取得占有

黑格尔说,物的占有有时是直接的身体把握,有时是给物以定形,有时是单纯的标志。从感性方面说,身体的把握是最完善的占有方式,但是,这种占有方式仅仅是主观的、暂时的,而且受到很大的限制。黑格尔也将利用机械力量、武器和工具列入身体把握的占有方式之中,也将自然添附列为这种占有之中。给物以定形,某物从而有了独立存在的外观,并且不再受到某一空间和某一时间的限制,也不受人们知识和意志的体现的限制了。定形在经验上可以有各种不同的形态,如耕作使耕地定形,造风车使利用空气的工具定形,驯服动物和保护野兽也是给物的一种定形。对物加上标志是表明意志占有而非现实占有的一种形式。标志的意义是:我已经把我的意志体现在该物内。这种占有的方式是不明确的,但是它却是所有占有形式最完全的。当我把握某物和给某物以定形时,其最终意义同样就是一种标志,这种标志的目的对他人来说,在于排斥他人并说明我已把我的意志体现于物内。

(2) 物的使用

使用就是通过物的变化、消灭和消耗而使我的需要得到实现。黑格尔说,使用对所有权的关系,与实体对偶然的东西、较内部的东西对较外部的东西、力对它的表现等等的关系是相同的。一物如果全部范围地为我完全使用,则该使用权完全归我,我是物的所有人。如果该物部分地或暂时地归我使用,以及部分地或暂时地归我占有,是与物本身的所有权是有区别的。黑格尔认为,占有的形式以及标志本身都是些外部的状态,而没有意志的主观表现,唯有意志的主观表现才构成这些外部形态的意义和价值。这种主观表现就是使用、

---

① 黑格尔:《法哲学原理》,第58页。

利用或其他意思表示,它具有持续性。如果没有这种持续,物就成为无主物,就可能因为时效取得或失去所有权。黑格尔以为,时效制度建立在所有权的实在性的规定上,即占有某物的意志必须表达于外。要使某物依旧是我的,我的意志必须在物中持续下去,而这是通过使用或保存行为表示出来的。

(3) 所有权的转移

黑格尔认为,直接占有是所有权的第一个环节,使用同样是取得所有权的方式,然后第三个环节是两者的统一,即通过转让而取得占有。财产因为是我的,所以我可以转让自己的财产,具体地说,我可以抛弃它而使之成为无主物,或委托他人去占有。但是,我的整个人格,我的普遍的意志自由、伦理和宗教是不可转让的。所以一般说来,我没有权利放弃我的生命。但是另一方面,我可以把我的身体和精神的特殊技能以及活动能力的个别产品让与他人,也可以把这种能力在一定时间上的使用让与他人。因为精神产品的独特性,依其表现的方式和方法,可以直接转变为物的外在性,于是别人也可以同样生产。艺术作品、著作和技术发明都是这种精神产品。黑格尔说:"促进科学和艺术的纯粹消极然而又是首要的方法,在于保证从事此业的人免遭盗窃,并对他们的所有权加以保护,这与促进工商业最首要和最重要的方法在于保证其免在途中遭到抢劫,正复相同。"① 黑格尔也承认,知识的传播和对精神财富的保护之间存在一定的矛盾,其界限不好做出精确的规定,因而在法的原则上和法律中,没有规定下来。

2. 契约

黑格尔把契约看成是一个过程,在这一过程中,表现并解决了一个矛盾,即直到我在与他人合意的条件下终止为所有人时为止,我始终是排除他人意志的独立的所有人。我通过契约转让我的所有权,作为已被转让了的我的意志同时是他人的意志,即不同意志的统一,在这一统一中,双方都放弃了他们的差别和独立性。由此可见,契约关系起着中介作用,使在绝对区分中的独立所有人达到意志统一。

---

① 黑格尔:《法哲学原理》,第77页。

其含义为：一方根据其本身和他方的共同意志，终止为所有人。作为中介的契约，使意志一方面放弃一个而且是单一的所有权，另一方面接受另一个即属于他人的所有权。严格地说，契约双方当事人互以直接独立的人相对待，所以第一，契约当事人的意志具有任意性；第二，双方当事人通过契约而达到共同意志；第三，契约的客体是个别外在物，因为只有个别的外在物才受当事人单纯任性的支配而被割让。

黑格尔区分了形式的契约和实在的契约。形式的契约是指仅仅当事人一方取得或放弃所有权，如赠与契约。它是基于双方的意志统一，将让与某物的否定环节和接受某物的肯定环节分配于双方当事人中间。实在契约是指当事人每一方既放弃所有权又取得所有权，在放弃中依然成为所有人，如互易契约。在实在契约中，契约的对象尽管在性质上和外形上千差万别，在价值上却是彼此相等的。价值是物的普遍物。不当得利是契约撤销的原因之一，其理由就在于不当得利违背了契约当事人应该既放弃所有权同时又取得所有权的原则。

黑格尔还区分了契约中合意和给付。其中的差别在于共同的意志和意志的实现，类似于所有权和占有的区别。在文明民族，用符号来表示的合意与给付是分别存在的，但在未开化民族，两者往往合二为一。与此相联系的是契约和约定区分，在黑格尔看来，在内容上，约定只意味着整个契约中的某一部分或环节，在形式上，它是契约固定下来的一种方式。由此，约定可以归入单务契约。黑格尔进一步解释道，单纯诺言和契约的区别在于，前者所表明的我欲赠与某物，从事某事或给付某物都是未来之事，它依赖于我的主观意志，从而我还可以把它予以变更。而后者是我的意志决定的定在，我让与了我的东西，如今它已经不再为我所有。

在契约的分类方面，黑格尔继承了康德的分类方法，他把契约分为：赠与契约、交换契约和担保的补充契约。

赠与契约又分为三种：（1）物的赠与，即真正的所谓赠与。（2）物的借贷，即以物的一部分或物的限定享受和使用赠与于人，这里贷与人仍然是物的所有人。这里物即使是特种物，但仍可以被视为普通物,如货币。(3) 一般劳务的赠与,如财产的单纯保管和遗赠(但以市民社会和立法为前提)。

交换契约也有三种:(1) 互易,又分为物本身的互易和买卖,前者指特种物与其他特种物的互易,后者指特种物与被规定为普遍物如货币之间的交换。(2) 租赁,即收取租金而把财产让给他人暂时使用。这又分两种,即特种物的租赁和普遍物的租赁,前者是本来的租赁,在后者的情况下,出租人仍然是这种物即价值的所有人,例如金钱借贷。(3) 雇佣契约,即按限定时间或其他限制让与我的生产操作或服务作业,但以可以让与的为限。与此类似的是委托,其给付是以品性、信任或高等才能为根据,而且其所给付的也不可以外在的货币价值来衡量。

设定担保本身不是契约,而只是一种约定,即在占有财产方面补足契约的一个环节。抵押权和人的保证都是担保的特殊形式。人的保证是由某人以其诺言和信用来保证我的给付,它是以人作保;而设定物上的担保仅仅是以物作保。

3. 不法

自由意志的进一步发展,就进入了不法的环节,这是对意志本身的一种否定。黑格尔说,法作为特殊的东西,从而与其自在地存在的普遍性和简单性相对比,是繁多的东西。当取得不法的形式时,它或者是直接的表象,即无意的不法或民事上的不法,或者被主体设定为表象,即欺诈,或者简直被主体化为乌有,即犯罪。

(1) 无犯意的不法

权利的外在性和多样性决定了每个人可能根据其特殊理由而认为该物为其所有。由此就产生了权利的冲突,这属于民事权利争讼的领域。这第一种不法只不过否定了特殊意志,对普遍的法还是尊重的,因此,一般说来,无犯意的不法只是最轻微的不法。

(2) 欺诈

不法的第二个阶段是欺诈,这里,特殊意志没有被损害,因为被欺诈者还以为他做的是合法的,但是,普遍的法没有受到尊重。因此当普遍意志被特殊意志贬低的时候,就发生了欺诈。黑格尔说,对无犯意的民事上不法,不规定任何刑罚,因为在这里并无违法的意志存在。反之,对欺诈就应该处以刑罚,因为在这里,法遭到了破坏。

(3) 强制和犯罪

在黑格尔看来,真正的不法是犯罪,这里法的主观方面和客观方面都遭到了破坏。体现在物中的我的意志受到暴力的支配或被强迫作出某种牺牲、某种行为以保持某种占有或肯定存在的条件时,这就是一种强制。这时,暴力和强制扬弃了自由意志本身,这是第一种强制。不按约定给付而违反契约,违反国家或家庭的法定义务,都是第一种强制。这种不法是对我自由意志的暴力,因而抵抗暴力以维护我的自由定在则是必然的,这种抵抗通过外在的行为表现出来,它是扬弃第一种暴力的另一种暴力。这也是道德和法律之间的区别,道德完全是内心的东西,人们对它不能加以任何强制;而国家的法律不可能涉及人的心意。

黑格尔说:"自由人所实施的作为暴力行为的第一种强制,侵犯了具体意义上的自由的定在,侵犯了作为法的法,这就是犯罪。"[①]这属于刑法的领域。他强调,犯罪涉及的是人的外在行为,即他所谓的定在,因为唯有达到了定在的意志才会被侵犯。他批判斯多葛和古代立法的一个共同错误是,他们都停留在自由意志和人格的抽象思维上,而不在其具体而明确的定在中,来理解自由意志和人格。黑格尔说,作为理念,它必须有这种定在。对各种犯罪应该怎样处理,不能用思想来解决,而必须由法律来规定。

黑格尔对刑罚的问题有着广泛的论述,他认为刑罚的意义就是对犯罪的一种否定之否定。他说,犯罪行为不是最初的东西、肯定的东西,而是否定的东西。所以刑罚不过是否定之否定。现实的法就是对那种侵害的扬弃,正是通过这种扬弃,法显示出其有效性。如果说对所有权和财产所加的不利或损害,扬弃造成损害的侵害是给被害人以民事上的满足,即损害赔偿。那么,对犯罪的扬弃便是刑罚。这里黑格尔批判了实在法学的各种刑罚理论,如预防说、儆戒说、威吓说和矫正说。他认为所有这些观念都把犯罪及其刑罚视为一种祸害,犯罪是一种祸害,所有就需要刑罚这样一种祸害,其错误在于混

---

① 黑格尔:《法哲学原理》,第98页。

消了法律与道德、心理的关系,而没有考虑到不法和正义,即自由意志的定在和扬弃。黑格尔说,在讨论这个问题时,重要的是知道,犯罪应该予以扬弃,不是因为犯罪制造了一种祸害,而是它侵害了作为法的法。进一步地,犯人有其自由意志,其犯罪行为是对其自由意志的侵害,这样,对犯人所加的侵害就是一种正义。刑罚既然包含了犯人自己的法,"所以处罚他,正是尊敬他是理性的存在"①。如果不从犯人行为中去寻求刑罚的概念和尺度,他就得不到这种尊重。如果单单把犯人看作应使变成无害的有害动物,或者以儆戒和矫正为刑罚的目的,他就更得不到这种尊重。

进而,黑格尔论述了犯罪、报复和复仇的关系。他说,犯罪的扬弃是报复,因为报复是对侵害的侵害。报复和犯罪应该具有价值上的等同,因为犯罪具有在质和量上的一定范围,从而犯罪的否定也同样应该具有质和量的一定范围。所谓报复就是具有不同现象和互不相同的外在实存的两个规定之间的内在联系和同一性。从表面上看,报复是一种复仇,是一种不道德的东西,但从实质上看,报复只是指犯罪所采取的形态回头来反对它自己。黑格尔比喻道,复仇女神们睡着,但是犯罪把她们唤醒了,所以犯罪行为是自食其果。黑格尔说,犯罪的扬弃首先是复仇,由于复仇就是报复,所以从内容上说,它是正义的,但是从形式上看,因为复仇是一种新的侵害,它是否合乎正义,有其偶然性。在无法律和无法官的社会状态中,刑罚经常具有复仇的性质,但由于它是具有主观意志的行为,从而与内容不相符合,所以始终是有缺点的。在未开化民族,复仇难免过分而导致新的不法,复仇永无止息,例如在阿拉伯人中间,只有采取更强大的暴力或者实行复仇已经不可能,才能把复仇压制下去。黑格尔说,就是在现在许多立法中,也还有复仇的残迹的存在。要解决这个矛盾,这就要求人们从主观利益和主观形态下以及从威力的偶然性下解放出来,亦即不是要求复仇,而是刑罚的正义。

---

① 黑格尔:《法哲学原理》,第 103 页。

三、道德

黑格尔说，在严格意义的抽象法中，还未发生什么是我的原则或我的意图问题，这一个关于意志的规定和动机以及关于故意的问题，现在在道德领域中被提出来。从形态上看，道德是主观意志的法。抽象法以禁令为其内容，因而严格意义法的行为，对他人的意志说指具有否定的规定，而在道德领域，我的意志的规定在对他人意志的关系上是肯定的。道德意志包括三个方面的内容：故意和责任、意图和福利、善和良心。

1. 故意和责任

行为的抽象法或形式法一般说来是我的东西，从而它是主观意志的故意。意志要对行为承担责任，凡是出于我的意志的事情都可归责于我。我的所有物出于各种各样的联系中，而且发生着作用。如果它们对他人造成损害，这诚然不是我自身的作为，但其损害多少由我负责。但是黑格尔说，意志的法，在意志的行动中，仅仅以意志在它的目的中所知道的东西和包括在故意中的东西为限，承认是它的行为，而应对这一行为负责。亦即"行为只有作为意志的过错才能归责于我"①。黑格尔解释说，古代悲剧中的欧狄普斯不知道他所杀死的是他的父亲，那就不能对他以杀父罪提起控诉。不过，古代立法不像今天那样注重主观的方面和归责问题，因此，在古代产生了避难所，以庇护和收容逃避复仇的人。另一方面，一个行为有各种各样的后果，但按意志的法，意志只对最初的后果负责，因为只有这最初的后果是包含在它的故意之中。

2. 意图和福利

行为的一般性格对我来说是明确的，而我对这一般性格的自觉，构成行为的价值以及行为因此被认为是我的行为，这就是意图。行为的内容，作为我的特殊目的，作为我的特殊主观定在的目的，就是福利。黑格尔说，意图的法在于，行为的普遍性质不仅是自在地存在，而且为行为人所知道，从而自始就包含在他的主观意志中。就是

---

① 黑格尔：《法哲学原理》，第119页。

说,行为的法,以肯定自己是作为思维者的主体所认识和希求的东西。不过,主观的定在有时也包含有不确定性,这与自我意识和思虑的力量有关,比如,小孩、白痴和疯子。他们就其自身的行为完全没有或者仅有限定的责任能力。主观意志的特殊性构成行为人的动机,比如一个杀人犯绝不是为了杀人而杀人,而必须具有一个特殊的肯定的目的。即使是此人杀人成性,也可以说"杀人成性"是他的动机。目的的内容,一方面是说,凡是人对某事物作为自己的东西感兴趣或应感兴趣,他就愿意为它进行活动。另一方面,目的在需要、倾向、热情、私见和幻想等等自然的主观定在中,具有较为确定的内容。黑格尔说,自由意志的各种利益的特殊性,综合为单一的整体时,就是人格的定在,即生命。当生命遇到极度危险而与他人的合法所有权发生冲突时,它可以主张紧急避难权。生命作为所有目的的总和,具有与抽象法相对抗的权利。比如说,偷窃一片面包就能保全生命,此时某一人的所有权固然因而受到损失,但是把这种行为当成寻常的盗窃,那是不公正的。一人遭到生命危险而不许其自谋其保护之道,那就等于把他置于法之外,他的生命既被剥夺,他的全部自由也被否定了。这里,黑格尔把债务人一定财产免于扣押的利益也归入到紧急避难权之中。

3. 善和良心

善是作为意志概念和特殊意志的统一的理念,它是被实现了的自由,世界的绝对最终目的。善是对抽象法、福利、认识的主观性和外部定在的偶然性的扬弃。善对于特殊主体的关系是成为他的意志的本质,善最初被规定为普遍抽象的本质性,即义务。义务的内容就是:行法之所是,并关怀福利。它不仅关怀自己的福利,而且关怀他人的福利。但义务在道德领域,只是一种抽象的普遍性,无具体的规定的东西。理念的主观性达到了在自身中被反思的普遍性时,就是它内部的绝对自我确信,是特殊性的设定者、规定者和决定者,也就是他的良心。真实的良心是希求自在自为的善的东西的心境。它具有固定的原则。但是同样,在道德领域,良心不过是意志活动的形式方面,并无特殊的内容。这些原则和义务的客观体系,以及主观认识和这一体系的结合,只有在伦理领域中才会出现。

四、伦理

伦理是自由的理念,是成为现实世界和自我意识本性的那种自由的概念。在抽象法领域,我有权利,别一个人则负有相应的义务;在道德的领域,对我自己的知识和意志的权利,以及对我福利的权利、还没有、但是都应当与义务一致起来,而成为客观;在伦理的领域,权利和义务合二为一。一个人负有多少义务,就享有多少权利;他享有多少权利,也就负有多少义务。伦理依次经历了家庭、市民社会和国家三个环节。

1. 家庭

家庭以爱为其规定,而爱是精神对自身统一的感觉。黑格尔解释道,所谓爱,一般说来,就是意识到我和另一个人的统一。爱的第一个环节,就是我不欲成为独立的、孤单的个人;第二个环节是,我在另一个人身上找到了自己,即获得了他人对自己的承认,而另一个人反过来也是如此。

家庭通过下列三个方面得以完成:

(1) 婚姻

婚姻是具有法的意义的伦理性的爱。它首先包括自然生活的环节,其次是内在的或自在存在的自然性别的统一。婚姻既不是像自然法著作所述的那样,是一种性的关系,也不是康德所说的那样是一种契约,也不能认为婚姻仅仅建立在爱的基础上。婚姻的主观出发点在很大程度上可能是缔结这种关系的当事人双方的特殊爱慕,或者出于父母的事先考虑和安排等等;婚姻的客观出发点则是当事人双方自愿同意组成为一个人,同意为那一个统一体而抛弃自己自然的和单个的人格。就其实质基础而言,婚姻不是契约的关系,由于双方人格的同一化,家庭成为一个人。婚姻本身应视为不能离异的,因为婚姻的目的是伦理性的,它的崇高性使其他一切都对它显得无能为力。但是,婚姻仅仅就其概念说是不能离异的,这不是绝对的,而是不稳定的,且其自身就有离异的可能性。但是立法者必须尽量这一离异可能性难以实现,以维护伦理的法来反对任性。婚姻的实现需要有婚礼,只有举行了婚礼之后,夫妇的结合在伦理上才告成立。

婚姻本质上是一夫一妻制,因为置身在这个关系中并委身于这个关系的,乃是人格,是直接的排它的单一性。因为婚姻是两性人格的自由委身而产生的,所以同一血统的人,不宜通婚。血亲间通婚是违背婚姻的概念的。而且从自然关系上看,属于同族动物之间的交配而产生的小动物比较弱,因为予以结合的东西,必须首先是分离的。

(2)家庭财富

作为普遍和持续的人格,家庭需要设置持久和稳定的产业,即家庭财富。虽然身为家长的男子是家庭法律人格的代表,但是家庭财产是共同所有关系,家庭的任何一个成员都没有特殊所有物,而只对于共有物享有权利。家庭不同于宗族和家族,个人所有物同他的家庭有本质的联系,而同他的宗族和家族的联系则较为疏远。对夫妻共同财产加以限制的婚姻协定,以及继续给予女方以法律上的辅助等等的安排,只有在婚姻关系处于自然死亡和离婚的情况下,才有意义。

(3)子女教育和家庭解体

子女有被扶养和受教育的权利,其费用由家庭共同财产来负担。父母有矫正子女任性的权利,但是子女不是物体,既不属于别人,也不属于父母。罗马时代,子女处于奴隶的地位是罗马立法的一大污点。

如果婚姻双方的情绪和行动变得水火不相容时,夫妻双方有了完全的隔离时,离婚是可能的。但婚姻是伦理性的东西,所以离婚不能由任性来决定,而只能由伦理性的权威来决定,如教堂或法院。子女经教养而成为自由的人格,被承认为成年人,具有了法律的人格,有了自己的自由财产和组成自己的家庭。这也是家庭解体的一个原因。父母的死亡,特别是父亲的死亡也会导致家庭的自然解体。

父母的死亡会导致继承的发生。这种继承按其本质就是对自在的共同财产进行的独特的占有。这种占有是在有远房亲属以及在市民社会中个人和家庭各自分散的情况下进行的。黑格尔也承认了遗嘱的法律效力,但它应该受到严格的限制,以避免破坏家庭的基本关系。

2. 市民社会

市民社会是处在家庭和国家之间的差别的阶段。在市民社会中,每个人都以自身为目的,其他一切都是虚无。但是另一方面,如果他不与别人发生关系,他就不能达到他的全部目的,因此,其他人便成为特殊的人达到目的的手段。特殊的目的通过同他人的关系取得了普遍的形式,并在满足他人的同时,满足自己。市民社会包含了三个环节:需要的体系,即通过自己的劳动以及通过其他一切人的劳动与需要的满足,使需要得到中介,个人得到满足;通过司法对所有权的保护,即包含在上述体系中的自由这一普遍物的现实性;通过警察和同业公会,来预防遗留在上述两体系中的偶然性,并把特殊利益作为共同利益予以关怀。

(1) 需要的体系

动物用一套局限的手段和方法来满足它的同样局限的需要,而人不同于动物,其需要和满足手段具有殊多性。我既从别人那里取得满足的手段,我就得接受别人的意见,而我同时也不得不生产满足他人的手段。于是彼此配合,相互联系,一切个别的东西就这样成为社会的。于是,我与他人就处于一种平等的关系。

满足需要的手段即为劳动。劳动通过各种各样的过程,加工于自然界所直接提供的物质,使合乎殊多的目的。劳动的发展导致了生产的细致化,并产生了分工。分工促进了劳动技能和生产量,也加深了人们的相互依赖性和相互关系。

劳动和需要的辨证过程,使得每个人在为自己取得、生产和享受的同时,也为其他人享受而生产和取得。在一切人相互依赖全面交织中所含有的必然性,现在对每个人说来,就是普遍而持久的财富。但每个人特殊的财富受到自己的资本的制约和技能的制约,因此各个人的财富和技能出现了不平等。个人属于哪个等级,要看他的天赋才能、出生和环境的影响。

(2) 司法

需要和满足需要的劳动之间的关系的外化,即所谓"定在",就表现为法律。只有在人们发现了许多需要,并且所得到的这些需要跟满足交织在一起之后,他们才能为自己制定法律。司法环节经历了三个阶段：

第一，作为法律的法。"法律是自在地是法的东西而被设定在它的客观定在中，这就是说，为了提供于意识，思想把它明确规定，并作为法的东西和有效的东西予以公布。通过这些规定，法就成为一般的实定法。"①黑格尔说，法的东西要成为法律，不仅首先必须获得它的普遍形式，而且必须获得它的真实的规定性。习惯法不同于法律在于，它们是主观地和偶然地被知道的，因而它们本身是比较不确定的，思想的普遍性也比较模糊。当习惯法一旦被汇编而集合起来，这一汇编就是法典。但这种法典汇编是畸形的、模糊的和残缺的。而真正的法典是从思维上来把握并表达法的各种原则的普遍性和它们的规定性。为此，黑格尔批判了萨维尼历史法学反对编纂法典的观点，"否认一个民族和它的法学界具有编纂法典的能力，这是对这一民族和它的法学界莫大的侮辱，因为这里的问题并不是要建立一个其内容完全是崭新的法律体系，而是认识即思维地理解现行法律内容的被规定了的普遍性，然后把它适用于特殊事物"。"最近有人否认各民族具有立法的使命，这不仅是侮辱，而且含有荒谬的想法，认为个别的人并不具有这种才干来把无数现行法律编成一个前后一贯的体系。其实，体系化，即提高到普遍物，正是我们时代无限迫切的要求。"②

这里，黑格尔区分自在的法，即自然法意义上的法和设定的法，即实在法意义上的法。他认为法律具有法律的效力，是因为两者的统一。但两者之间有可能发生不一致的地方。实在法涉及什么是合法的问题，它以权威为其原则。它涉及外部整理、分类、推论、对新事实的适用等等。这种适用包括对所有权、契约在市民社会中素材的适用，也包括对于心情、爱和信任为基础的伦理关系素材的适用。但是，道德方面和道德戒律涉及意志所特有的主观性和特殊性的东西不可能成为实在立法的对象。另一方面法的适用还涉及个别的场合，即进入量的领域，于是，法有时具有偶然性。所以，一切裁决终难

---

① 黑格尔：《法哲学原理》，第218页。
② 同上书，第220、221页。

免是一种任性。

第二,法律的定在。黑格尔强调法律必须普遍地为人知晓,"法与自由有关,是对人最神圣可贵的东西,如果要对人发生效力,人本身就必须知道它"①。黑格尔说,如果统治者能给予他们的人民即便是像查士丁尼那样一种不匀称的汇编,或者给予更多一些,即采取井井有条、用语精确的法典形式的国内法,那么他们不仅大大地造福于人群,应当为此受到歌颂爱戴,而且他们还因此做了一件出色的公正的事。法律的范围一方面应该是一个完备而有系统的整体,另一方面它又继续不断地需要新的法律规定,这是一种二律背反。因此说,私法的完整性只是永远不断地对完整性的接近而已。自在的法外化而成实在法后,个人的权利就开始获得了普遍性。对社会成员一人的侵害就是对全体的侵害,侵权行为不只是影响直接受害人的定在,而是牵涉到整个市民社会的观念和意识。

第三,法院。法采取法律的形式而进入定在时就成为自为的,法由此而获得普遍性,代表公共权力的法院因此而产生。市民社会的成员有权利向法院起诉,同时也有义务到法庭陈述;他的权利有了争执时,只能由法院来解决。

在法院中,法所获得的性格就是它必须是可以证明的。法律程序使当事人有机会主张他们的证据方法和法律理由,并使法官洞察案情。这些步骤本身就是权利。因此,程序法构成理论法学的一个本质的部分。为了防止法律程序的滥用,法院责成当事人在进行诉讼之前,宜将事件交由一个简易法院,即公断治安法院受理,进行调解。

法律的程序以及法律的理由应该让人获悉,亦即审判应该公开。公民对于法律的信任应属于法的一部分,正是这一方面才要求审判必须公开。公开的权利的根据在于,首先,法院的目的是法,作为一种普遍性,它就应当让普遍的人闻悉其事;其次,通过审判公开,公民才能信服法院的判决确实表达了法。审判过程分为两个方面,其一是对事实的认识和品定,其二是法律的适用。

---

① 黑格尔:《法哲学原理》,第224—225页。

（3）警察和同业公会

在需要的体系中，每一个人的生活和福利是一种可能性，它的现实性既受到他的任性和自然特殊性的制约，又受到客观的需要体系的制约。在市民社会中，每个人的福利和特殊性应该增进和被考虑到，而这是通过警察和同业公会做到的。警察的任务实际上是对社会普遍事务和公益设施的一种监督和管理。具体有调整生产者和消费者之间的利益冲突、举办公共教育、设定禁治产人、对穷困者的救济以及殖民扩张事业。

市民社会的劳动组织，按照它特殊性的本性可以分为不同的部门，因而市民社会的成员依据他的特殊技能成为同业公会的成员。同业公会在公共权力的监督之下享有各种权利，它作为成员的第二个家庭而出现。它与家庭一起，构成了国家的基于市民社会的两个伦理根源。

3．国家

黑格尔把国家称为自在自为的理性的东西，因为它是实体性意志的现实，它在被提升到普遍性的特殊自我意识中具有这种现实性。"自在自为的国家就是伦理性的整体，是自由的现实化；而自由之成为现实乃是理性的绝对目的。"① 国家的理念具有三个环节：国家法、国际法和世界历史。

（1）国家法

国家是家庭市民社会的外在必然性和它们的最高权力，家庭和市民社会的法规和利益都从属并依存于这个权力，另一方面国家又是它们的内在目的，国家的力量在于它的普遍的最终目的和个人的特殊利益的统一，即个人对国家尽多少义务，同时也就享有多少权利。国家制度是国家巩固的基础，以及个人对国家信任和忠诚的基础。国家的目的就是普遍的利益本身，而这种普遍利益又包括着特殊的利益，它是特殊利益的实体。从内部来看，国家把自己区分为自己内部的几个环节；从外部看，国家有排外的主权。

---

① 黑格尔：《法哲学原理》，第258页。

A. 内部国家制度

政治国家把自己分为三种实体性的差别:立法权,即规定和确立普遍物的权力;行政权,即使各个特殊领域和个别事件从属于普遍物的权力;王权,即作为意志最后决断的主观性的权力,它把区分出来的各种权力集中于统一的个人。

王权是包含国家整体的、绝对自我规定的权力。政治国家的基本规定是国家各个环节的实体性的统一,国家的特殊职能和活动是国家所特有的环节,不可能是私有财产。这构成了国家对内主权。国家是一个整体,是一种单一性的东西,这种单一性绝对决定性的环节就是一个人,即君主。主权应该由君主来掌握。君主主权首先产生赦免罪犯的权力,其次具有对咨议机关及其成员的最后决断权,最后包括整个国家制度和法律的裁决权。

行政权是执行和实施国王决定的权力,一般说来就是贯彻和维护已经决定了的东西,即现行法律、制度和公益设施等等。行政权包括审判权和警察权。它们一般采取通常的选举和最高当局批准任命相混合的方式,其中包括行政权的全权代表、国家官吏以及最高咨议机关。这些人和机关成为和君主直接接触的最上层。在行政事务中也有分工,行政事务和个人之间没有直接的天然联系,所以个人担任公职,并不由本身的自然人格和出生来决定。使国家和被管辖者免受主管机关及其官吏滥用职权的方法,一方面是主管机关及其官吏的等级制和责任心,另一方面是自治团体和同业公会自下而上的监督。另外,还包括对他们的伦理教育和思想教育。

立法权所涉及的是法律本身,以及那些按其内容来说完全具有普遍性的国内事务。立法权本身是国家制度的一部分,国家制度是立法权的前提,因此,它本身是不由立法权直接规定的,但是它通过法律的不断完善、通过普遍行政事务所固有的前进运动的性质,得到进一步发展。立法权是一个整体,其中有三个环节:君主权、行政权和等级要素。各等级是一种中介机关,它处于政府和人民之间。由此,王权就不至于成为孤立的极端,因而不至于成为独断独行的赤裸裸的暴政;另一方面自治团体、同业公会和个人也不至于成为群氓。等级要素一方面以家庭的自然原则为基础,另一方面以市民社会为基础,后一部分通过议员发表政见。黑格尔说,等级会议必须分为两院,由此能更好地保证各种决定的周密完善,消除情绪所造成的偶然性。通过等级会议,个人所有的判断、意见和建议,即所谓公共舆论可以得到自由地表达。但黑格尔认为,公共舆论既值得重视,又不值一顾。他说:"脱离公共舆论而独立乃是取得某种伟大的和合乎理性的成就的第一个形式条件。"①他声称,谁听到了公共舆论而不懂得去藐视它,这种人绝做不成伟大的事业来。

B. 对外主权

国家在对别的国家关系上,其中每个国家对别国来说都是独立自主的,"独立自主是一个民族最基本的自由和最高的荣誉。"②为了国家的独立和主权,每个人有义务接受危险和牺牲。这里,战争不应看成一种绝对罪恶和纯粹外在的偶然性。战争防止了内部的骚乱,并巩固了国家内部的权力。而且战争还具有更崇高的意义,通过战争可以保持一个民族的伦理健康,因为"持久的甚或永久的和平会使民族堕落"③。

如果国家本身,它的独立自主,陷于危殆,它的全体公民就有义务响应号召,以捍卫自己的国家。如果在这种情况下,动员全国力量,放弃本身内部生活而全力对外作战,防御战就转化为征服战。

国家的对外趋向在于它是一个个别主体,因此,它对别国的关系属于王权的范围。正由于这个缘故,王权而且只有王权才有权直接统率武装力量,通过使节等等维持与其他国家的关系,宣战媾和以及缔约条约。

(2) 国际法

国际法是从独立国家间的关系中产生出来的,它的现实性以享有主权的各个不同意志为依据。国与国之间的关系是独立主体间的关系,它们彼此订约,但同时凌驾于这些约定之上。一个国家对其他国家来说是拥有主权和独立的,它有权首先和绝对地对其他国家成

---

① 黑格尔:《法哲学原理》,第334页。
② 同上书,第339页。
③ 同上书,第341页。

为一种主权国家,即获得其他国家的承认。

国际法的基本原则在于,条约作为国家彼此间义务的根据,应予遵守。但是它们之间的关系以主权为原则,所以在相互关系中,它们是处于自然状态的。它们的权利不是由被组成为超国家权力的普遍意志来实现,而是由它们的特殊意志来实现的。国家之间没有裁判官,充其量只有仲裁员和调停人,而且也只是偶然性的,即以双方的特殊意志为依据。

如果特殊意志不能达成协议,国际争端只有通过战争来解决。战争包含着这样的国际法原则:和平的可能性应该在战争中予以保存,而且,战争的矛头不得指向内部制度、和平的家庭生活与私人生活,也不得指向私人。因而,现代战争的进行方式是人道的,人与人之间没有刻骨仇恨、个人的敌意。

另外,在战争中国家彼此之间的关系,如战俘问题,以及在和平时期一国对从事私人交易的他国人民所特许的权利等等,主要以国际惯例为依据,国际惯例是在一切情况下被保存着的、行为的内在普遍性。

(3) 世界历史

黑格尔把世界历史描述成普遍精神内在的和外在性全部范围的精神现实性,是法的一个较高级的发展阶段。他说,正义和德行、不法、暴力和犯罪、才能及其成就、强烈的和微弱的情欲、过错和无辜、个人生活和民族生活的华美、独立、国家和个人的幸和不幸,在其特定的领域里有其一定的价值和意义,也有一定的正当性。世界历史则超出这些观念之上。世界历史的每一个阶段,都保持着世界精神的理念的必然环节,并获得它绝对的权利。在世界历史的发展过程中,世界精神通过特定的民族表现出来。这个民族在世界历史的这个时期就是统治的民族。世界历史可以分为四种王国:东方王国、希腊王国、罗马王国和日耳曼王国。

庞德在其《法律史解释》中,把康德的法理学和黑格尔的法哲学区分为对于法律的伦理解释和对于法律的政治解释。[①] 因为康德受

---

① 参见庞德:《法律史解释》,曹玉堂等译,华夏出版社1989年版,第27、44页。

卢梭的影响大,黑格尔也把自己的法哲学理论称之为一种自然法的理论,因此有的学者又称其理论为一种自然法传统的理论。有的学者认为,黑格尔把法律的发展视为一种法的辨证发展的过程,强调法律研究的历史的方法,所以将他的法哲学称之为历史法学。如果说康德的理论尚带有一些近代自然法学的特点的话,那么黑格尔的理论则明显区别于近代的自然法学,他们的理论已经不再是一种体现理想价值成分的近代自然法理论,他们有自己的哲学理念,有其自己的法哲学体系,他们,特别是黑格尔,对于近代自然法是持一种批判的态度的,他认为近代自然法的理论是一种浅薄的理论,是一种毫无哲学基础的空洞的说教。至于认为黑格尔的理论是一种历史法学,则过于牵强,在黑格尔的理论中,他对于萨维尼的理论是持一种痛斥的态度的,因为在黑格尔看来,人类是进化着的,人类的法律是发展着的,这与历史法学是背道而驰的,我们不能因为黑格尔认同了一种法学中的历史学方法,就认定他是一位历史法学者。所以,在这里,我们把康德和黑格尔的理论放在一起,称之为哲理法学,这种法学到19世纪末和20世纪初发展成所谓的形而上学法学派,其中包括了新康德主义法学,比如斯坦姆勒的理论,甚至韦基奥的理论和凯尔森的理论;包括了新黑格尔主义法学,比如科勒的理论;包括新功利主义的理论,比如耶林的理论。另外萨维尼的理论当中有康德的成分,梅因的理论中有黑格尔的成分。

第五章 分析实证主义法学

第一节 分析实证主义法学的一般理论

一、分析实证主义法学的界定

分析实证主义法学的核心就是对于法律进行一种实证的分析,或者说,对于一个国家制定法的客观分析。从这个意义上讲,一个国家有了自己的一套法律制度,就存在对于这种法律制度的解释和适用,这种对于法律的解释,就是最原始意义的分析。

在西方法理学文献中,我们经常发现与分析实证主义法学相关的名词是"分析法学"、"分析实证主义法学"、"法律实证主义"和"新分析法学"。在不太严格区分这些名词的法学家那里,这些名词是可以通用的。如果我们要严格地区分这些名词之间的细微差别,这里可以做出这样的界定。

"分析法学"更多的是指 19 世纪边沁(1748—1832 年)和奥斯丁(1790—1859 年)所创立的法律命令说,他们在法律研究的方法方面,采取一种分析的方法,总结出法律制度的一般概念、范畴和原则,用奥斯丁的话说,是"一般法理学"所采取的科学的方法,他们严格区分立法学(或者他们称为伦理学)和法理学,将法理学的范围严格地限定于一个国家的实在法。

"分析实证主义法学"是"实证主义法学"的一部分。"实证主义"的概念来源于孔德,他把知识的进化分为三个时期,即所谓神学时期、形而上学时期和实证主义时期,他认为实证主义才是真正意义上的科学。把这种实证主义运用到法律领域,便有了实证主义法学。这是一个广泛的概念,它既包括对于制定法的实证法学,即所谓分析法学,又包括对于法律历史的实证法学,即所谓历史法学,还包括对于法律在社会中的实证分析,即所谓的社会法学。"法律实证主义"

是"实证主义法学"的另外一种表达形式,广义的法律实证主义与实证主义法学同义,狭义的法律实证主义特指分析实证主义法学。从内涵上讲,分析实证主义法学泛指自奥斯丁到哈特,以及到拉兹、麦考密克的法律理论。

"新分析法学"泛指20世纪对于奥斯丁分析法学的最新发展,严格地讲,哈特的法律规则说是新分析法学的典型代表,但是,从广义上看,"新分析法学"同时包括了哈特的法律规则理论和凯尔森(1881—1973年)的法律规范理论。

在本书中,我们采取"分析实证主义法学"的概念,这是一个最宽泛意义的概念。

二、分析实证主义法学的一般特点

为了准确地表达分析实证主义法学的含义,这里有必要考察一下西方学者对于这个概念的分析。

哈特在1957年前后对法律实证主义的表述是:(1)法律是一种命令,这种理论与边沁和奥斯丁有关;(2)对法律概念的分析首先是值得研究的,其次,它不同于社会学和历史的研究,再次,它不同于批判性的价值评价;(3)判决可以从事先确定了的规则中逻辑地归纳出来,而无须求助于社会的目的、政策或道德;(4)道德判断不能通过理性论辩论证或证明来建立或捍卫;(5)实际上设定的法律不得不与应然的法律保持分离。[①]

澳大利亚法学家萨莫斯(Robert S. Summers)于1966年提出了法律实证主义的十大含义,十大含义依次为:

1. 实际上的法律可以清楚地与应当的法律区分开来。萨莫斯说,奥斯丁对此回答是肯定的。

2. 现存实在法的概念适宜于分析研究。萨莫斯认为这肯定不是奥斯丁的观点,因为奥斯丁并没有涉及特殊法理学的具体内容。

3. 力量或权力是法律的本质。萨莫斯说这是肯定的。

---

① H. L. A. Hart, positivism and the separation of law and morals, *Harvard Law Review* 1957—1958, pp. 601.

4. 法律是一个封闭的体系,这个体系不利用其他学科中的任何东西作为它的前提。萨莫斯说,这不是奥斯丁的观点,而更像是康德或凯尔森的看法。

5. 法律和判决在任何终极的意义上都不能被理性地得到捍卫。萨莫斯认为这是哈特的看法。

6. 存在一个合乎逻辑的内部一致的乌托邦,在这个乌托邦中,实在法应该被制定出来并得到服从。的确,奥斯丁强调逻辑,强调一致性,强调实在法得到完全地服从,且他也不反对实在法合乎功利的原则。但是萨莫斯认为不能这样来表达奥斯丁的目的。

7. 在解释成文法的时候,对法律应该是什么的考虑是无立足之地的。萨莫斯说这是肯定的。

8. 司法判决可以从事先存在的前提中逻辑地演绎出来。萨莫斯说奥斯丁对此说法不一致。这可以视为奥斯丁的一个推论。

9. 他们将肯定性作为法律的主要目的。萨莫斯说,奥斯丁强调肯定性和明确性,但是法律的目的是功利主义。

10. 服从邪恶的法律是一个绝对的责任。萨莫斯说,奥斯丁反对这种说法。奥斯丁不关心法律的价值评价,但是他并没有说要绝对服从邪恶的法律。①

第二节　边沁的功利主义法学

一、法律的功利主义原则

在边沁之前,法律的原则和标准以正义、自由和理性为主导,这种传统从柏拉图到黑格尔都没有实质性的变化,这个传统我们有时称之为自然法的理论。边沁功利主义的提出,并将这个原则溶入法律科学之中,应该说在法律的思想中有着革命性的意义,意味着法律指导思想从追求价值和理想,转移到产业革命后追求实际的效果,也意味着法律思想从传统正义观走到现代实证观。就

---

① R.S. Summers, the new analytical jurists, *New York Univ. Law Review 861*, pp. 889—890.

边沁自己而言,他反对自然法学的空洞和说教,认为自然法和自然权利的概念只是一种修辞学的胡闹。自然法是抽象的不可捉摸的,而功利的数学计算在理论上是可以运算的。从此以后,法学作为一门严格的科学开始产生,边沁及其他的功利主义就是这个开端的起点。

1. 功利主义的历史

功利主义是与19世纪边沁的名字联系在一起的。功利的思想源远流长,德谟克里特宣扬过快乐主义,伊壁鸠鲁学派认定快乐是最高的善,而培根开辟了近代快乐主义的时代①,斯宾诺莎说,人性的一条普遍的规律是"人人是会两利相权取其大,两害相权取其轻"②,休谟则把功利视为人类的社会本能③,而贝卡里亚的《论犯罪和惩罚》则对边沁的功利主义有着直接的影响,他认为制定法律的人"只考虑一个目的,即最大多数人的最大幸福","如果人生的善与恶可以用一种数学方式来表达的话,那么良好的立法就是引导人们获得最大幸福和最小痛苦的艺术"。他说快乐和痛苦是有知觉动物的行为的唯一源泉。惩罚只是预防性的,而且只有当它引起的害处大于犯罪所得到的好处的时候,才能够生效。惩罚制度的设立要使得罪犯所感悟的痛苦最小,而使其他人受到的影响最大。为了达到这个目的,就要求处理好"罪"与"罚"的关系④。贝卡利亚的思想直接影响了边沁的功利主义思想,边沁说,"我记得非常清楚,最初我是从贝卡里亚论犯罪与惩罚那篇小论文中得到这一原理(计算快乐与幸福的原理)的第一个提示的。由于这个原理,数学计算的精确性、清晰性和肯定性才第一次引入道德领域。这一领域,就其自身性质来说,一旦弄清之后它和物理学同样无可争辩地可以具有这些性质。"⑤他加以改造和发挥,创立了完整的功利主义学说,并将这一学

---

① 杜兰特:《探索的思想》(上),朱安等译,文化艺术出版社1996年版,第108、120页。
② 斯宾诺莎:《神学政治论》,温锡增译,商务印书馆1982年版,第215页。
③ 蒙塔古"编者导言",见边沁:《政府片论》,沈叔平译,商务印书馆1995年版,第35页。
④ 参见边沁:《政府片论》,第29页。
⑤ 同上书,第38页。

说运用于法学之中。

2."避苦求乐"

边沁认为,正像自然界有其规律一样,人类也有自己的规律。他断定,人类受制于"苦"与"乐"的统治①,只有这两个主宰才能给我们指出应当做什么和不应当做什么。这两个主宰是人的本性,因而人类的基本规律是"避苦求乐",也就是功利主义原则。正是"避苦求乐"的本能支配着人类的一切行为,成为人生的目的。他认为,应当根据行为本身所引起的苦与乐的大小程度来衡量该行为的善与恶。从人性出发,凡是能够减轻痛苦增加快乐的,在道德上就是善良,在政治上就是优越,在法律上就是权利。功利就是一种外物给当事者求福避祸的那种特性。② 由于这种特性,该外物趋于产生福泽、利益、快乐、善或幸福,或者防止福患、痛苦、恶或不幸。如果该当事人是一个特定的人,那么功利原理就是用来增进他的幸福的;如果该当事人是一个社会,那么功利原理就关注社会的幸福。边沁认为,政府的职责是通过避苦求乐来增进社会的幸福,大多数人的最大幸福就是判断是非的标准。如果组成社会的个人是幸福和美满的,那么整个国家就是幸福和昌盛的。对于苦乐的判断,必须根据功利的逻辑来决断,也就是要根据痛苦和快乐的数学计算原理来判断,以增加最大多数人的最大幸福,把苦减少到最小限度。他说:"一切行动的共同目标……就是幸福。任何行动中导向幸福的趋向性我们称之为它的功利;而其中的背离的倾向则称之为祸害……因此,我们把功利视为一种原则"③。

在他之后,这种功利主义直接地影响到了奥斯丁的分析法学,间接地影响到了耶林的利益法学,也在庞德"最大多数人最大利益"社会法学原则中表现出来,直至在经济分析法学"成本—效益"的代数公式中,我们同样可以看到边沁的影子。法律中的功利主义原则实际上成为法律的主导原则之一,其在法律思想史中的地位不亚于公

---

① 边沁:《道德与立法原理导论》,时殷弘译,商务印书馆2002年版,第57页。
② 同上书,第58页。
③ 边沁:《政府片论》,第115—116页。

平正义对西方法律的影响。

二、功利主义的立法学原理

边沁把功利原则应用立法,提出了他著名的功利主义立法理论。他认为,法律的制定和形成都是人们有意识活动的结果,法学家应为社会大多数人的最大幸福着想,分析法律的内容,使法律不断改进,不断进步,以求得人类的福利。"法律的理由,简单地说,就是它所规定的行为方式的好处,或者是它所禁止的行为方式的祸害。这种祸害或好处如果是真的,就必然会以痛苦和快乐的某种形式表现出来。"① 边沁一生用了大部分的精力和时间从事立法理论的研究和法律改革的工作。

1. **功利主义立法原则**

立法的根本目的在于"增进最大多数人的最大幸福",边沁指出,立法时必须以国民全体的快乐为基准。为此,他将快乐分为四项目标:生存、平等、富裕和安全。这四项既是贤明政府的目标,也是立法的出发点和目标。法律的任务在于促使这四项目标的实现。也就是法律要"保存生命,达到富裕,促进平等,维护安全"②。当然,这四项目标的实现需要法律的程度是不同的,"安全"和"平等"是四项目标中最重要的,它特别需要法律的保障。"虽然没有直接关于安全的法律。但是可以想象的是没有人会忽视它。不过,没有安全的法律,有关生存的法律是无用的。"③在个人的安全范围内,个人财产的安全是最基本的,没有财产安全,人们的积极性就会受到挫折,就会妨碍社会的进步。安全乃生命的基础,是人类幸福的首要条件,而人的自然感情对此无能为力,只有由法律保护才能达到。在不违反安全的原则下,立法者应尽量提倡平等,即法律面前人人平等,没有贵贱和轻重之分。第一种平等是伦理和法律下的平等,因为人们感受苦与乐的感觉是平等的,苦与乐没有高下之分。这种平等在法律上

---

① 边沁:《政府片论》,第 118 页。
② 边沁:《立法理论》,丁露等译,中国人民公安大学出版社 2004 年版,第 122 页。
③ 同上书,第 135 页。

就表现为公正不偏和同罪同罚;第二种平等是经济和财产上的平等,边沁认为这种平等是不存在的,因为财产上的不平等乃是社会发展的前提,平均财产只会侵犯安全,结果是破坏财产。安全同平等相比,安全是第一位的,平等是第二位的。如果两者发生矛盾时,平等要服从安全。法律不关心生存的问题,法律所做的是通过奖赏和惩罚来启动动机,是人们寻求生存的机会。法律也不直接促进富裕,同样也是通过苦与乐的机制使人们追求财富。①

2. 理论渊源

在边沁之前,有两个人专门研究过立法的理论:一个是孟德斯鸠,一个是贝卡里亚。孟德斯鸠在其《论法的精神》中,揭示出法律与地理环境之间的关系,得出了法律应该与一个国家的政体、自然条件和风俗习惯相适应,而贝卡里亚在其《论犯罪与惩罚》中,提出了良好的立法应该促进最大多数人的最大幸福。应该说,边沁正是在孟德斯鸠和贝卡里亚的基础上提出了更为系统完整的立法理论,并在法律史上留了功利主义立法论的宝贵遗产。

边沁反对孟德斯鸠立法理论的历史主义倾向,他相信逻辑的力量。他说,在孟德斯鸠之前,为一个遥远国家立法并不是一个复杂的事情,但是在孟德斯鸠之后,所要求阅读的文献大量增加了,我们不能够指望可以弄清一个国家所有法律、风俗和习惯。他评论道,"立法这门科学虽然进步很少,但是却比读孟德斯鸠的著作时所得到的印象要简单得多,功利原则使所有的推理归宗于一,关于具体安排的推理,都不外是功利观点的推演而已"②。他批评孟德斯鸠,说他开始的时候像一个检察官,但是在他得出结论之前,他却忘了他的职责,放下检察官当起了考古学家。他说孟德斯鸠对许多他不熟悉的制度表现得过于武断和凭空想象。对贝卡里亚,一方面他继承了他功利的立法原则,而对他未能详细论证的原理予以推演,而且贝卡里亚主要局限在刑法,而边沁则把他的视野扩展到所有的法律。

在具体贯彻功利主义立法原则上,边沁对苦与乐的计算煞费苦

---

① 边沁:《立法理论》,第125—127页。
② 蒙塔古"编者导言",见边沁:《政府片论》,第33页。

心。他认定,人类行动的动机是功利,功利的本质在于苦与乐的比例,因此一个成功的立法者就要从苦与乐的比例出发,启动人们行为的激励机制,最大程度地追求多数人的幸福。为此,他细分了十四种快乐和十二种痛苦,分析了影响人们苦乐感觉的三十二种因素,以及计算人们苦与乐数值的步骤和方法。① 这种立法者对人们苦与乐的计算方法,被后人称之为苦乐的微积分,成为边沁功利主义立法学原则的代名词。

三、法律改革与法典编纂

英国是一个判例制的国家,它缺少明确性和完整性,而这对欣赏逻辑和明确性的边沁而言,就是个缺点,就有改革的必要。再者,边沁之前的英国法理学,还是以自然法和理性的法学为主导,而边沁的功利主义天生就是这种理论的对立面,因此他要改革法律,这种改革不仅是立法原则的改革,而且也是法律形式的改革。他呼吁要改变那种不成文法、习惯法和判例法的形式,就要制定成文法和编纂法典。

1. 法律改革

早在牛津大学读书期间,边沁就得出了英国大学教育的必然结果只是虚伪和谎言的结论;他在大学里不愉快的经历,使他对现有制度充满了漠视和鄙视,对可能的改革充满了信心。他13岁在牛津大学听布莱克斯通的英国法律课,他说他发现了这位权威的荒谬之处。28岁的第一部著作《政府片论》,就是攻击布莱克斯通的《英国法律诠释》。1789年,边沁发表了《道德与立法原理导论》,这是他的成名作。那个时候,法国正在革命,许多制度有待于建立,这也为边沁实现其改革方案燃起了希望。他通过朋友向法国的同行抄送了自己的几部著作,而且还向国民议会提出建立模范监狱和济贫院的计划,并表示愿意亲自帮助创办和管理而不收取报酬。法国方面授予他荣誉公民的资格,但是没有任何实质的结果。在英国,他设计了模范监狱的"环视房",最大的特点是坐在中央的人可以看到房间的每一个人

---

① 边沁:《道德与立法原理导论》,第86—97页。

和每一个犯人。开始的时候,这一计划很受欢迎。1792年议会曾经讨论过,1794年议会批准了一项法律,要按照边沁的设计建立一所监狱。后来这也被中断,边沁得到了经济的补偿,但却倍感失望。那时,边沁已经在欧美具有了极大的名声,俄国的官方人物,法国、西班牙和葡萄牙的自由主义者,以及南北美洲的人士,都对他表示仰慕。沙皇曾邀请他为俄罗斯修改法典,他也向希腊起义者写信攻击君主制度。到晚年,他合伙帮助欧文创立空想社会主义新村,也接受某位勋爵的邀请答应起草一份刑法草案。他支持激进派反对辉格党的议会改革方案,他成为激进派的先知。他对英国诉讼程序和判例法不分青红皂白的攻击,称英国宪法不过是块遮羞布,称1688年英国革命只是暴力之上的腐化。他认为法官造法是故意剥夺立法权,篡夺的目的是满足律师的贪婪与野心。他发明了一套新的法律词汇,比如"减少到最低限度"、"法典编纂"和"国际"。① 1811年,他给美国总统写信,表示愿意为美国编纂法典;1815年,他给俄国沙皇写信,表示愿意为俄国编制法典,1815年,他向世界一切崇尚自由的国家呼吁编纂法典。一般而言,英国法律改革在边沁活着的时候,并没有取得什么成效,但是在他死后,英国一系列的改革都受到了边沁的影响,其中,比较大的改革有1832年英国的法律改革草案的实施,刑法和监狱的改良,济贫法的变更和卫生法的订立。②

2. 法典编纂

边沁以为,法律未能够以法典的形式表达出来,就不是完整的。因此,他鼓吹要编纂法典。他认为,一部法典必须满足以下四种条件:第一,它必须是完整的。即:必须以充分的方式提出整个的法律,以致无须用注释与判例的形式加以补充。第二,它必须是普遍的。在叙述其中所包含的法规时,在每一点上都必须是有可能做到的最大普遍性。第三,这些法则必须用严格的逻辑顺序叙述出来。第四,在叙述这些法则的时候,必须使用严格一致的术语。它要求简洁准

---

① 这一部分参见蒙塔古"编者导言",见边沁:《政府片论》,第6—23页。
② 吕世伦、谷春德:《西方政治法律思想史》(下)(增订本),辽宁人民出版社1987年版,第100页。

确,也就是要以简短的条文表述全部法律的内容、法律术语、内涵要统一,要准确,不能相互矛盾和模棱两可。如此完美的法典,具有双重的意义。首先,在法律研究方面,一旦这样的法典确立下来,那么一个普通的人都可以像律师一样来理解法律。其次,在法律执行方面,如此完美的法律可以使法律执行确定、迅速和简单化,根据法典,我们可以得到法律的全部知识。①

边沁法典编纂的理论可以说是当时历史条件下的产物。在他那个时代,颁布一部法典是国王具有哲学思想的一个标志。普鲁士腓特列二世、奥地利的特雷西亚、俄罗斯的叶卡捷琳娜,乃至于法国的拿破仑,都将他们所编纂的法典作为自己王朝的荣耀。边沁提倡法典编纂使他成为法典派的理论代表,也使他成为英国法律改革的倡导人。同时,我们也应该看到,他的呼吁也没有使英国成为一个以法典见长的国家,而且,从理论上讲,他所想象的完美法典也只是空想,因为正像现代法律和学说所解释的那样,一个法官和一个律师并不能够希望从一个完备的法典中推演出法律的结论。

从这个意义上讲,边沁是一个激进的法律改革家,对于英国判例法的现状进行改造,这一点直接影响了奥斯丁,后者试图用罗马法的体例来设计出英国系统的法律制度。也可以说,英国的分析法学者在开始的时候,就是激进的改革者,积极倡导法典编纂。在实践上,这是对英国法传统的一种反叛,在理论上,分析法学作为一种法学流派开始形成,它既不同于早年的自然法学,也不同稍后保守的德国历史法学。

四、功利主义与分析法学

历史地讲,奥斯丁因其《法理学讲义》成为分析法学之父,但是,当哈特于1970年整理和出版边沁的《法律概要》之后,人们发现奥斯丁分析法学的基本命题和研究方法都能够在边沁的著作中找到。至此,分析法学开创者的名号不再为奥斯丁一人所拥有,至少,边沁和奥斯丁共同成为分析法学的奠基人。

---

① 蒙塔古"编者导言",见边沁:《政府片论》,第52—53页。

哈特在分析奥斯丁分析法学的时候,把这种理论总结为"法律命令说"、"应然法律和实然法律的区分"以及"法律和道德的区分"三条。如果重新阅读边沁的著作,我们会发现前两条边沁已经有了明确的描述,而后一条则是隐含在他功利主义主义的理论之中。早在《政府片论》里,边沁就涉及了法理学的一些基本问题。他把对法律问题发表意见的人分为两种:一是解释者,二是评论者。解释者的任务是揭示法律"是"什么,评论者的任务是揭示法律"应当"是什么;前者的任务是叙述或者探讨"事实",而后者的任务是探讨"理由"。解释者的思维活动是"了解、记忆和判断",而评论者则要和"感情"打交道。法律"是"什么各国不同,但是法律"应该"是什么则各国相同。法律解释者永远是那个国家的公民,而法律评论者应该是一个世界的公民。解释者要说明的是立法者和法官"已经做了什么",而评论者则建议立法者"将来应当做什么"。总之,评论者的任务是"通过立法者的实践把这门科学变成一门艺术"①。他还进一步说明,解释者的作用分为两类,第一部分是历史,第二部分是论证。历史的任务是说明某一个国家以往存在过的法律情况,而论证的任务是讲述现在的法律情况。论证的方法有分类、叙述和推断。法律明确、清晰和肯定的地方,需要的是叙述;在含糊、隐晦和不肯定的地方,需要的是推断或者解释;制度有几个部分、其出现的次序及每个部分的名字,则是分类的任务。在这三个部分中,"论证者最艰巨而又最重要的工作就是分类"②,"这种分类的概述,就成为对法理学应有状况的概述"③。在《道德和立法原理》中,边沁明确区分"立法学"和"法理学",即批评性的法学和阐释性的法学。④ 这也就是后来分析法学一个重要标志,即区分"法律应该是什么"和"法律实际上是什么"。

应该说,边沁对解释者和评论者的区分,已经有了法理学和立法学分野的印记,前者是法律科学,后者是伦理学。这被后来的奥斯丁

---

① 边沁:《政府片论》,第97页。
② 同上书,第114页。
③ 同上书,第117页。
④ 参见边沁:《道德和立法原理导论》最后一章。

予以继承,法理学是分析和解释实在法,功利主义是评论法律的一种伦理学,法理学的任务只是用来分析一个国家的实在法,而不管其法律之上的价值,这成为分析法学不同于其他法学流派的显著特点之一。

至于法律的含义,边沁说,法律是主权者自己的命令或者被主权者采纳的命令的总和。它是强加于公民身上的义务。如果公民反抗这一命令就要受到制裁。这一命令不是针对单一性行为,而是对着一系列同属性质的行为。在《道德和立法原理导论》中,边沁认为,立法者意志的表达是一个命令。一个明确或实质的命令,加上相联的惩罚,就构成一个法律的义务。他说,强制性的法律是一个命令,一个非强制或一个没有强制的法律,会全部或部分地使法律无效。命令的形式是多样的,以"盗窃"为例,法律可以有这些表达形式:"你不应该盗窃","盗窃者应该受到如此如此的惩罚","如果发生盗窃,盗窃者将受到如此如此的惩罚","如果发生盗窃,对此盗窃的惩罚是如此如此的"。① 在《法律概要》中,边沁明确提出了"法律是主权者的一种命令"的命题。边沁说:"法律可以定义为由一个国家或主权认可或采用的意志宣告符号的集合","每一个法律命令都设定一个义务","命令性或禁止性的法律产生一个义务或责任","在所有提及的词语中,最适合表达'法律'一词必要条件的、符合其所有广度和所有变化形式的、广泛和可令人理解的概念,是'命令'一词","法律的性质和真正的本质可以说是命令;从而法律的语言应该是命令的语言","所有的法律必须以强制或痛苦或愉悦的形式加诸当事人","法律以刑罚或其他惩罚作后盾"②。

这就是分析法学"法律命令说"的雏形,这种理论我们在奥斯丁《法理学范围之确立》中看到了完整和逻辑的表达,这通常被称为"主权者、命令和制裁"的三要素说,但是,从边沁的著作中,我们可以找到所有这些要素。如果说两位大师之间存在着不同,那只是奥斯丁是以通俗的、逻辑严密的论证方式表达了出来,边沁则是以思辩

---

① 边沁:《道德和立法原理导论》,第 267—269、370—374 页。
② Bentham, *of Laws in General*. London University Press, 1970,第 1、13—15、53—56、58、105、136—137、294 页。

的、晦涩的语言显现出来。两者之间并没有实质性的差别,应该说,边沁是这种理论的始作俑者,而奥斯丁则是这种理论的论证者,奥斯丁因其严密和通俗的论述使他戴上了分析法学之父的桂冠,而因其学术上的离群索居和理论上的过于苛刻,边沁的真知灼见被后人漠视或者忽视掉了。

对分析法学来说,1832年是特殊的一年。在这一年,边沁去世了,也是在这一年,奥斯丁发表了《法理学范围之确立》并在伦敦大学开设了历史上的第一门"法理学"课程。一百七十年过去了,奥斯丁止步于19世纪的分析法学,而边沁的名字连同他的功利主义和法理学或明或暗地一直延续下来。德沃金把西方历史上最流行的法律观念总结为功利主义和法律实证主义[1],或者因袭主义和法律实用主义[2],从他的字里行间,我们都能够读出边沁的名字。

第三节 奥斯丁的分析法学

分析法学是19世纪西方法学的一个主要法学流派之一,边沁是倡导者,奥斯丁是真正的奠基者。1832年,奥斯丁出版《法理学范围之确立》。这是奥斯丁生前出版的唯一的著作。奥斯丁夫人整理了奥斯丁生前准备的大量的法理学讲稿,于1861年出版了定名为《法理学讲义》的著作,其中包括1832年出版的"法理学范围之确立"六讲和未出版也未在大学里教授的十六讲。1861年版的《法理学讲义》被后人视为奥斯丁著作的权威版本,后再版或以其他形式编辑过多次。《法理学讲义》所开创的新的法学研究方法和在此方法下确立的法理学研究对象,使奥斯丁成为了分析法学之父。

不管是奥斯丁还是边沁,他们都认为法律的研究包括两个部分,一个是法律的应然部分,这是立法学或道德科学部分,另一个是法律的实然部分,这是法理学科学部分。《法理学范围之确立》的目的就

---

[1] 德沃金:《认真对待权利》,"导论",信春鹰等译,中国大百科全书出版社1998年版,第1—3页。
[2] 德沃金:《法律帝国》,中国大百科全书出版社1996年版,第87页。

是要将法理学从其他学科中分离出来,确立法理学研究的范围,以使法理学成为一门真正的科学。[1]

一、法律命令说

奥斯丁以为,每一种法律或规则就是一个命令。具体地讲,首先,命令包含了一种希望和一种恶。"如果你表达或宣布一个希望,即希望我去做或不去做某个行为,而且如果你在我不顺从你的希望的情况下你以一种邪恶莅临我处,那么你的希望的表达或宣布就是一个命令。"[2]其次,命令包含了责任、制裁和义务含义。命令和责任是相关的术语,换言之,责任存在的地方,就存在一种命令;存在命令的地方,就产生一种责任。在命令被违背和责任被违反的情况下可能会产生的邪恶,经常被称为制裁。基于恶并实施命令和责任的、因不服从命令而发生的恶,经常被称为惩罚。因之,命令可表述为:(1)一个理性的人怀有的希望或愿望,而另一个理性的人应该由此去做某件事或被禁止去做某件事;(2)如果后者不顺从前者的希望,前者将会对后者实施一种恶;(3)该希望通过语言或其他标记表达或宣告出来。

命令有两类:一类是法律或规则;另一类是偶然或特殊的命令。命令"一般"地强制某种类的作为或不作为,这个命令就是一个法律或规则。但是,命令强制一个"特定"的作为或不作为,或者它"特殊地"或"个别地"决定作为或不作为,这个命令就是偶然的或特殊的命令。但是奥斯丁承认,在涉及立法机关的命令问题上,要在法律和偶然性的命令之间划一条鲜明的界限是困难的。不过,立法者命令盗窃犯应该被绞死,这是一项法律;但对于一个特定的窃贼和特定的小偷,法官命令按照立法者的命令将该小偷绞死,这是一种偶然性或特定的命令。奥斯丁进一步提出了"优势者"和"劣势者"的概念。他说,法律和其他命令来源于"优势者"而约束或强制"劣势者"。一

---

[1] 这一部分参见 Sarah Austin, *preface to lectures on jurisprudence* (London: John Murray, 1885); W. L. Morison, *John Austin* (Edward Arnold Ltd. 1982); Dias, *Jurisprudence* (4th edition Batterworths 1976)等。

[2] J. Austin, *lectures on jurisprudence* (London 1885) p. 89.

般地讲,"优势"经常与"优先"或卓越具有同样的含义。当我们将一些人与另一些人比较时,我们会运用诸如级别的优势、财富的优越、品德的优良等术语,意思是:前者在级别、财富或品德方面优于或卓越于后者。但在这里,奥斯丁说,他理解的"优势"一词,是指"强权",即以恶或痛苦施诸他人的权力,以及通过他人对恶的恐惧来强制他们按照本人的希望去行为的权力。这里,奥斯丁更多地将优势者和劣势者指为主权和其臣民或公民的关系。

奥斯丁承认,法律是一种命令也存在一些例外,其中包括:(1)立法机关对实在法的"解释";(2)废除法律之法和免除现存责任之法。(3)非完善的法律,或非完善义务的法律。这个术语源于罗马法学家,它指这种法律要求一项制裁,但是没有约束力。另外,也存在表面上不具有,但是实际上是命令性的法律,它们是:(1)仅仅设定权利的法律。但是,每一个真正包含权利的法律都明确或暗示一个相关的责任,或者一个责任有一个相应下达的权利。(2)习惯法是"法律是一种命令"的例外。奥斯丁声称,从来源上看,习惯是一种行为规则。它似乎由被统治者自然地服从,或者说不是由政治优势者设立法律实施的。但是,当习惯由法庭采用时,当司法判决由国家强制力实施时,习惯就变成了实在法。

从上可知,奥斯丁的法律定义,有两点是明确的:第一,"命令"是奥斯丁的法律定义的核心,奥斯丁的法律学说因此也被称之为"法律命令说"。第二,奥斯丁法律定义的基本因素包括:命令;主权,即政治优势者于劣势者的关系;主权命令而生的责任;和对不服从者以刑罚方式出现的法律责任之法律制裁。

二、"法律"一词的四种含义

奥斯丁说,通常所谓的法律具有四个方面的含义,它们是:第一,上帝之法,第二,实在法,第三,实在道德或实在道德规则,第四,比喻性的法律。

1. 上帝之法

上帝之法是上帝以明示或者暗示的方法传谕给人类的法律,有时称为自然法。为了避免与17—18世纪的自然法相混淆,奥斯丁使用"上帝之法"一词,在具体含义上,它是指功利主义,即边沁所倡导的"避苦求乐"。从这个意义上讲,奥斯丁是边沁功利主义集团的一份子,他坚持边沁功利主义的立场。在奥斯丁看来,上帝之法是一种严格意义上的法律,在所有的法律中,它处于最高的地位,但是,作为一个实证主义者和一个分析法学家,他不可能充分地展开论述上帝之法的问题。从奥斯丁对这个问题的解释,我们认为奥斯丁的看法是:第一,功利主义的内容是伦理学研究的对象,它是一种批评的科学,而实在法才是科学法理学研究的东西,它是一种阐释的科学。第二,分析法学的最终目的归结为功利主义,功利主义是分析法学的逻辑起点,但是法律是否合乎功利主义的原则,不是科学的法理学所关心的问题。实际上,去掉奥斯丁理论中的功利主义理论,奥斯丁的学说仍然可以是一个完整的体系。边沁功利主义对奥斯丁的最大影响就是奥斯丁严格区分"法律的应然"和"法律的实然",前者是立法学的范围,后者是法理学的范围。

2. 实在法

实在法是一个主权国家制出来的法律制度,这是一种严格意义上的法,是科学法理学,或者称为一般法理学所研究的对象,其具体内容就是他著名的法律命令说。他认为,每一实在法(或每一个所谓简单和严格的法律)是由一个主权者个人或集体,对独立政治社会(其中其创立者是至尊的)的一个成员或若干成员,直接地或间接地设立的。换言之,它是一个君主或主权体,对处于其征服状态下的一个人或若干人,直接或间接确立的。

3. 实在道德

实在道德,或称实在道德的规则,或称实在道德规则,是指非由政治优势者建立,但具有法律的能力和特点的法。这种法律不是严格意义上的法律,它仅仅由观念建立或实施。这种法律应用的例子包括有:"荣誉法"、"风尚之法"以及"国际法"规则。这一类法之所以称为"实在道德",是因为因其"道德"而区别于实在法,因其"实在"而区别于上帝之法。

在实在道德规则中,有些是严格意义的法律,有些则是非严格意义的法律。有些具有"命令性"法律或规则所有的本质,有些则缺少这些本质。后者被称为"法律"或"规则"是在该术语类比意义上的使用。

严格意义的实在道德有三种:(1) 生活在自然状态下人们所设立的规则,比如生活在自然状态下的人可以发布一项命令性的法律;(2) 主权设立的规则,但这里主权者不是政治上的优势者,比如一个主权对另一个主权设立的命令性法律,或者一个最高政府对另一个最高政府设立的法律;(3) 私人设立的规则,但不是实施法律权利的私人设立。比如,父母对子女设定的命令性法律,主人对仆人设定的命令性法律,出借人对借入人设立命令性法律,监护人对被监护人设定的命令性法律。

非严格意义法律的实在道德是由"一般观念"设立或设定的法律,也就是说,由任何阶层或任何人类社会的一般观念设定的法律。例如:某个职业团体某些成员的一般观念,某城某省居住人们的一般观念,一个民族或独立政治社会的一般观念,由诸个民族形成的较大社会的一般观念。一些由观念设定的法律已经有了恰当的名称。比如,绅士们之间的流行观念设定的法律或规则,他们经常被称为"荣誉规则",或"荣誉法则"。比如,存在涉及独立政治社会之间相互关系行为的法律,或者说涉及主权或最高政府之间关系行为的法律。这种由流行于民族之间的观念设立,加诸民族或主权之上的这种法律,通常被称为"民族法"或"国际法"。

4. 比喻性的法律

奥斯丁说,还存在另外一种非严格意义的法律,它们通过微弱的或松散的类比关系与严格意义上的法律相关联。并且,因为他们已经从他们与严格意义上的法律之微弱或松散类比关系而获得"法律"的名称,奥斯丁称它们是隐喻性的法律,或仅仅隐喻性的法律。比如说无生命体的运动的一定"法则",再有,较低级和非理性动物的一定行为决定于一定"法则",再如,涉及艺术的"规则",即提供给艺术的参与者的一种指示或样式,这些指示或样式可以指导参与者的行为。奥斯丁说,从表面上看,这种隐喻之法与严格意义法的区分和明显的,但在法学家中,两者的互用和混淆经常发生。最为突出的是乌尔比安和孟德斯鸠。乌尔比安将"自然法"适用于所有动物,

"自然法是自然界教给一切动物的法律。因为这种法律不是人类所特有,而是一切动物都具有的,不问是天空、地上或海里的动物。"①孟德斯鸠的《论法的精神》的第一句话:"从最广泛的意义来说,法是由事物的性质产生出来的必然关系。在这个意义上,一切存在物都有它们的法。上帝有他的法;物质世界有它的法;高于人类的'智灵们'有他们的法;兽类有它们的法;人类有他们的法。"②奥斯丁说,虽然具有相同的名称,但绝然不同的对象被混淆了和混乱了。将这些比喻性的法律和命令性严格意义的法律混在一起,是模糊了后者的性质或本质。

三、主权论

1. 主权和独立政治社会的含义

为了完成法理学范围界定的任务,奥斯丁说,要了解实在法的特征,就必须解释和分析"主权"一词,与之相关的"臣民"一词,以及与之不可分割相连的"独立政治社会"一词。

在一般情况下,奥斯丁把"主权"和"独立政治社会"视为同一的概念。其含义是指,一个既定社会要形成一个政治和独立的社会,必须是两个特征的统一,即既定社会的"一般大众"必须"习惯地"服从一个"明确"和"共同"的优势者;同时,那个明确个人或明确人类团体"并非"必须习惯地服从一个明确的个人或团体。正是这种肯定特征和否定特征的联合,导致了特定的优势者主权或至高,导致了一个特定社会(包括该特定优势者)是一个政治的和独立的社会。

奥斯丁进一步说明上述特征:

第一,这要使一个既定社会能够形成一个政治社会,其成员的一般人或大众必须习惯地服从一个明确和共同的优势者。

第二,特定社会要形成一个政治社会,其成员的"一般大众"必须习惯性地服从一个明确和"共同"的优势者。换言之,其成员的"一般大众"必须习惯地服从"一个而且是同一个"明确的个人,或明

---

① 查士丁尼:《法学总论》,第6页。
② 孟德斯鸠:《论法的精神》(上),第1页。

确的个人构成的团体。

第三,一个特定社会为了形成一个政治社会,其成员的一般大众必须习惯地遵从一个"明确"和共同的优势者。非明确当事人不能表示或暗示地做出命令,或不能接受服从和臣服;非明确团体不具有团体行为能力,或作为团体能作出肯定或否定的举止。

第四,从上述可知,要建立一个政治社会,其民众必须习惯于服从一个特定和共同的优势者。但是,为了使特定社会成为独立的政治社会,这个特定的优势者必须"不"习惯地服从另外一个明确的人类优势者。

2. 最高政府的种类

首先,奥斯丁把最高政府的种类分为两种:一个人的政府和若干人的政府。在每一个可以称之为政治和独立的社会里,要么是个体成员中的"一人"占有了主权权力,要么是主权权力为个体成员的"若干"享有,但其数目少于构成整个社区的人数。换言之,每一个最高政府要么是一个"君主制"(严格意义),要么是"贵族制"(该词的一般含义)。

其次,奥斯丁的又把贵族制(该词一般含义)的政府区分为如下三种形式:寡头制,贵族制(一词的特殊含义)和民主制。如果主权数与整个社会数的比例极端的小,最高政府被称为寡头制;如果该比例小,但不是极端的小,那么这个最高政府称为贵族制(特殊含义);如果该比例大,最高政府被称为平民,或称之为民主。但是同时,奥斯丁也承认,这三种形式的贵族制(一般含义)很难精确地区分开来,或使用一种明显的方法去区分。一个人认为是寡头制的政府对另外一个人会是一个自由贵族制;一个人认为是贵族制的政府对另一个人会是狭隘的寡头制。一个人认为的民主制在另一个人看来是少数人的政府;一个人认为是贵族制的政府在另外一个人看来是多数人的政府。而且,主权数与整个社会数的比例可能在系列微小级别中处于任何一个点上。

3. 主权权力的限制

奥斯丁认为,主权不受法律的限制。奥斯丁这里对实在法的本质特征(或实在法与非实在的区分)作了如下的表述:每一个实在法,或每一个简单和严格意义的法律,都是由一个主权人或团体直接或间接地为独立政治社会一个成员或若干成员设立的,其中那个人或团体就是主权或至尊。或换言之,它是由一个君主或主权体对其征服下的一个人或若干人直接或间接地设立的。既然来源于实在法的本质特征,来源于主权和独立政治社会的性质,所以严格意义的君主权力,或具有集体性质和主权能力的主权体权力,是不能受"法律"限制的。'具有法律责任的君主或主权体','从属于一个更高或优势主权',或者说,'负有责任的君主或主权体','最高权力受实在法限制',这些说法本身就是一种矛盾。但是,奥斯丁承认,主权不受法律的限制并不意味着主权体的成员不受法律的限制。集体地看,或看其总体特征,一个主权体是主权,是独立的;但是分别地看,个人和构成主权体较小集体臣属于他们在其中为组成部分的最高体。因此,虽然该体不可避免地独立于法律或政治责任,但是构成该体的个人或集体可以受该体制定法律的合法约束。

4. 政府或政治社会的起源

在这个问题上,奥斯丁反对社会契约的国家起源论,而坚持边沁的国家起源于"习惯性服从"的理论。他说,社会大众对于政治政府的起源具有一种功利的观念,或者说,社会大众不喜好无政府状态。这在所有的社会都是共同的,或者对几乎所有社会都是共同的。几乎每一个政府都产生于这种一般原因:政治政府形成于的自然社会的大众急切地想逃离自然或无政府状态。如果他们特别地喜欢他们所服从的政府,那么他们的政府与他们特殊倾向相一致。如果他们不喜欢他们所服从的政府,那么他们的政府控制和操纵了他们的憎恨。

四、一般法理学

按照奥斯丁的想法,"法理学"一词具有多种含义,有时指"立法学",有时指"一般法理学",有时指"特殊法理学"。在题为"论法理学学习的作用"这篇在"内殿法学协会"(inner temple)中所作讲演中,奥斯丁系统地阐述了这个问题。

奥斯丁说,法理学的适当对象是实在法。从总体上看,一个特定或特殊社会的实在法律或规则,是法律的一个体系或集合,因为受限于这种体系的任何一种,或受限于其组成部分的任何一个,所以法理学往往是特殊的或具有民族性的。但是另一个方面,虽然每一个法律体系有其特定和性质的差别,但仍然存在各种体系共同的原则、观念和特征,而正因为如此,才形成了所有这些体系共有的相像性和相似性。这些共同的原则对所有的体系都是共同的,即对野蛮的社会的不充分和拙劣的体系如此,对文明社会的较充分和较成熟的体系也是如此。但是文明社会的较充分和较成熟的体系,是由许多来源于所有体系之间获得的相似性连接起来的,也是由许多他们之间专门获得的相似性连接起来的。因此,成熟体系各种共同原则,或他们之间获得的各种相似性就构成了一门科学的对象。这门科学一方面区别于民族或特殊的法理学,另外一个方面区别于立法科学;这门科学被称为"一般法理学"(general jurisprudence)或"比较法理学"(comparative jurisprudence),或者"实在法哲学(或一般原则)"。①

正像从实在体系中抽象出来的原则是一般法理学的对象一样,对这些原则的解释也构成了它专门或合适的对象。与一般法理学相区别的,第一,以功利原则或任何人类观念为标准来衡量法律的好与坏,并不是一般法理学直接关心的问题。这属于立法学的对象,它涉及解释这些原则的目的、确立实在法应该是什么的标准和确立实在法合乎这些目的的尺度和标准。第二,在特定的法律体系中,与其他体系相同的原则和特征因为它的独特性以及它本身所使用的特殊技术语言而具有复杂性。这也不是一般法理学的合适对象。所以,"法理学"一词本身有其模糊性,首先,它是指作为科学的"法律的知识",以及适用它的艺术、实际习惯或技巧;其次,"立法学",即法律应该是什么的科学,它涉及制定出好的法律以及如何做好的艺术;再次,"特殊法理学",即法律的任何实际体系,或它的任何一个部分。而在奥斯丁看来,法理学只能是一般法理学,目的就是要将法理学从其他学科中分离出来,确立法理学研究的范围,以使法理学成为一门

---

① J. Austin, *lectures on jurisprudence*, p.1072.

真正的科学。①

对法律主导术语的分析,法律可以从道德中分离出来,成文法从不成文法中分离出来。法理学从立法科学中分离出来。奥斯丁指出,英国法与罗马法在许多方面的相似不能说在很大程度上归结为英国法对罗马法的继受,而是显示出成熟法律体系如何与其他法律体系发展中的共同之处。英国法的学生通过研究一般法理学,可以感知其余部分的各种关系。这种研究不是无视学生对实践的知识,而是在实践上可供学生发展实践的理性。在普鲁士就是如此,在那里的大学,很少或根本不关心实际法律,只关注法律一般原则和其体系的历史基础。一个英国法的学生只要他懂得法律体系的一般原则,就可理解外国体系。这将帮助他理解他自己体系的缺点和优点。因此,奥斯丁在其准备的法理学范围之后的讲义,包括"主导法律观念的分析",其中有自由和权利,责任和义务,权力,伤害和责任,自然人和法人或虚拟人格,疏忽等等;"法律的渊源",其中有成文法和不成文法,法律的直接渊源(如日常命令性模式)和法律的间接渊源(如司法立法),以及习惯与法律,国际法等等;"法律体系蓝图",其中最一般的分类是人法和物法,物法中有对世权和对人权,人法中有私人情况,政治情况和相类似或者其他的情况。

为此,奥斯丁列举了作为一般法理学合适对象的基本的原则、观念和特征:

第一,责任、权利、自由、伤害、惩罚和赔偿的观念;他们之间的相互关系,他们与法律、主权和独立政治社会的关系。

第二,成文法(或宣告之法)和不成文法(或未宣告之法),由于相对术语在司法或不适当意义上的特征。换言之,直接来源于主权或最高立法者的法律,与直接来源于臣民或从属立法者(具有主权或至尊授权)的法律之间的特征。

第三,对世权(比如财产权或所有权)和对人权(比如契约权)的

---

① 这一部分参见 Sarah Austin, *preface to lectures on jurisprudence* (London: John Murray, 1885); W. L. Morison, *John Austin* (Edward Arnold Ltd. 1982); Dias, *Jurisprudence* (4th edition Batterworths 1976)等。

特征。

第四,财产权或所有权中的对世权,和源于财产权和所有权的各种受限制的权利。

第五,因契约而生、与对人权相对义务的特征,因伤害而生义务的特征,既非因契约也非因伤害,而因所谓"准契约"类比意义上义务的特征。

第六,民事伤害(或私违法)和犯罪(或公违法)中伤害或违法的特征,侵权行为法中,或违法(严格意义)和违反契约,或"准契约"而生义务民事伤害(私违法)的特征。①

奥斯丁对法理学范围的确立,即将法理学范围限定在实在法中,创立了所谓的"一般法理学",这就是西方法学上著名的"分析法学"的源头。在奥斯丁的有生之年,他没有享受到受人拥戴的名誉和地位,但是在他死后,他的法理学成为了英国法学中法理学教育的基础,流行了近一个世纪,直到哈特和他的《法律的概念》取代奥斯丁在英国分析法学中的地位。② 在奥斯丁以后,奥斯丁分析法学的传统继续发展,其影响更多出现在普通法系。

第四节 当代分析实证主义法学

一、分析法学的后继发展

1. 英国的分析法学

奥斯丁之后,欧洲的法律科学分为两类,一个是分析法学派,其奠基者是边沁,另外一个是历史学派,其伟大的领袖是胡果和萨维尼。奥斯丁的目的是想将法理学置于一个像政治经济学那样系统和真正科学的基础上,而且在这些词语的真正意义上提供第二个道德科学(即法理学)的假说。分析法学和历史法学被人们普遍地认为是达到同一结果的相互独立的道路,但是事实上,它们不是独立的道

---

① J. Austin, *lectures on jurisprudence*, pp. 1073—1074.
② 参见 W. L. Morison, *John Austin* (Edward Arnold Ltd. 1982), J. M. Kelly, *A short history of western legal theory* (Oxford 1992).

路,而是相互补充和不可缺少的。没有分析的历史是奇怪的,没有历史的分析是盲目的。奥斯丁完全意识到分析和历史调查联合的重要性,这对于达到真理至关重要,在某种程度上,奥斯丁预见到了梅因的研究成果,然而,梅因尽管在他的研究成果中充满了边沁和奥斯丁的定义,但是他没有更多地认识到分析的重要性。①

奥斯丁之后传统的著名法学家是萨尔蒙德爵士(Sir John Salmond),他在法理学界和法律领域有着较高的声誉。他曾经专门写过一部书来讨论奥斯丁理论的主题。他曾经是奥斯丁伦敦大学法理学课程的新西兰学生。1902年,在担任大学教授期间,他撰写了《法理学或法律理论》。后来,他专门撰写侵权行为法和合同法的著作,直到现在,他的侵权行为法的著作都被认为是英国侵权行为法的标准著作,到1981年,《萨尔蒙德的侵权行为法》已经出版第19版。他比奥斯丁更为熟悉法律的细节和英国法院的工作。

萨尔蒙德将法律科学分为三大类:民事(或国家)法理学、国际法理学和自然法理学。在民事法理学中,又分为:系统(或解释)法理学、历史法理学和批判法理学。第一部分涉及基本法律概念,为特定主题研究提供法律基础的更一般性理论;第二部分涉及法律的发展;第三部分涉及法律观念对未来的影响。在具体的理论中,萨尔蒙德对奥斯丁的理论作了相当大的修正。首先,萨尔蒙德将国家的观念取代了奥斯丁的主权观念,认为法律是若干原则的集合,这些原则为国家在实施正义中承认和适用。其次,他反对奥斯丁关于习惯在法院采用前不是实在法的观念,认为习惯在一定条件下就可以成为法律,即在法院采用前就可以是法律。另外,他对法律的不当行为、法律自由、权力和权利等等法律基本概念做出了新的解释。

萨尔蒙德说,法律上的不当行为是说依照法律,而是对于正义的一种违反,比如,A有一种权利(right)是说他具有一种利益,对于这个权利的尊重是一种义务(duty),而对于这个权利的不尊重就是一个不当行为(wrong),任何一个义务都有其相关的法律权利。

法律自由(liberties)是从加在我身上的法律义务的空缺中推演

---

① W. L. Morison, *John Austin*, Edward Arnold Ltd. 1982, p.149.

出来的利益,而权利(rights)是加在他人身上义务的一种利益。

权力(power)是法律让渡的一种能力(ability),它指的是依照某人的某种意志,决定他自己或者其他人的权利、义务、责任或者其他的法律关系。

广义的权利(right)包括三种有利的法律地位,严格的权利(right),即与义务相关的权利、权力(power)和自由(liberties)。与广义的权利对应的是一种广义的负担(burden),但是没有一个一般的表达方式,这种负担有三类:义务(duties)、无资格(disabilities)和责任(liabilities)。义务是自由的缺乏,无资格是权力的缺乏,责任是他人之自由或者权力的缺乏。

萨尔蒙德对这些法律基本概念的解释,直接影响了后来美国法学家霍费尔德法律关系的八个基本概念,后者予以进一步发展。

2. 美国的分析法学

美国第一位分析法学家是格雷(John Chipman Gray)。在他的《法律的性质和渊源》中,他说,自从他在图书馆里第一次阅读奥斯丁的《法理学范围》后,奥斯丁著作的主题在他的头脑里萦回了五十年。[①] 对格雷而言,法理学是系统安排的法律规则的宣言,最有用部分则是特殊法理学,即将法理学限定在一个既定国家法律有系统的宣言之内。但是,格雷认为讨论法律没有涉及的"应然"问题也是必要的,因此他说奥斯丁在法理学中探讨功利的问题是正确的。另外,格雷认为法理学应该包括一个法律的定义,将它与道德和宗教区分开来,而这正是奥斯丁的成功之处。但格雷的法律定义与法院创立的规则相连,而不是像奥斯丁那样认为是主权创立和采用的规则。他从而提出了近似社会法学"法官是法律的创立者,而不是发现者"的命题。他认为,国家是法院确立法律时所设立的一个虚拟的人。

格雷说,法律由法院设立的判决规则所构成,所有这样的规则都是法律,法院不适用的行为规则就不是法律。法官是法律的创立者,而不是发现者,因为当他们乐意或者甚至改变法律组织时,他们所享有的对成文法解释的司法权力,只受到模糊的限制。

---

① J. C. Gray, *the nature and sources of the law*, Beacon Press, Boston 1963, p. vii.

奥斯丁之后分析法学最典型的代表要算霍费尔德(Wesley N. Hohfeld)。他毕业于加州大学,后就读哈佛大学。1905年担任斯坦福大学教授,自1914年起在耶鲁大学工作四年。其主要著作是《适用于司法推理的基本法律概念》。霍费尔德的主要贡献是发展了奥斯丁的"主导法律观念"部分,他命名为"法律关系"(legal relations 或 jural relations)。他用相对关系和相关关系来展现法律基本概念,从而提出了八个基本的法律概念,即无权利(no-right)、权利(right)、义务(duty)、优先权(privilege)、无资格(disability)、权力(power)、责任(liability)和豁免(immunity)。霍费尔德把这八个概念称为"法律的最低的共同标准"。[①]

霍费尔德是奥斯丁之后最著名的分析法学家,他提出了八个基本的法律概念,不仅如此,他还试图将分析法学的成果与司法实践结合起来,帮助法院和律师准确分析法律制度和运用法律的推理。

当代的分析实证主义法学的典型代表是凯尔森和哈特,前者以其法律规范论闻名于世,后者以法律规则说开创了新分析法学。

二、凯尔森的规范法学

1. "纯粹法学"

凯尔森的理论渊源是多个方面的,他的理论既有逻辑实证主义的传统,也有新康德主义的方法。在创立其法学理论的时候,他并不了解奥斯丁的理论,只是后来在他撰写《法与国家的一般理论》的时候,他才发现他的理论和奥斯丁理论的一致性,由此发展成了他著名的"纯粹法学",即一种比奥斯丁分析法学更加纯粹的分析法学。这种纯粹法学的核心是从结构上研究法律,而不是从心理和经济上论证法律的作用,也不是从政治和伦理上探讨法律的价值。从结构上研究法律,是指研究法律一般概念、原则和原理,纯粹法学的研究对象是法律规范,即一个国家具体的实在法,或者说是"法律的实然";从心理上和经济上研究法律是社会法学的任务,而从政治和伦理上研究法律则是自然法学研究的任务。

[①] W. N. Hohfeld, *Essages* (1st. ed.) Heaven Con. 1923, pp.63—64.

凯尔森的法律思想中的目标,是企图清除法律科学中所有评价标准和意识因素,即消除法律科学中的政治的和意识的价值判断,使法律理论摆脱一切外部的、非法律的因素,以进一步实现法律的纯粹性。他说,法律科学一直是被毫无鉴别地同心理学、社会学、伦理学及政治理论等因素搅合在一起的,而具有严格法律意义的、使用于法官和律师工作中的法律,应该同这些内容区分开来,使特定的法律科学与关于正义的哲学分开,与对社会现实的认识区分开来。在凯尔森看来,他的纯粹法学"旨在从结构上分析实在法,而不是从心理上或经济上解释它的条件,或从道德上或政治上对它的目的进行评价"①。实在法就是某一共同体的法律,如美国法律、法国法律或国际共同体的国际法等。

　　2. 分析实证主义法学的正义观

　　法学理论无法回答什么是正义问题,因为这个问题是根本无法用科学的方法加以回答的。凯尔森坚持实证主义的立场,"一个纯粹法理论———一门科学——不能回答这个问题,因为这个问题是根本不能科学地加以回答的"②。这也是凯尔森著名的"正义相对论"。如果要给正义一个既科学又有意义的名称的话,那么它就应当是合法性。

　　凯尔森认为,正义是一个意识概念,是一种反映个人或群体的主观倾向的价值偏向的"无理性的观念"。正义这样的东西确实存在,但又不能明确地予以定义,这种惯常的主张本身就是矛盾的,无论对人的判断和行为正义是多么必要,但正义都不受制于认识。从理性认识的观点看,只存在着利益以及因此而产生的利益冲突。根据凯尔森的观点,正义就是把某个一般规则确实适用于据其内容所应该适用的一切场合。正义意味着忠实地适用实在秩序以保护其存在。因为当人们说一个社会秩序是合乎正义时,往往意味着,在这个秩序中,人们的行为已被调整得人人都感到满意,人人

---

　　① 凯尔森:《法与国家的一般理论》,沈宗灵译,中国大百科全书出版社1996年版,第2页。

　　② 同上书,第6页。

都能获得自己的幸福。但事实上,能为人人都提供幸福的合乎正义的秩序是根本不存在的,一个人的幸福的总会与别人的幸福发生冲突。退一步说,人们讲合乎正义的社会秩序是指最大多数人的最大幸福,但这种秩序也是不可能的。社会秩序所能保证的幸福只能是集体意义上的幸福,即立法者认为值得满足的某些人类需要,例如吃穿住的需要。但所有这些问题都是不能用理性的方法来回答的,它们只能取决于作出决定的人的价值判断。也就是说,这种决定是主观的、相对的,随着作出决定的人的不同而有所不同。总之,这正好说明正义是一种主观的相对的价值判断。虽然实在法和正义是两个不同的概念,正义是一种主观的价值判断,我们无法断定某一法律是否正义,但如果将正义理解为"合理性",那么法律科学中就可以包括正义概念。也就是说,如果某个一般规则,实际上适用于根据内容应该适用的一切场合,这就是正义的,服务于实在秩序,这便是"在法律下的正义"。

3. 法律的"效力"与"实效"

凯尔森认为,法律是由规范构成的,因而法律科学的研究对象不包含政治、经济、道德、宗教内容的法律概念,而是那些具有法律规范性质的、能确定某些行为合法或非法的规范。什么是法律规范呢?凯尔森说,法律或法律秩序往往被称为立法者或国家的命令或意志,但这只是一种比喻性的用语,因为说法律规则规定人们的某种行为,和一个人以命令方式表示其意志,要另一个人从事某种行为,是很相像的。但二者不同的是,当我们说法律规则规定人们的某种行为时,我们使用了一个抽象概念,它是一种非心理学意义上的命令或意志,也就是说,它并不是真正指某人对某人发告命令,要后者这样做。规范是表达某人应当如何行为这一事实的一个规则,而并没有任何人真正要他这样做的含义。所以,规范乃是一个非个人的、无名的"命令"。所谓"某人应当如何行为",既不是指另一个人的"意志"或"命令"要他这样行为,同时也不是指应当如何做的人实际上就这样做。规范所表达的思想是,某种事应当发生,特别是人们应当如何行为。规范一词并不涉及人们的实际行为。说一个人应当这样行为,就是指这一行为由规范所规定,无论是道德规范、法律规范或其他规范。说某种行为应当发生,是指一个规范的存在和内容,并不是指自然现实,自然的实际事件。总之,说一个规范对人们有效力,并不是说某人与某些人"要"他人如何行为,因为即使这种意志不存在,这一规范也是有效力的。说一个规范对人们有效力,也不是说人们实际上就这样行为,因为即使他们不这样行为,这一规范对他们还是有效力的。

  对说明法律来说,"应当"和"是"的区别是根本的。这就是说,规范的含义仅指它规定人们"应当如何行为",而不是指人们"实际上如何行为"。所谓"应当"和"是"的区别,对法律而论,就是指法律的"效力"和"实效"的区别。法律效力指法律规范有拘束力,人们应当像法律规范规定的那样行为,应当遵守和适用法律规范。至于法律的实效,是指人们实际上就按照规范所规定的那样行为,法律规范实际上被遵守和适用。效力是法律的特征,实效是人们实际行为的特征。法律有实效是指人们的实际行为符合法律规范。如果某一规范规定 A 行为,而人们的实际行为却是非 A,因而我们说人们的行为违反了某一规范,也就是说,与该规范有"矛盾",但这种"矛盾"并不是逻辑上的矛盾,因为前者是指规范,后者是指人们的实际行为。这二者是不矛盾的。逻辑上的矛盾只能发生在两个"应当"即规范或两个"是"之间。例如一个规范规定了 A 行为,另一规范规定了非 A 行为,这在逻辑上是矛盾的。法律效力和法律实效之分的例证是:一个法律规则禁止偷窃,规定每一偷窃者均应由法官加以惩罚。这一规则对所有受法律管辖的人都是有效力的。这也意味着,法律规则即使在其缺乏"实效"的情况下,仍是有效力的,而且也正因为它缺乏实效,所以才必须由法官加以适用。如果偷窃者居然能逍遥法外,法官无法处罚他时,即无法适用该规则时,这一规则也仍然是有效力的。法律效力和法律实效虽是不同的概念,二者都有密切联系。"规范只能在属于一个规范体系、属于一个就其整个来说是有实效的秩序的条件下,才被认为是有效力的。因而,实效是效力的一个条件;它只是一个条件,而不是效力的理由。"[①]

[①] 凯尔森:《法与国家的一般理论》,第 44—45 页。

4. 法律规范体系

凯尔森认为,一个共同体的法律规范的总和构成了一个法律秩序,或法律规范体系。在这个体系中,效力是规范的特征,实效是人们实际行为的特征,因此,一个规范的效力来自另一规范,而不是来自事实。

凯尔森认为,法律制度并不是由同等层次的并列的规范组成的体系,而是一种由不同层次的法律规范组成的等级体系。每一个规范效力的理由都是来自另一个更高的规范,一个不能从更高规范中引发其效力的规范,我们就称之为"基本规范"①。凡能从同一个基本规范中追溯其效力的所有规范,组成一个规范体系或秩序。这一基本规范是组成一个体系或秩序的各个不同规范之间的纽带。一个规范是否属于某一规范体系或秩序,标准就是它是否从这一体系或秩序的基本规范中引发出其效力。因此如果一个行政命令得到一个法规的认可,那么这个命令就是有效的;如果一个法规符合宪法的规定,那么该法规就是有效的。如果一部宪法的制定得到先前的一部宪法的认可,那么这部宪法就是有效的。但是,如果一部宪法是一个新成立的国家的第一部宪法,那么就不存在它所能取得效力的实在法律渊源,而依基本规范的认可,根据历史第一部宪法所确定的方式与条件来执行。

基本规范是同一法律体系中所有规范的效力的最终渊源,它是这个结构的最高层,要求任何其他规范忠实于宪法的基本规范。宪法为成文法和习惯法确定框架。这两种法律形式又依序为司法、行政和个人行为规定的规则。当法官在某个诉讼案中适用成文法或习惯法时,他就是在使处理该案件的一般规范具体化,并作出一个可构成"个别规范"的判决。这样一类规范是指向单个人或确定群体的成员,并且提出了一种制裁或其他旨在了结诉讼案的处理办法。行政机关在某个导致产生某种行政命令或其他具体处理办法的案件中适用一般规范时,也确立个别规范。这种个别规范同作为创设这些个别规范的基础的一般规范一样都是法律。这个结构的最高层"基

---

① 凯尔森:《法与国家的一般理论》,第132页。

本规范"是第一部宪法的效力的最后假设,设有这一假定,人们的任何行为都不能被解释为法律行为。

由于一个规范体系中的所有规范,除基本规范外,都是从一个更高规范中取得效力的,也即由另一规范授权或委托创立的,所以,这些规范也就有高级规范和低级规范之分,根据这一规范而被创立的是低级规范。除了基本规范是最高规范以及处于规范体系最低层次的最低级规范外,其他处于中间层次的规范既是高级规范又是低级规范。这些规范又有一般规范(如立法和习惯法)和个别规范(即法院和行政机关对一般规范的适用,如判决)之分。在凯尔森的规范等级论中,他还认为,大多数法律规范既适用法律又创造法律。立法机关所制定的无疑是新的法律,但它必须在宪法规定的范围内制定法律,从而也就是适用宪法规定。在一个特定的案件中决定是否适用以及如何适用一般规范的裁决,既部分地参与了陈述法律的过程,又部分地参与了创造法律的过程,法官应当去发现有关处理案件的现存法律,但是在证实存在着要求适用这个法律并进行裁决的条件时,司法判决则具有宪法的性质。

三、哈特的新分析法学

新分析法学的典型代表则是英国的哈特,他于1961年发表的《法律的概念》被视为新分析法学产生的标志。哈特的理论是在奥斯丁分析法学上的进一步延续,是在第二次世界大战后与美国新自然法学者富勒的论战中发展起来的。

1. 哈特对奥斯丁理论的批评与发展

针对奥斯丁的法律命令说,哈特提出了法律规则论,他认为奥斯丁的法律命令说是一个"失败的记录"[①],他认定法律两种规则的结合,即所谓第一性规则和第二性规则的结合是法理学的关键,第一性规则是设定义务的规则,是原始的小型社会的法律规则,第二性规则是授予权利的规则,它由承认规则、改变规则和审判规则构成。针对奥斯丁的道德和法律区分说,他坚持法律和道德没有必然的联系,但

---

① 哈特:《法律的概念》,张文显等译,中国大百科全书出版社1996年版,第82页。

是他也承认两者有一定的联系,从而提出了著名的"自然法的最低限度的内容"①的概念,这被学界认为是第二次世界大战后分析法学与新自然法学的一种妥协。针对奥斯丁"法律应然"和"法律实然"的区分,哈特予以坚持,法理学的研究对象应该限定在实在法,从这个意义上讲,与其说哈特的理论是对奥斯丁理论的反叛,还不如说是奥斯丁理论的新的发展。

哈特说,奥斯丁的学说包括三个相互联系的但又可以分开的基本内容。第一是关于法律的定义,即法律的命令说;第二是坚持法律和道德分开,即划分开实在法和正义法或理想法;第三是关于一般法理学研究的范围是分析实在法的共同概念。对以上三个基本内容,哈特表示他反对第一个,支持第二个和尊重第三个,以表示他是法律实证主义的代表人物。

哈特认为,批判法律实证主义的人所犯错误的原因之一,在于他们常将奥斯丁关于法律的定义和法律实证主义混为一谈。他反对由主权、制裁、命令三要素构成的法律命令说。他认为,法律命令说相当于"持枪抢劫的情况"②:一个强盗举着手枪对一个银行职员说:"交出钱来,否则就要你的命!"二者的唯一差别是:法律命令说是指对多数人的命令,而强盗只是对银行职员一个人的命令。显然,对法律的这种解释过于简单化,即使对最简单的法律制度来说也不适合,更不必说适用于十分复杂的法律制度了。因为,其一,这一定义似乎仅适用于刑法,刑法是以刑罚作为后盾,命令或制止一定行为的法律。可是刑法只是很多法律中的一种,而且即使就刑法而论,这一定义也并不完全适用,因为刑法不仅适用于一般人,而且也适用于制定刑法的立法者本人。其二,除了规定人们应当从事或不从事一定行为的法律外,还有授予各种公私权力的法律,就后一种法律而论,如果解释为以制裁作为后盾的命令显然是荒谬的。其三,有的法律的产生形式也不同于命令,如习惯法并不是以明文规定的形式产生的。其四,掌握主权者这一用语不能说明立法者本身也受法律的限制。因而法律命

---

① 哈特:《法律的概念》,第189页。
② 同上书,第7页。

令说对法律的定义是一种失败。失败的根源在于,在命令、服从、习惯和威胁构成的这一学说的因素的观念中,都没有用以阐明的"规则"这一观念。规则是一个极为复杂的观念,除法律规则外,还有各种各样的规则,即使在同一领域的规则中,也可以有不同的产生形式或对行为的不同关系。针对规则的各种形式,哈特提出了自己的学说。

2. 第一性规则和第二性规则

哈特认为,法理学的关键问题在于两类规则的结合,这两类规则就是第一性规则和第二性规则。第一性规则是行为和标准方式,它设定义务,即要求人们从事或不从事某种行为,而不管他们愿意与否,社会成员都被强制遵守。它是第二性规则依附或辅助的对象。这些规则源于社会的需要,并且用来保证一种满意的生活方式。这些规则的约束力的基础在于大多数人的接受,而且大多数人还对不合作的社会成员施加强大的压力迫使其遵守这些规则。第二性规则指授予权力的规则,它辅助或依附第一性规则。根据第二性规则,人们可以引进、修改和取消原有的第一性规则,或者决定第一性规则的范围或控制其实施。

在哈特看来,简单、小型的前法律世界即原始社会中,仅存在第一性规则,即设定义务的规则,如禁止人们使用暴力、禁止偷窃和欺骗以及为人们设定对共同生活做出贡献等责任。当时还不存在授予权力的第二性规则,因而这种小型社会的行为规则是"非官方规则"。这种简单的社会控制形式的弊端,在于:第一,不确定性,即这些第一性规则主要是一批分散的准则,不是确定的、共同的准则,不构成一个体系。第二,静态性,即这种自发的、缓慢的规则的成长或改变往往是偶然被采用,后来形成为惯例,进而发展成为有拘束力的规则;或者相反,人们开始对某种越轨行为予以默认、容忍、对之不闻不问,最后逐渐消失。第三,由于缺乏一个专门的社会机关来裁定是否违反规则,并对违反者予以处罚,因而,维护这种规则的社会压力常常是无效的。只有在那种依靠血亲关系和共同感而密切联系的小型、简单的原始社会,才依靠这种非官方的第一性规则维持生活。

哈特认为,一个发达的法律制度必须有一套"第二性规则"为承认和执行第一性规则确立一种法定手段,从而由前法律世界走向法律世界,使第一性规则体制成为无可争议的法律制度。因此,第二性规则应该是:第一,用某种权威的方式鉴别法律制度中有效的规则,使之成为这一社会集团的、由它所行使的社会压力做后盾的规则,换言之,通过授予权力或承认某种规则,使第一性规则获得法律效力。这有助于消除前法律世界中第一性规则的不确定性。第二,规定改变第一性规则的正式的系统的程序。这种程序是为了授权个人和集团实行新的第一性规则,取消旧的第一性规则,以消除第一性规则的静态性。这种改变规则包括两种:一种是授予公权力(即通常所讲的公法上的权力或权利),如规定哪一机关有权立法以及立法的程序等。另一种是授予私权力(即私法上的权力),如根据这种规则,私人有权订立遗嘱、缔结契约、出让财产等。总之,通过改变规则,改变人们原来按照第一性规则所处的地位,即通过缔结契约等行为,人们相互间发生了新的权利和义务关系。第三,建立详尽的审判与执法程序来保证第一性规则的实施,即授权个人或机关就一定情况下某一第一性规则是否已被违反,以及应如何制裁,做出权威性的决定。在以上三种第二性规则中,第一种是最重要的,是"承认规则"。在哈特看来,它是法律制度的基础,并提供了用以评价这一制度其他规则的效力的准则。这种规则的确认准则是多样化的,一般包括了一个成文宪法、立法机关制定的法律和司法判例。但当几个准则构成一个等级体系时,其中之一则应是最高的、最终的。他在这点上反对凯尔森的基本规范的效力是因为它是"被假定"为有效力的观点。他认为,就一个为其他规则提供效力的最终规则来说,本身根本不存在有效力或无效力的问题,它的存在是一个事实。如果说它的效力只能假定而不能证明,那就无异说,巴黎的标准公尺线是衡量所有公尺正确性的最终标准,但我们只能假定而不能证明它是正确的。

  哈特十分重视第一性规则同第二性规则的结合,认为这是"法律科学的关键",是"法律制度的中心"[①]。他指出,一个法律制度即第一性规则和第二性规则的结合必须具备两个最低限度的必要条件。第一是:凡是按照最终承认规则而有效的一切规则,必须一般地

---

 ① 哈特:《法律的概念》,第81—100页。

被遵守。这是指一般公民必须遵守,尽管他们遵守的动机必然会有所不同,但在一个健全的社会中,公民往往接受这些规则并承认有遵守它们的义务;第二是:这一制度中的第二性规则,必须由国家机关官员当作公务行为共同准则而有效地接受。这是指一般官员必须遵守。同时,官员还应遵守许多他们以个人身份出现时所需遵守的第一性规则。

对于分析实证主义法学,这里作出如下总结:

1. 分析实证主义法学的方法是一种实证的方法,奥斯丁侧重于形式逻辑的方法和比较的方法,哈特采用了逻辑实证的方法。这些学者都把法学研究的对象放在可以实证考察的范围之内,摒弃各种形式的形而上学。

2. 分析实证主义法学的一个重要特点是探索法律实际上是什么。在不同的历史时期,分析实证主义法学的内容是不断变化的,奥斯丁将法律视为主权者的一种命令,凯尔森把法律归结为一种有效力等级的规范,哈特将法律视为两种规则的结合。奥斯丁的法律命令说是分析实证主义法学的第一阶段,哈特的法律规则说是第二个阶段。

3. 分析实证主义法学不自称解决了法理学的所有问题,也不否认对于法律其他方面的认识。就奥斯丁而言,他把法理学的范围集中于实在法,至于法律应该是什么的问题,他认为这是伦理学研究的对象,而不是科学法理学研究的对象。就哈特而言,他认为法理学的任务是描述一种法律的结构,他在方法上反对自然法学的方法,但是,他也并不否认存在一种最低限度内容的自然法。

4. 在西方法学中,分析实证主义法学以逻辑严密、语言简练见长,它比较客观准确地描述了法律的现象,更具有思辨的特点,不足的是,他们离法律实际离得太远,对于法律实际的关系似乎不太关心,这是一种绅士味道十足的理论。正因为如此,它受到了来自社会法学和自然法学的猛烈抨击。

第六章 历 史 法 学

第一节 历史法学的一般特点

一、历史法学的界定

这一章要讲的是所谓的历史法学。作为一个学派,历史法学在19世纪处于极盛的时期,而到了20世纪,这种法学的研究方法基本上融入到了其他的法学流派。法律的历史解释,泛指以历史的观点和历史的方法来研究法律科学。这种研究,在亚里士多德、波里比、布丹、孟德斯鸠等不同时代的著作中都可以见到。但真正形成一个流派,一种有影响力的方法,则是在19世纪。在内容上,我们一般区分为德国的历史法学和英国的历史法学,在德国的历史法学中,又可以分为强调罗马法历史的萨维尼和强调日耳曼历史的艾希霍恩,英国的历史法学的代表人物有梅因、波洛科和梅特兰。

二、历史法学的基本特点

总体上考察,历史法学具有如下一些基本特点:

1. 历史法学是对于近代自然法学的一种否定。自然法学所强调的是一种革命,一种理想,一种理论的虚构,而在历史法学看来,这种理论只能是一种缺乏历史基础的主观臆断,而历史法学的任务,就是要在法律理论上加上一个历史的基础。因此,比较而言,近代自然法的理论更具有一种煽动性,而历史法学更具有一种学究气。

2. 作为一个学派,历史法学家的共同之处,是在法学中贯穿了一种历史考究的方法,不过要注意的是,每一个法学家所关注的历史的不同点,决定了他们各自理论的差距,萨维尼强调的是罗马法,他相信罗马法对于德意志法律的影响,艾希霍恩强调日耳曼习惯法,贯穿一种更为历史的方法,梅因同时关心罗马法、英国法和印度法,所以在他的思想中,除了纯粹的历史方法外,他还采取了比较的方法和进化论的理论。如果说,萨维尼的理论是一种复古的理论,强调习惯法的作用,否定立法和编纂法典的话,那么,梅因则相信法律的一种进化,认为从习惯法到法典的制定是一种历史的进步。从这一点上说,德国的理论多少带有浓厚的浪漫主义色彩,而英国的历史法学显得比较科学。

3. 历史法学在西方法理学中的最大贡献,则是强调法律实现应该依赖于法律背后的社会力量。在一个自然法学者看来,法律的实现依靠的是法律本身所具有的一种正义和理性,而理性的力量是无穷的;在一个分析法学家看来,法律的实现,依靠的是一种强力,即主权者的一种制裁,而在历史法学者看来,法律的实现,依靠的是一个民族的传统,一个民族长期形成的一种习惯。从这个意义上讲,历史法学看到了法律民族性的一面,逐渐把法学研究的中心从立法者转移到了法官和律师的身上,为社会法学的创立起了铺垫的作用。

第二节　萨维尼的历史法学

一、萨维尼与历史法学

相对而言,德国的资产阶级发育较晚。比起当时的英国和法国,德国既不统一,又存在大量封建传统。法国革命和法国民法典的制定,对德国不可能没有冲击力。德国法究竟是走法国式道路,还是保留传统的日耳曼传统,在知识界存在着争论。1813年,随着拿破仑帝国的衰败,学者雷布格发表论文,提倡重新回到德国法传统。1814年,海德堡大学教授蒂鲍发表了《论德意志统一民法典的必要性》一文,对雷布格的论点提出了批评,强调制定统一德国民法典的重大意义。为此,萨维尼(1779—1861年)发表了《论立法和法理学的当代使命》的著名小册子。他在这篇文章中,既批判了雷布格复古和倒退的倾向,也反对蒂鲍的盲目和急进。一般认为,萨维尼在这本小册子预告了历史法学的产生。1815年,萨维尼与艾希霍恩等共同创办了《历史法学杂志》。以此为阵地,德国的历史法学家鼓吹其理论,从而使历史法学达到了一定的高度。

应该说,萨维尼不仅仅是一位法理学家。其实,他对于罗马法史的研究以及对于民法和国际私法的贡献,并不亚于他对于法理学的贡献。早在1803年,萨维尼出版了其处女作《占有法》。此书一问世便轰动了西欧法学界。该书分为六篇,分别论述了占有概念、占有的取得和丧失、占有的保护、围绕占有发生的各种财产权利,以及作为一个法律领域占有所涉及的理论问题等。从方法上看,他已经开始尝试历史的研究方法。他从罗马法中抽象出占有权的一般原则,并证明古罗马法的原则优于后来欧洲大陆发展过的同类原则。该书与他1840—1949年间出版的8卷本《现代罗马法体系》一起,被视为创造了一种新的法律历史研究方法和一种法学的新的表达方式。1815—1831年,萨维尼出版了《中世纪罗马法史》6卷。在这部著作中,萨维尼论述了5—15世纪罗马法的渊源、文献和教学情况。他将中世纪罗马法史分为两个时期。萨维尼的这本书,被誉为中世纪欧洲法学史的标准著作。

二、法律与民族精神

1. **法律本质论**

萨维尼关于法律本质的论述,算是他最具风格的法律理论。他说,法律如同一个民族所特有的语言、生活方式和素质一样,本身就具有一种固定的性质和明显的属性。一个民族之所以能够融为一体,是由于这个民族的共同信念,是由于一个民族内部的同族意识。在复杂的生活中,法律规范本身可能寓于普遍信仰的目标之中。但是,这些精神上的作用也必须以某种物质的存在为基础。正如同语言存在的基础是持续的和不间断的应用那样,宪法存在的基础就是具体明显的公共权力,它以由文字和口头世代相传下来的各种法规为基础的。

萨维尼称,法律和语言一样,没有绝对中断的时候。法律像民族的其他一般习性一样,受着同样的运动和发展规律的支配。这种发展就像其最初阶段一样,按照其内部必然性的法则发展。"法律随着民族的发展而发展,随着民族力量的加强而加强,最后也同一个民族失去它的民族性一样而消亡。"①

2. 法律发展三阶段论

萨维尼认为,法律具有双重的生命力,首先,法律是社会整体的一部分,它与社会共存,不会突然消失。其次,法律是法学家所掌握的一门特殊知识。因为这个缘故,法律越来越矫揉造作和复杂化。在不同时期,同一民族的法律可能不同。它或者表现为原始习惯法,或者表现为经过人为设计过的实在法。但是,萨维尼声称,不论表现为哪种法律,要在二者之间划出一条截然的分界线,也显然是不可能的,因为两者往往相互交织在一起。他认为,每处都是由习惯和一般信念,然后才靠法理学发展而来的。因此,法律的形成每处都依赖民族内部默默起作用的力量,而不是依靠立法者的武断意志。这里,萨维尼得出法律发展的所谓三阶段论:一个民族的习惯法、经法学家改造过的学术法和立法。第一阶段是法律的"政治"(political)要素,法律的原则并不存在于立法之中,而是存在于"民族的信仰"(national convictions)之中。第二阶段是在政治要素中加入了法学家的"技术"(technical)要素。这个阶段是一个民族法律文化的最高峰,也是法典化可行的时代。第三个阶段是随着民族的衰落,法律不再有民众的支持,而成为专家小集团的财产。而当这种技术也丧失之后,民族的个性也最终消亡。②

3. 法律制度的三要素

一种良好的法律制度应该有三个方面的要素:第一是法律的权威,第二是良好的司法官员,第三是简单易行的诉讼程序。

关于法律的权威,萨维尼认定是从前在整个德国盛行的普通法和各州法律的混合,而不是一部法典。③ 退一步讲,应该在法典不生效地方保留这种原有的混合制度。他说,考虑到德国的具体情况,德国生活在一大堆世代相传、而且繁衍不息的法律概念和原理之中。这是一份宝贵的法律遗产,不能够人为地破坏这个份遗产,也不应该

---

① 西方法律思想史编写组:《西方法律思想史资料选编》,北京大学出版社1983年版,第527页。
② Lloyd's, *Introduction to Jurisprudence* V4, London Stevens, 1985, p.785.
③ 西方法律思想史编写组:《西方法律思想史资料选编》,第538页。

通过割断所有的历史联系来废除这些法律的概念和原理,而试图开始一种崭新的生活。即使这样去做,最后的结果也不过是一种海市蜃楼而已,因为人们不可能消灭现在活着的法学家的意见和思想方式,也不可能完全改变现有法律关系的性质。这里,萨维尼崇尚民族原有的习惯法或者说民族的精神,而反对新的立法。

这就需要有一种历史的精神。当人们具备了敏锐的历史眼光和政治眼光之后,才有可能对所面临的问题做出正确的判断。对于当时德国法松散的诉讼程序、不适当的专断和单纯的法律无情等,也应该保持谨慎的态度①。当想对它进行改革的时候,也要三思而后行,因为人们难免无意地将好肉割去。否则就要对子孙后代承担全部的责任,因为这样是中断了一个民族的发展。萨维尼说,历史精神是免于自欺的唯一保障,这种保障可以保持已经所特有的东西,体现一般人性所共有的东西。

萨维尼指出,法国理性主义者的错误就在于他们将法律的概念和思想当作纯理性的产物。他们这样的说法并不是因为世俗的原因,而是因为他们对这些东西的历史来源一无所知。萨维尼认为,如果看不到个人和世界这一个大的整体的历史关系,就一定会对统一性和创造性产生错误的看法。只有历史的洞察力,才能不犯这种错误。以历史的眼光看,"许多较大民族的历史都有一种从有限的、但新鲜活泼、精力充沛的个性发展到无限的普遍性的过渡"②。萨维尼说,法律也是如此,在此过程的最后,可能失去一个民族的特有意识。不过,如果旧法许多特有的优点都消失了,那么再要返回到过去时代,简直就是一种无益的空谈。萨维尼在评论普遍性与众不同的优点的同时,也呼吁要现实和有益地对待一个民族的历史和它的民族精神,使自己的心灵不受狭隘的影响和束缚。他声称,历史或者说一个民族的摇篮时代,都永远是可尊敬的老师。时代历史感是人类负有的一种神圣的职责。因为只有通过历史,一个民族"才能保持与这个民族原始状态的生动关系;失去此种关系,就丧失了每个民族最

---

① 西方法律思想史编写组:《西方法律思想史资料选编》,第 538 页。
② 同上书,第 539 页。

优秀的精神源泉"①。因此,根据这一理论,萨维尼说,普通法和州法要成为真正有益的和无可非议的权威意见,需要法理学严谨的历史方法。这就要求追溯每一既定制度的根源,从而发现一种有机的原理,这样便能将仍然富有生命力的东西从没有生命的和仅属历史的东西中分离出来。这种历史的精神就要求后人以前人的精神来读历史的文献,读前人的书,思考他们的问题,熟悉他们的思想方式,并尽量吸取他们的精华,以便按他们的风格和原则撰写,从而用他们真正的精神完成他们的未完成事业。要做到这些就要有完善的法制知识,要学会习惯于用正确的历史眼光来观察每一概念和理论。

关于司法官员的问题,萨维尼提倡法学院和法院之间自由的联系,他觉得这种联系是使理论和实践相结合的最好的方式。"实践和日益蓬勃发展的理论的结合是不断造就有才干的法官的唯一方法"②。法官不只是作为一种工具,而且负有自由而崇高的使命。司法要真正科学地完善起来。而当时最不能令人满意的现象是,法官只拘泥于机械地应用条文,不许对条文加以解释,每一案件都必须找到有关的法律条文。这就是所谓概念法学,但是,严格的科学方法就要排除一切武断的判决。要做到这种结合,就要复活德国最古老的司法组织。

关于诉讼形式,萨维尼说,如果法律权威意见和司法官员都处于良好的状态,但是诉讼形式很坏的话,那么上述两条将也起不到作用。他说,在普遍实行普通法的国家里,根本不可能存在编纂法典,但这并不意味着他们就没有民事的立法。立法有两个目的,一个是裁决论争,二是记录旧习惯。由于无知和愚昧而从未认真调查研究的实例不叫论争,仅在书本上的存在、而在实践中很少见到的分歧也不是论争。所谓习惯法的记录,不只是换个不同的名字的保留,而是要解答未来可能发生的案件。无任如何,萨维尼都认为,法院用临时性的指示或者指令形式解决争端,总比立法手续解决争端,要更好

---

① 西方法律思想史编写组:《西方法律思想史资料选编》,第539—540页。
② 同上书,第540页。

一些。①

萨维尼感叹道,一旦历史研究的方法在法学家中得到普及,法律职业便能拥有活生生的习惯法主题,因而是一种真正的进步。法律历史问题将为当世者所用,成为后来者的财富。这样不仅拥有真正的原始法,而且也不缺乏用来表达的语言。不仅达到确定的和迅速的司法行政,而且是更高的阶段。在国家发展史上,最初阶段的法律将同高度的科学发展结合起来。

三、立法和法典编纂

1. 立法理论

萨维尼的一贯立场便是崇尚习惯法,而反对立法,反对法典编纂。他说,立法经常对法律产生诸多影响。首先,立法者在修改现行法律的时候,可能受国家至上理论的影响。这种立法很容易败坏法律,因此应该尽量少用。其次,立法可以减少法律的模糊性。这里,如果立法忠实于习惯,那么,这种立法就成为真正的法律,体现民族的本来意志。而法典编纂则是国家审查它的整个法律体系,使其见诸文字,使其他法律不再有效。一部法典应该有高度的准确性,在适用上有高度的统一性。萨维尼比较研究过当时的三部法典:《拿破仑法典》、《普鲁士民法典》和《奥地利民法典》。他对《拿破仑法典》的评价是,这部法典的政治因素所起的作用超过了技术因素所起的作用,为此萨维尼对《拿破仑法典》持强烈的批评态度。他认为,就技术因素而言,法国民法典没有什么创新,只是已有法律的编纂。这些法律部分是罗马法,部分是法国法。对于《普鲁士民法典》,萨维尼基本持肯定的态度。他认为,普鲁士民法典是在没有任何外部压力下制定的,它与地方性的法律渊源有着密切关联。在萨维尼看来,既然已经有了《普鲁士民法典》,当时就没有必要再制定其他什么法典了。而对于《奥地利民法典》,萨维尼称赞有加,他说奥地利法典是完美的,更适合于德国。

这里,萨维尼似乎也区分了法典的政治因素和技术的因素。他

---

① 西方法律思想史编写组:《西方法律思想史资料选编》,第541页。

认为,在法典的实质方面,法律的政治因素一直在起作用,而当时的工作需要对其结果加以区别和详细说明,这也正是技术法理学的特殊作用。萨维尼主张要审慎地对待法典编纂,他借用培根的话说,除非有紧迫的必要性,否则绝不要从事编纂法典的工作。只有在文化和知识超过前一时期的时候,才能从事这一工作。如果过去的成果由于目前无知而被毁灭掉,那才是真正可悲的。萨维尼的结论是,"现行法不能修改,只能保留"①。

2. 反对法典编纂

法典要作为唯一的法律权威,实际上就要求法典对可能出现的每一案件作出明确的判断和指示。而法理学最困难的问题就是区分主要原理和规则之间密切关系以及准确的程序。从表面上看,司法要由法典加以规定,但是在事实上,它是用法典以外的东西来代替的,这是一种虚妄的现象,是一种最不幸的结果。法典的独到之处,在于确立一种新的法律权威,以取代真正的法律权威。这里的真正的法律权威指的是民族精神和民族的个性。结果是法律权威意见并不能从民族的道义力量那里得到支持,而只能求助于法典形式。在形式方面,如果缺乏表达的技巧,法典的编纂工作也可能失败。在这个方面,法律语言应该特别简洁。从这个意义上讲,优良法典的要素几乎没有一个时代曾有资格做到。"年轻的国家,对其法律最清楚最了解,但它们的法典在语言和逻辑技巧上有缺点……在它们的衰败时期,几乎什么东西都很缺乏,如对事物的知识和语言就很缺乏。因此,只保留了一个中间时期;可以认为这是文化的顶峰。但这样的时代本身根本不需要法典:正如我们储粮过冬一样,它只是为下一个更不幸的时代编纂一部法典"②。

萨维尼还从古罗马法是角度进一步论证他的看法。他说,罗马法像习惯法一样,其本身几乎完全是在内部形成的。他称,只要法律积极有效,编纂法典是没有必要的,甚至在情况对它最有利的时候也没有必要。在古典法学家的时代,编纂一部优秀的法典可能不会有

---

① 西方法律思想史编写组:《西方法律思想史资料选编》,第529—530页。
② 同上书,第531页。

什么困难。三位最有名望的法学家帕比尼安、乌尔比安和保罗都是出色的法律实践者。他们既不缺乏对法律的兴趣,也不缺乏编纂法典的权力,但是他们从来没有表现出这样做的迹象。只是到了6世纪,当一切文化生活都不景气的时候,也就是说只有在法律极为衰败的时候,才有人想起来要编纂法典。

萨维尼的论述回到德国法。他认为,直至他那个时代,德国才以普通法为名在全国范围内真正实施了统一的法律制度。而德国这种"普通法的主要渊源却来自查士丁尼的法律著作"①。罗马法剥夺了德国法的民族性,而法学家对罗马法却倾注全力。这就阻碍了地方法律获得一种独立性和科学性。萨维尼哀叹,在德国,封建制度一旦完全建立,日耳曼古代民族的特点根本不可能保留下来,因为对一切都进行了彻底的改变。当罗马法传到德国的时候,这场全面的改革已成了定局。各州法律本身的许多法律条文纯属罗马法,而且这些条文只有根据罗马法原文才能得到理解。即使在判决中,也经常是按照罗马法予以解释和执行。没有罗马法,就无法理解在那些地方应该用这种新法律解决的问题。在这个问题上,萨维尼不同于其他的德国历史法学。这也就是说,他主张他所在的那个时代的德国法并不渊源于古老的日耳曼法,而是来源于罗马法。他并且认为,德国法继受罗马法是"普通习惯法走向现代之最伟大和最显著的行为"②。因此,萨维尼被认为是历史法学中罗马法派的分支,正好与艾希霍恩的日耳曼分支相对。也因为这一点,萨维尼的理论经常受到他人的反对,因为他的历史法学并没有使他真正地追寻德国法的民族精神,而是从外来法即罗马法中找德国法的渊源。

萨维尼以为,德国以前所普遍实行的法律是合适的,因为在特殊问题上有极大的差异和个性,在普遍问题上又有德国普通法作为总的基础,这些特点就将全德国各邦都联系和团结起来。他认为,在这种情况下,最有害的地方是对法律的轻易和反复的修订,甚至用修改的办法求得法律的统一与合宜。这样做所得到的好处,可能抵不上

---

① 西方法律思想史编写组:《西方法律思想史资料选编》,第534页。
② 转引自 Lloyd's, *Introduction to Jurisprudence* V4, p.787.

政治上的损失。照此办理,就根本没有一个清楚明了的法律渊源。萨维尼批评道,理性主义者认为理性为各个民族和各个时代所共有,因此需要也有可能有一部统一的法典。但可惜的是,整个18世纪德国都非常缺乏伟大的法学家。他声称,对于法学家来说,他必须具备两种精神:第一,他熟悉每个时代和每种法律形式细节,这是一种历史的精神;第二,他能够从每一个概念和每一个规则来看它和整体的生动关系,这是一种系统的精神。而18世纪的法学家具有这两种科学精神的极少。他说,正确评价一个人所生活的时代是非常困难的,精神工作仍落在科学的身上,因为只有科学为了未来,才能将其提到民族系统的行列中去。"实际上,这种改进几乎还没有动手去做,据此我否认我们有编纂一部良好法典的能力。"①

对于萨维尼的历史法学,人们评价不一。对他反对立法和法典编纂以及对于德国法学家的不信任,黑格尔说,"否认一个民族和它的法学界具有编纂法典的能力,这是对这一民族和它的法学界莫大的侮辱","最近有人否认各民族具有立法的使命,这不仅是侮辱,而且含有荒谬的想法……其实,体系化,即提高到普遍物,正是我们时代无限迫切的要求。"②马克思则从政治上对萨维尼的保守和反动进行了批判。到19世纪末,耶林和斯塔姆勒都批评了历史法学复古的倾向,而霍姆斯则指出萨维尼没有找到法律发展中的社会利益。③庞德把萨维尼的历史法学归纳成三个特征。第一,历史法学认为,法律是被发现的,而不是被创造出来的。这实际上是对于18世纪以来西欧广泛立法运动的一种反叛。第二,萨维尼用一种唯心主义的方法来解释历史,其中既有17—18世纪的自然法学的影子,也有19世纪黑格尔的历史哲学。第三,历史法学强调法律规则背后起作用的社会压力,从而使社会法学的出现开辟了道路。④

---

① 西方法律思想史编写组:《西方法律思想史资料选编》,第536—537页。
② 黑格尔:《法哲学原理》,范扬、张企泰译,商务印书馆1982年版,第220、221页。
③ 参见庞德:《法律史解释》,曹玉堂、杨知译,华夏出版社1989年版,第9—10页。
④ 同上书,第15—17页。

第三节 梅因的历史法学

一、梅因与萨维尼的理论异同

梅因(1822—1888年)是英国著名的法律史学家,其《古代法》是19世纪法律史的经典著作。在法理学上,他被认为是英国历史法学的代表,早期人类学法学的代表,比较法学的先驱。他写《古代法》的目的就是要研究古代法及其观念,古代法与现代法律观念的关系。这本著作建立在对于古代社会和法律广泛研究的基础上,其中包括古代罗马法、古代英国法和其他古代东方国家的法律制度,比如古代印度法。

梅因是历史法学在英国的代表,他受到萨维尼的影响,两人的理论和方法有相似之处。两人都有历史的倾向,都重视历史,倾全力于古代历史的研究,并都重视罗马法的资料。在梅因看来,早期法律制度有重大作用。早期法对于法学家,正如同地壳对于地理学家那样重要,因为它们潜在地包含了以后法律具有的一切东西。但梅因至少在以下两方面不同于萨维尼,从而使科学的分析代替了抽象的"民族精神":

1. 法律的进化

梅因认为,早期的古老观念可能被后来的发展所抛弃。这个观点部分地受到黑格尔的影响,部分地受到达尔文的影响。他提出法发展的一般历史公式是"一个从身份到契约的运动",即从奴隶、封建制的人身依附关系走向资本主义的人身自由。具体而言,法的发展有三个阶段,第一阶段是判决时期,第二阶段是习惯法时期,第三阶段是法典时期。之后"静止社会"停下来,仅有少数例外的"进步社会"才会继续改良其法律。改良的方法依其顺序,分别是法律的拟制、衡平和立法。

2. 不同法律制度的比较研究

这当然不是梅因的发明,孟德斯鸠和奥斯丁早就开始了比较的研究。但不同于萨维尼的是,他既研究罗马法,又研究英国法。在印度的经历,使他对许多鲜为人知和不很发达的制度进行早期民族的人类研究。所以,庞德说梅因习惯于研究法律制度而不是法律学说。他的比较研究方法对西方法律思想界的贡献是很大的。另一方面,梅因多少受到英国经验主义的影响,用科学的归纳方法考察历史,以便寻出法律进化的一贯路程,而不像萨维尼那样,用玄学构思,即以民族精神为基础建立一个一贯的法学理论,再根据这个理论演绎出其他种种法律现象。梅因也重视习惯法,甚至也承认"民族精神",但这些都是观察的结果,是从实在的历史中汲取的。另外,德国历史法学多少带点说明现行法的味道,要把既成的法律系统适合于现代的情况,而英国历史法学则认为,研究法就不能受现实法的限制。

梅因的理论涉及了古代罗马法、古代英国法、古代雅典法、古代日耳曼法和古代印度法,但是从总体上讲,他只是提及了印度法和日耳曼法,有所涉及英国法,更多地分析了罗马法。在梅因的心目中,罗马法是古代最成熟、最有代表性、最具典型性的古代法律。

在梅因心目中,罗马帝国的法律是现代法律制度的起点,所以,他所论述的古代法与现代精神的关系实际上只是论述了法律制度的发端到罗马帝国法律的演变。对于西欧中世纪的法律,梅因并没有涉及;对于资产阶级革命时期以及革命后的法律和法律理论,梅因要么不涉及,要么持批评态度。

梅因相信社会的进化和法律的进化,这不同于德国的历史法学,后者反对立法,反对法典编纂,反对变革法律的传统。梅因的这个特点,与达尔文的进化论有关,与黑格尔的辩证法有关,也与他研究过以印度为代表的东方古代法律有关。

二、法律发展论

在法律的历史发展论方面,梅因有他自己的总结。一般认为,19世纪是历史学的时代,梅因作为19世纪著名的学者,他采用的法律研究方法就是一种历史的研究方法。他说,要弄清罗马法成文法的传统与英国不成文法传统之间的差异,我们就有必要通过一种历史的研究方法,弄清法律概念的早期形式。他说,人类早期的法律基本观念对于法学家来说,就像原始地壳对于地质学家那样可贵。人类早期法律的观念,可能含有法律在后来表现自己的一切形式。这样一种调查研究的方法,与物理学和生物学的研究方法十分相似。

1. 个别判决、习惯法和法典

人类最早的法律概念,是一种被梅因称为"地美士第"的有人格的神,这个地美士第原是希腊神话中宙斯的陪审官,后来被视为希腊万神中的司法女神。国王的判决是他直接灵感的结果,他把司法审判权交给国王或者上帝的神圣的代理人,这就是地美士,其复数形式为地美士第,意指审判本身,是神授予法官的。但是梅因说,地美士第不是法律,而是个别的、单独的判决。地美士第或者判决概念之后的概念,就是"习惯"。近似案件的近似判决,就有了习惯的胚种或者雏形。在人类的初生时代,不可能有任何的立法机关,甚至一个明确的立法者,贵族是法律的受托人和执行人,他们垄断着法律的知识,对于决定争议所依据的各项原则有独占的权利。这是一种习惯法的时代,"习惯"或者"惯例"现在已成为一个有实质的集合体而存在,并为贵族阶层或者阶级所精确知道。司法特权掌握在贵族的手里,通过这种方法,一个民族或者部落的习惯被正确地保存着。梅因说,"习惯法"为一个特权阶级所秘藏,这是一个真正的不成文法。我们说,英国法是一种不成文法的国家,这只是在英国普通法的一段时期如此,实际上,英国法律是成文的判例法,它和法典的不同之处,只在于它是用不同的方法写成的。威斯敏斯特法院确立后,不论是根据年鉴还是根据其他资料判决,他们所执行的法律已经是成文法。"习惯法"阶段之后,便是"法典"的阶段。罗马"十二铜表法"是最著名的范例,在希腊,在意大利,在西亚,法典到处可见。在这所有的国家,到处都把范例铭刻在石碑上,向人民公布,以代替一个单凭有特权的寡头统治阶级的记忆的惯例。这类法典的价值不在于其分类的匀称或者用词的简练,而在于它们为公众所知,通过它,人们知道应该做些什么和不应该做些什么。在西方的每个共和国的初期就获得了一个法典,这里除了罗马十二铜表法外,还有希腊的梭伦的阿提客法典、德里科法律。它们中间混杂着宗教的、民事的以及仅仅是道德的各种命令。在东方,各国社会编制法典要比西方国家迟得多,并且也有自己的特点,其中的典型是印度的"摩奴法典"。

2. 法律拟制、衡平和立法

当原始法律一经制出法典,所谓法律自发的发展便告中止。自此以后,对于它有着影响的事物,便是有意的和来自外界的。法律的改进和有意识的活动联系在一起,这是和原始社会所不同的东西。在法典时代开始后,静止的社会和进步的社会之间的区分就开始暴露出来。极端少数的进步社会,即西欧社会的法律进一步向前发展,而大部分的东方静止的社会,法律的发展停滞了。"不是文明发展法律,而是法律限制着文明"①,印度如此,中国也如此。而且,梅因说,在人类民族之间,静止状态是常规,而进步恰恰是例外,因为法律是稳定的,社会的需要和社会的意见常常是或多或少走在法律的前面。人类可能非常接近地达到它们之间缺口的结合处,但是永远存在的倾向是要把这个缺口重新打开。梅因说,他研究的社会是进步的社会,所以,人民幸福的或大或小,完全决定于缺口缩小的快慢程度。要使法律和社会相互协调,就需要法律改进的各种方法,梅因说,在他看来,"这些手段有三个,即'法律拟制'、'衡平'和'立法'"②,其发展顺序即上述的排列。法律的拟制要比罗马诉讼制度中的拟制概念广泛,它"掩盖、或目的在掩盖一条法律规定已经发生变化这事实的任何假定,其时法律的文字并没有发生改变,但其运用则已经发生了变化"③,英国的判例法和罗马的法律问答都是以拟制为基础的,两者在事实上都发生了变更,但是拟制保持和以前一样。法律拟制的作用在于,它能满足改进的愿望,而同时又不触犯当时始终存在的、对于变更的迷信般的嫌恶,最典型的法律拟制,便是收养的拟制,这种制度使人为地产生血缘关系成为可能。"衡平"与拟制的不同在于,它能够公开地、明白地干涉法律;它与立法的不同在于,它的权力基础不是建立在任何外在的人和团体的特权之上,而是建立在它特殊的原则之上,即一切法律应该予以遵循。罗马裁判官的衡平和英国大法官的衡平就属于这种情况。"立法"是一个立法机

---

① 梅因:《古代法》,商务印书馆1959年版,第14页。
② 同上书,第15页。
③ 同上书,第16页。

关制定法律的活动,立法是现代法律的创造活动,因为梅因的注意力在于古代法,所以他详细地阐述了法律的拟制和衡平。

法律拟制的例子,可以在任何正常发展中的法律规定中找到,它们完成着双重的任务,一是改变一个法律制度,一是掩盖这种改变的效果。在英国的法律审判中,理论上讲,法官不能改变法律的一丝一毫,但是在实际上不断地扩大、变更和改进法律。在判例中和在法律报告中,存在一种双重言语,存在一种双重的互不一致的两套信念,这就为法官的拟制提供了机会,一旦判决被宣告并记入记录后,一种新的言语和一串新的思想就不自觉地、不公开地进入判决,这时,新的判决已经改变法律。梅因说,13世纪的法官们掌握着一套不为律师和一般民众知晓的法律宝藏。在罗马,法律的拟制是"法律解答",即"法学家的问答"。同样,古老的法典原文应该保持不变,但是冠以重要法学专家名字的法律解答汇编不断地变更、扩大、限制或者在实际上废弃十二铜表法的规定。法学家们非常专注地尊重着法典的原来文字,只是在不断地解释、阐明和引申,最后得到多种多样的法律准则,而这些准则是十二铜表法的编辑者所梦想不到的。与英国不同的是,罗马法律学的权威不是法官,而是律师。

有些法律原则由于固有的优越性而有代替旧有法律的权利,这一类原则存在于任何法律制度中,这就是衡平。罗马法的衡平法在结构上是比较简单的,它是罗马法学家用以称呼法律变化的方法之一。法学阶梯说,一个国家的人民受到两种法律的支配,一是国家的特定法律,一是全人类的共有法律。后者基于人类的自然理性,它是衡平的渊源,也是裁判官带入到罗马法律学中的元素。它有时称为万民法,有时称为自然法。英国的衡平是与衡平法联系在一起的,它的结构比较复杂。英国的衡平和罗马的衡平也有一些共同之处,第一,当新的道德原则进入到法律领域后,这些道德原则变得与法律一样生硬、没有伸缩性,最后同样落后于道德的进步。第二,衡平优于原有法律规定的主张,是一种虚构。人们厌恶法律的变化,同时人类不得不追求道德的进步。梅因认为,法律拟制和衡平是与现代的立法是不一样的,"在一个国家还是青年和幼年的时代,绝少要求借助于立法机关的活动以求对私法作一般的改进。人民所要求的不是变更法律……人民的要求只在能纯洁地、完善地和容易地执行法律;一般是在要除去某种大积弊,或是要处理阶级与阶级之间某种不可调和的争执时,才求助于立法机关。"①比如,西拉的哥尼流律,恺撒的制定法,奥古斯都的朱理亚律,以及后来的查士丁尼法典,直到这时,一个制定法和一个有限的释义得以产生,一个永久的上诉法院和一个特许的评释集随后产生,这样,法律的发展就开始接近于今日的观念。

三、对自然法理论的评价

应该说,梅因对于近代的自然法理论有着中肯的评价。他说,"自然"一词,在希腊语中是 φυσιξ,拉丁文是 natura,英文是 nature,其含义是物质宇宙,它是指运动、强力、火、湿气、生殖。后期的希腊学者在自然的概念中,在物质的世界加上了一个道德的世界,使其含义的范围加以扩展,不仅包括有形的宇宙,而且包括了人类的思想、惯例和希望。"自然"含义的扩充是与斯多葛主义"按照自然而生活"的道德格言密不可分的,法学家与斯多葛哲学的联盟,延续了数个世纪之久。从总体上看,罗马人在法律改进方面,当受到"自然法"理论的刺激时,就发生了惊人的进步,"单纯化和概括化的观念,是常常和'自然'这个概念联系着的;因此单纯匀称和通晓易懂就被认为是一个好的法律制度的特点"②。

梅因说,自然法从实际的效果讲,是属于现代的产物,这是一种不问过去只向将来寻求完善典型的倾向。梅因评论说,这个理论在哲学上虽然有其缺陷,但是我们不能因此而忽视其对于人类的重要性。"如果自然法没有成为古代世界中一种普遍的信念,这就很难说思想的历史、因此也就是人类的历史,究竟会朝哪一个方向发展了"③。自然法在古代能起到作用,是与法律在其早期所面临的两种危险联系在一起的。第一,法律发展得太快,因此不能产生一种持续

---

① 梅因:《古代法》,第25页。
② 同上书,第33页。
③ 同上书,第43页。

的法律学制度,一个社会要得到一个完美的判决,就需要一个变通的方法和一个持久的概念,而自然法就可以提供这种方法和概念。自然法可以使人们在想象中出现一个完美法律的典型,它能够产生一种无限接近这种完美的希望,又不至于被法律实务者和市民所否认。从这一点讲,自然法的作用是补救性的,而不是革命性的或者无政府状态的。第二,原始法律的僵硬性阻碍了人类的进步,它束缚了人类的行动和见解。梅因说,在古代人那里,我们不能指望他们有一个明白的改良规则,不能指望他们像边沁那样提出一种为了社会幸福的补救立法的正当目的,他们不具有一种博爱的观念,他们只有一种近似于文雅的东西。在这样的情况下,自然法的产生就不可避免。梅因认为,假设不是自然法的理论提供了一种与众不同的优秀的典型,我们就找不出为什么罗马法优于印度法的理由。

梅因说,自然法的理论是一切特殊观念如法律、政治和社会的渊源,在一百年里通过法国传遍了世界。梅因指出,西方现代法律科学产生于意大利,意大利大学法律知识的传播和向欧洲其他国家的渗透,最后在法国产生了深远的影响,法学家在法国史上的地位,法律概念在法国思想史上的地位,始终是巨大的。法国法学家的地位是特殊的,一个方面,法学家成为国内最有教养的并且是最有势力的阶级,"不论他们是辩护人,是法官,还是立法者,在其性质上他们都远超过全欧洲的同辈。他们的法律技巧,他们的能言善辩,他们的善于类比和调和,以及他们对公正概念的热诚……同样是十分引人注意的"[①]。另外一个方面,他们要执行的法律制度,与他们所养成的习性,即对于概括和一般命题的崇拜,完全不同。在法官,形成了成文法区和习惯法区,法律上异常参差,层次上异常复杂。这时需要一种方法来调和这些矛盾,这就是自然法,于是,自然法跳过了所有的省市界限,一定程度上,自然法成为法国的普通法,承认它的尊严和要求已经成为所有法国法律实务者一致同意的一个哲理。早先,自然法是一种指导实际的理论,到后来,它变成了一种纯粹理论的信条。孟德斯鸠《论法的精神》的出版,进一步加大了自然法的影响,而卢

---

① 梅因:《古代法》,第48页。

梭的出现,使自然法达到一个前所未有的高度。梅因对卢梭的评价是,他是一个非常的人,他没有学识,很少美德,并且也没有十分坚强的个性,但由于一种鲜明的想象力,以及他对于人类的真诚热爱,却使他成为历史上不可磨灭的人物。他说,在他自己那一代中,从来没有看到过一个文件像卢梭的《社会契约论》那样,曾对人类的心灵、对知识分子的躯体和灵魂产生过如此大的影响。这是在贝尔、洛克和伏尔泰破坏原有偶像之后,重建人类信念的第一次尝试。在卢梭的理论中,其中心人物是在一种自然状态中假定存在的人,在这些人看来,凡是合乎自然的就是美好的。卢梭的作用是使自然法的理论从自然法律转变到了自然状态,卢梭的信念是,一个完美的社会秩序可以求之于单纯的对自然状态的考虑,这种社会秩序完全同世界的实际情况没有关系。梅因认为,这种理论是粗糙的,是历史研究的劲敌,但是它也不失可赞美之处,自然法学及其法律观念之所以能保持其能力,主要是它能将各种政治及社会倾向连接在一起,紧紧握住了那些思想得少、同时又不善于观察的人。梅因总结说,自然法"明显地大量渗入到不断由法国传播到文明世界各地的各种观念中,这样就成为改变世界文明的一般思想体系的一部分"[①]。

梅因从两个例子说明自然法对于现代法律的影响,第一是"法律面前平等"的命题;第二是国际法的概念。梅因说,人类根本平等的学理,来自自然法的一种推定。"人类一律平等"是大量法律命题之一,随着时代的进步已成为一个政治上的命题。在罗马法学家那里,"每一个人自然是平等的"是一个严格的法律公理,在他们的心目中,罗马市民和外国人之间,人民与奴隶之间,宗亲和血亲之间,不应该有区别。但是,当人类平等学说披上了现代服装而出现时,它显然已包藏着一种新的意义。罗马法学家使用的字眼是"是平等",而现代民法学家使用的是"人类应该平等"。到1789年以前,自然法基本还是一种在学者中间流传的学说,到18世纪中叶,自然法学说传播到美国,在杰弗逊的著作中,在"独立宣言"开头的几行中,我们可以看出法国当时半法律、半通俗的时尚见解对于美国开国者的影

---

① 梅因:《古代法》,第52页。

响。主张人类根本平等的理论在美国推动了一场政治的运动,而且反过来还给了法国本土,赋予了更巨大的能力,并且使它受到了一般人更大的欢迎和尊敬,并且在所有1789年的各种原则中,这是唯一最少受到攻击、最彻底影响现代意见并最深刻地改变社会构成和国家政治的原则。自然法所尽的最大职能是产生了现代国际法和现代战争法。格老秀斯就是运用自然法的理论建立国际法学说的,他继承了罗马法学家关于"万民法"和"自然法"同一的观点,使自然法成为一种权威,主张自然法是各国的法典,于是将自然法的概念灌输到国际制度中去。各个国家在其相互关系上处于一种自然状态下,他们相互独立、相互分离,也是相互平等的,从各种惯例中抽象出来的一般概念成为各国共有的法律,由于它们的单纯性,它们更相似于一个近代的自然法概念,它们就如此地被编进了国际法。梅因对于格老秀斯的国际法理论评价并不高,他认为格老秀斯的理论"将有四分之三无法加以运用","很可能会被法学家所抛弃,被政治家及士兵们所藐视",当时,他也承认,格老秀斯理论上的完善性,决定了他的著作描绘出了"国际大厦的基本图样"①。

四、古代法律制度的发展史

作为一个法律历史学家,梅因对于人类法律的早期史有着深刻的研究,并把这种人类的早期史与成熟法律联系起来。这里,梅因所理解的成熟法律,是从罗马共和国时代开始的法律制度。下面就梅因所分析的几个方面的法律制度作出一些介绍。

1. 人法

梅因说,法律的起源理论是多种多样的,洛克为代表的社会契约论者认为,法律起源于一种社会契约,但是,这种理论以人类的、非历史的、无法证实的状态作为他们的基本假设。孟德斯鸠认为法律是气候、当地情况、偶然事件或欺诈的产物,但是,他低估了人类本性的稳定性,他所采用的材料是虚构的,是错误的。边沁和奥斯丁把法律视为一种特殊的命令,但是许多问题仍然是悬而未决。所有这些理

---

① 梅因:《古代法》,第64页。

论,最大的问题是,它们都忽视了法律在其早期的状况。梅因的工作,就是想要探究这些人类的古代法。

梅因认定,原始时代的社会,是一个许多家族的集合体,而不是一个个人的集合体。如果说一个古代社会的单位是家族,那么一个现代社会的单位则是个人。在古代法中,家父或其他祖先对于卑亲属的人身和财产有终身的权力,这种权力,梅因采用罗马的名称,即"家父权"。通过详细的考证,梅因说,由"家父权"结合起来的"家族"是全部"人法"从其中孕育而产生出来的卵巢。梅因说,经过研究古代法"人法"各章之后,结论是,各国的民法,在其最初出现时,是一个宗法主权的"地美士第",每一个独立族长可能向他妻子、子女以及奴隶任意提出的不负责任的命令,这时,法律的约束力只涉及"家族"而不是个人,议会的立法和法院的审判只能及到家族首长,至于家族中的每一个个人,其希望的准则是他家庭的法律,以"家父"为立法者。随着法律的发展,即拟制、衡平和立法的过程,大量的个人权利和大量的财产从家庭审判中转移到公共的法庭之内。政府法规逐渐在私人事件中取得了同在国家事务中所有的同样的效力。有些新的制度被保持原状一直传到了现代世界。梅因说,每个进步社会的发展是一致的,其特点是家族依附的消灭和代之而起的个人义务的增长,个人不断代替了家族,成为民事法律的考虑的单位,用以代替原来家族各种权利义务的东西便是"契约"。在以前,"人"的一切关系都是被概括在"家族"关系之中的,这是一个起点,在以后的发展中,所有的这些关系都是因"个人"的自由合意而产生。在西欧,奴隶的身份被消灭了,代替它的是雇佣关系,夫妻关系和父子关系也发生了变化,当他们成年以后,就变成了一种契约的关系。梅因总结说,如果我们把身份这个名词用来表示一种人格状态,"则我们可以说,所有进步社会的运动,到此处为止,是一个'从身份到契约'的运动。"[①]

2. 遗嘱继承法

遗嘱法的内容多,时间长,它在社会状态很幼稚的时期就开始

---

① 梅因:《古代法》,第97页。

了,与其他法律部门不同,遗嘱法在封建时代很少受到中断。野蛮人没有"遗嘱"的概念,在早期日耳曼人的成文法中,完全没有遗嘱的痕迹,只是后来才从罗马帝国的法律中得到"遗嘱"的概念。另外,教会法对遗嘱的发展起着重要的作用。

现代遗嘱法的特点是,第一,它只有死亡时才发生法律效力,第二,它是秘密的,第三,它是可以取消的。但是,从古代法的情况看,人类早期的遗嘱缺少这些特点。现代遗嘱起源于"遗命",而遗命在最初是立即生效的;不是秘密的,是不可取消的。在所有自然生长的社会中,早期的法律学不准许或者根本没有考虑到"遗嘱权",只有法律发展到后来的阶段,才准许在一定限制之下,使财产所有者的意志能胜过他血亲的请求。古代法遗嘱继承是一种"概括继承"制度,即在继承全部权利的同时,也承担其全部的义务。罗马人对于继承权的定义是,"继承权是对于一个死亡者全部法律地位的一种继承",意思是说,死亡者肉体人格虽已死亡,多少他的法律人格仍旧存在,毫无减损地传给其继承人或共同继承人。这与古代法中人法的特点有关,即人属于一个家族,财产是家族共有的财产。每一个人首先是一个公民,其次是一个氏族或者部落的成员。作为社会的单位的,不是个人,而是由真实的或者拟制的血缘关系结构起来的许多人的集体。族长的死亡是一个完全无关紧要的事件,原来依附于死亡族长的种种权利义务关系,将毫无间断地依附于其继承人,只是换了一个名字而已。以人和人的关系,来代替人和家族的关系以及家族和家族的关系,是后来的事情,在这个时候,遗嘱变成了变更社会的有力工具,即一个方面它们刺激着财产的流转,另外一个方面,它们在财产所有权中产生了可塑性。

按照罗马法的物法的遗嘱继承法,继承人的顺序首先是正统或者为解放的直系卑亲属,其次是最近的宗亲,再次是同族人和氏族中的集体成员。只有在遗嘱人没有可以发现的同族人或者在同族人放弃权利时,才可以立遗命,并且每一个遗命都要在罗马氏族大会上讨论。随着历史的发展,平民遗嘱取代了先前的遗命,对现代文明发生深远的影响,这种制度来自曼企帕因,即古罗马的让与制度。曼企帕因需要严格的程式和复杂的仪式,这是市民社会的开端,这时的遗嘱是不可撤销的,不是秘密的,是可以附条件或者期限的。当罗马裁判官在处理遗命时,习惯于按照法律的精神而不是法律的文字来举行仪式。不定期处分在不知不觉中成为成规定例,直到最后,一种完全新的遗嘱成熟,新的或者是裁判官的遗命从大法官或者罗马的衡平法取得其全部的稳定性。到了盖尤斯时期,遗嘱才取得秘密的性质和可以撤销的性质。

3. 财产法

梅因说,一般认为,财产起源于先占,在罗马法中,先占是属于取得财产的自然方式之一,指蓄意占有在当时为无主的财产,目的在于将财产据为己有,比如,猎人捕获野兽,河流淤积形成土地,树木的自然生长等等,这种制度来源于万民法或者自然法。现代人继承了这种理论,并且将自然的假说进一步扩展,他们假定在人类早期的确存在着一个无主物的先占时期,通过先占这个手续,原始社会的无主物件在世界历史中成为个人的私有财产。布莱克斯通的说法是:根据自然法律和理性,凡是第一个开始使用它的人即在其中取得一种暂时所有权,只有他使用着它,这种所有权就继续存在;当人类日益增加,就有必要接受较永久的所有权概念,不是仅仅将眼前的使用权而是要把将被使用的物件的实体拨归个人所有。萨维尼关于财产起源的看法是:一切所有权都是因时效而成熟的他主占有。他的这个概念包括三个要素:"占有","他主占有",即对世的绝对占有,和"时效",即他主占有不间断地持续到一定的期间。梅因评析到,这些对于财产起源的描述,与历史的真实事实严重不一致。他说,真正古代的制度很可能是共同所有权而不是个别所有权,即使存在类似于财产的形式,它们也和家族权利及亲族团体权利有联系的形式。梅因的看法是:"私有财产权,主要是由一个共产体的混合权利中逐步分离出来的各别的个人权利所组成的"[①]。

从共同所有权到个别所有权的分离,实际上就是财产法的发展过程。古代的财产是不分割的,随着社会的发展,人们通过各种方法消除对于物件使用和自由流通所加的障碍,其中主要的方法之一是

---

① 梅因:《古代法》,第153页。

对于财产的分类,将一种财产定位于较贵重的财产,限制其移转和继承,将另外一种财产定位于不贵重的财产,免除这种财产上的种种限制;再经过一定时期的改革后,不贵重财产的可塑性就传到了较贵重的财产上。"罗马'财产法'的历史就是'要式交易物'和'非要式交易物'同化的历史。在欧洲大陆上的'财产'史是罗马化的动产法消灭封建化的土地法的历史,在英国……动产法是在威胁着要并吞和毁灭不动产法。"①以罗马为例,"要式交易物"包括土地、奴隶和负重的牲畜,比如牛和马,这些都是农业劳动的工具,对于一个原始民族很重要,这种财产的让与和移转的方法必须采取曼企帕因的形式,而对于其他物件,即"非要式交易物",它们的移转方式没有必要采取全部的曼企帕因形式,而只需要通常手续的一部分,即实际送达、实物移转或者交付、随着法律的发展,"要式交易物"的目录不可改变地固定下来,而"非要式交易物"的目录却在无限地扩大。人类每一次对于物质世界新的征服,就在"非要式交易物"上添加上了一个新的项目,或对于目录的一次修改。不知不觉中,非要式交易物与要式交易物处于平等的地位,罗马法学家专心一致地运用着法律的拟制和衡平,使得"交付"能够具有"曼企帕因"的实际效果。到了查士丁尼时代,"要式交易物"和"非要式交易物"之间的区别已完全消失,"交付"和"送达"成为法律所承认的最大财产让与形式。

  另外一种消除对于所有权限制的方法是"时效取得"制度,它是指,凡是曾被不间断地持有一定时期的商品即成为占有人的财产。占有的期限是短暂的,依商品的性质而定。"时效取得"的条件首先是善意的他主占有,即占有人必须认为他是合法地取得财产,其次是商品转移给他时所采用的形式至少为法律所承认。"时效取得提供了一种自动的机械,通过了这个自动机械,权利的缺陷就不断得到矫正,而暂时脱离的所有权又可以在可能极短的阻碍之后重新迅速地结合起来。"②现代法学家对于"时效"的看法,起先是嫌恶,后来是勉强赞成。"时效取得"在相当地延长之后,就成为"时效",它最后几

---

① 梅因:《古代法》,第 155 页。
② 同上书,第 163 页。

乎为所有现代法律制度所普遍采用。还有一种方法就是法院及其诉讼手续对于财产的影响，法院区分"法律"和"衡平"的方法来形成和改变财产所有权的各种概念。在罗马法中，有所谓的"拟诉弃权"，即在一个法院中对于要求让与财产的一种串通回复。原告用一种普通形式的诉讼请求诉讼标的；被告缺席，商品就当然地判定给原告。

4. 契约法

梅因声称，我们今日的社会和以前历代社会之间所存在主要不同之点，在于契约在社会中所占的范围的大小。旧的法律是在人出生时就不可改变地决定了一个人的社会地位，现代法律则允许他用协议的方法来为其自己创设社会地位。

梅因说，在原始社会组织中，个人不为自己设定权利，也不为个人设定义务。他所遵循的规则，首先来自他所出生的场所，其次来自他作为其中一员的户主为他所下的强行命令。在这种制度下，就很少有"契约"活动的余地，同一家族的成员之间是完全不能相互缔结契约的，对于其从属成员中任何一人企图拘束家族而做出的合意，家族有权置之不理。但是，无论是古代法还是任何其他证据，都没有告诉我们有一种毫无契约概念的社会。不过，这种概念在最初出现时，显然是极原始的，与成熟时期的契约间存在着一个很远的距离。成熟法律着重于口头同意的心理条件，而古代法则着重附着在仪式上的言语和动作。从古代法到成熟法的发展是有一个过程的，起初，仪式中的某个步骤省略了，后来其他的也省略了，最后，少数特殊的契约从其他的契约中分离出来，可以不通过任何仪式而缔结定约。"心头的约定从繁文缛节中迟缓地但是非常显著地分离出来，并且逐渐地成为法学专家兴趣集中的唯一要素。这种心头约定通过外界行为而表示，罗马人称之为一个'合约'或'协议'；当'协议'一度视为一个'契约'的核心时，在前进中的法律学不久就产生了一种倾向，使契约逐渐与其形式和仪式的外壳脱离。"[①]在这以后，形式只是在为了要保证真实性和谨慎细心时，才加保留，契约的概念于是就发展了，用罗马人的用语则是"契约"吸收在"合约"中了。

---

① 梅因：《古代法》，第177页。

在罗马法中,契约的名词是用拉丁文"耐克逊"来表示的,耐克逊具有许多的含义,后来通过实际运用逐渐演变成专门的契约。以买卖为例,出卖人带着他的奴隶,买受人带着金钱(例如铜)和他的助手司秤及天平秤。通过规定的程序,奴隶被移转给买受人。这个交易,我们称之为耐克逊,买卖的双方是"耐克先",交易完成,耐克逊即告终止,这是第一步。随着商业的发展,奴隶转移了,但是没有付钱。这时,就出卖人而言,耐克逊终止,但是就买受人而言,耐克逊继续存在,因为他的交易尚未完成。这时,这一名词既具有财产移转的让与之含义,又具有未偿付的个人债务,这是第二步。进一步,这个程序中,既没有东西移转,又没有东西偿付,这就是一种更高级的商业交易活动,是一种将来生效的买卖契约。因此,耐克逊的原意是一种财产让与,在不知不觉中也用来表示一个契约。"现在,契约便从让与中分离出来,它们的历史的第一阶段于是完成了"[①],但是还要进一步地发展,这就是"合意"概念的出现,梅因称它为罗马法学家智慧最美丽的纪念碑,其成功之处在于把"债"和"协议"或者"合约"区分开来。梅因说,一个"契约"是一个"合约"加上一个"债",而"债"的含义,按照罗马法学家的看法,是"应负担履行义务的法锁",即法律用以把人或集体的人结合在一起的束缚或锁链。"在进步的罗马法中,'协议'在完成以后,几乎在所有的情况下,都立即把'债'加上去,于是就成为一个'契约';这是契约法必然要趋向的结果。"[②]在这个时期,契约分为四类:"口头契约"、"文书契约"、"要物契约"和"诺成契约"。

口头契约是四类契约中最古老的一类,其中,协议完成后,必须要经过一种言辞的形式,即约定或者一问一答,才能使法锁附着在上面。在文书契约中,登入总账簿或记事簿才能使协议具有债的效力。在要物契约中,作为预约的物被送达时,才产生同样的结果。诺成契约是最后的一种,也是最重要的一种,诺成是双方当事人的同意,诺成意味着"债"附着于诺成,它是协议中最后和最主要的要素。在这

---

① 梅因:《古代法》,第182页。
② 同上书,第183页。

个名称下有四种特殊的契约,它们是:委任或称受托或称代理;合伙;买卖和租赁。诺成契约"在契约法史上开创了一个新的阶段,所有现代契约的概念都是从这个阶段发轫的"①。梅因总结说,罗马法的契约史,是从耐克逊到约定,从约定到文书,从文书到要物契约,最后从要物契约到诺成契约的发展,这个过程是一种从粗糙的概念到精练的观念的发展,在某种程度上,古罗马的契约史,是其他古代社会中这类法律概念的历史典型。

在这里,梅因引申出另外两个结论。其一是罗马契约理论的生命力,这主要涉及近代的社会契约论。梅因认为,近代社会契约论者借用了罗马的契约理论,特别是他们的准契约的理论,认为社会契约论完全来自法律学的纯理论,是一种最有系统的形式。首先是英国人运用了它,因为可以在政治上利用它,用以描述君主和臣民的权利义务关系;法国人随后将它来解释所有的政治现象,这个学说"在法国人手中发展成为社会和法律一切现象的一种广博的解释……罗马契约法律学提供了一套文字和成语,充分正确地接近当时对于政治责任问题所具有的各种观念。"②正像反对近代自然法理论一样,梅因也同样反对近代的社会契约论,他认为社会契约论者对于契约史"或者是一无所知,或者是漠不关心",他们满足于将其理论停留在"一个巧妙假设或一个便利的口头公式的情况中",他们所谓的法律起源于契约的理论只是具有"一种虚伪的真实性和明确性"。③ 另外的一个引申是对于罗马和英国法律学的称颂。梅因说,一个特定社会的法律的精通,依赖于全国智力的比例和时间的长短。一个年轻的国家最早的智力活动是研究它的法律,随着艺术、文学、科学和政治的产生和发展,智力不再为法律所垄断,法律学的实践限制于一个职业界的范围之内,但是即使如此,它仍然有其吸引力,一是因为法律本身的引人之处,二是因为它所能获得的酬报。到罗马"共和国时代的末期,法律是除了有将军天才的人以外一切有才干的人的唯

---

① 梅因:《古代法》,第189页。
② 同上书,第195页。
③ 同上书,第175页。

一天地",到了帝国时代,通过法律职业,一个有才干的人"可以到达财富、名誉、官职、君主的会议室——甚至可以达到王位的本身"①。

5. 侵权和犯罪

梅因的一个重要论断是,一个法律制度是否成熟,与它的民法和刑法的比例相关。法典越古老,它的刑事立法就越详细越完备。落后的日耳曼法,民事部分比刑事部分要狭小得多,先进的十二铜表法,民事法律占有相当大的篇幅。

梅因认为,在古代社会,刑法并不是犯罪法,而是不法行为法,用英国的术语,它是侵权行为法。在现代社会,人们区分对于国家、社会的犯罪和对于个人的犯罪,前者指的是犯罪,而后者指的是不法行为。但是这种区分并不是自古就有的,在古代法中,被害人可以普通民事诉讼对于不法行为人提起诉讼,如果他胜诉,就可以取得金钱形式的损害赔偿。在古罗马法中,民事不法行为包括盗窃、凌辱、强盗、侵扰、文字诽谤和口头诽谤,都可以用金钱支付以为补偿。在日耳曼法中,从杀人到轻微伤害,都有一套金钱赔偿的制度。在古代英国,自由人的生命、伤害、民权、荣誉和安宁,都可以用金钱来补偿。"在法律学的幼年时代,公民赖以保护使不受强暴或诈欺的,不是'犯罪法'而是'侵权行为法'"②。

当把不法行为视为对于国家或者社会的侵犯的时候,真正的犯罪学就应运而生。在古罗马共和国的幼年时代,对于严重妨碍国家安全或者国家利益的每一种罪行,都由立法机关制定一个单独的法令加以处罚。这就是对于一个犯罪的最古老的概念,即犯罪是一种涉及重要结果的行为,对于这种行为,国家不交给民事法院或者宗教法院审判,而专门对于犯罪者制定一个特别法律予以处理。因此,每一个起诉都用一种痛苦和刑罚状的形式,而审判一个犯人所用的一种诉讼程序是完全非常的、完全非正规的、完全与既定的规则和固定的条件相独立的。最古的犯罪法院只是立法机关的一部分或者委员会,在雅典是执政官和元老院,在罗马是平民法院或者委员会。当有

---

① 梅因:《古代法》,第203—204页。
② 同上书,第209页。

了演变的审判权的时候，正规的犯罪法律学就有了雏形。真正的犯罪法产生于公元前149年，这时有了特定的制定法，有了第一个永久审判处。

原始犯罪法史分为四个阶段，第一阶段，国家意识到了受到侵犯，共和国直接干预，对于侵犯者予以报复，以痛苦和刑罚状对具体的侵犯者予以刑罚。第二阶段，随着犯罪种类的增加，立法机关委托特别的审问处或者委员会对特定犯人进行特定的处罚。第三阶段，立法机关定期任命专门委员，处理可能发生的犯罪或者预防犯罪。第四阶段，审问处变成永久性的法院，犯罪和刑罚有了文字的说明和宣布。在罗马，最后一批审问处是由奥古斯都皇帝设立的，从这个时候起，罗马人可以说已具有一个相当完全的犯罪法了，这时，不法行为变成了犯罪。

历史法学盛行了近一个世纪，在19世纪上半期，它处于强有力的地位，到了19世纪末，它逐渐走向衰落。1888年斯坦姆勒在其《历史法学的方法》中，对于历史法学予以严厉地批判，法国的一位历史学家指责历史法学的保守和对于法律进化的否定态度，1897年霍姆斯在其著名的《法律的道路》中，指出了历史法学的根本错误，这就是，没有有意识地考察法律所体现的社会利益，对法律的改进持一种否定的态度，没有确立起一种有效的适用于现实需要的法律基本观念。在历史法学解体的过程中，有的人通过功利主义转向到法律实证主义，有的人转向到了法律的经济历史解释，有的人区分"历史的方法"和"历史学派"，坚持一种纯粹的历史描述方法。耶林的目的法学广泛传播后，历史法学作为一个学派最后为社会法学所吞并和吸收。对于历史法学有着重要贡献的科勒，则转向了新黑格尔主义法学，在他的理论中，他认为法律的发展中存在一种创造性的因素，过去的法律是由当时的文明程度所决定的，当社会发展之后，必须改变旧的法律以符合现代文明的要求。①

---

① 参见庞德：《法律史解释》，第9—10页。

第七章 社会法学

第一节 社会法学的一般特点

一、社会法学的界定

对法律进行一种社会学的解释,产生于19世纪末,故又称社会学法学。这种理论及其方法有三种名称,一是社会学法学,二是社会法学,三是法律社会学。三种名称实质上是指同一含义,只是各个思想家所研究的角度和着重点不同而已。但他们都以社会学观点和方法研究法,认为法是一种社会现象,强调法对社会生活的作用和效果以及各种社会因素对法的影响,并认为法或法学不应像19世纪那样强调个人权利和自由,而应强调社会利益和法的社会化。

这种理论的创始人是法国的孔德,其后有英国的斯宾塞、奥地利的贡普洛维奇等人。到了20世纪,这种理论蓬勃发展,其主要代表人物是埃利希、庞德和坎托罗维奇。另外,有一些社会学家也从社会学的角度来研究法律的问题,有的学者也就将他们也列入社会法学的范围之内,比如杜克海姆和韦伯。他们与早期社会学法学家不一样,他们不仅主张法律是一种社会现象,而且特别强调法的社会作用和效果;他们不仅强调个人的权利和自由,而且强调社会利益和社会调和,他们不是仅仅从人文科学、生物学、心理学等某一个单独的角度去解释法律,而是综合各门学科解释法律现象。按照庞德的解释,社会学法学与其他法学的主要区别有以下几点:第一,社会学法学着重法的作用而不是它的抽象内容;第二,它将法当作一种社会制度,认为可以通过人的才智和努力,予以改善,并以发现这种改善手段为己任;第三,它强调法要达到的社会目的,而不是法的制裁;第四,它认为法律规则是实现社会公正的指针,而不是永恒不变的模型。

二、社会法学的一般特点

尽管社会学法学在 20 世纪因各学派的观点有所不同,但各派的许多基本观点是极为类似的,我们可以这样总结:

1. 社会学和实证主义几乎是同时产生的,两者都与孔德有关。这些理论是革命性的,它们彻底地改变了社会科学的研究方法和研究领域。这两种方法都应用到了法学的领域,前者的应用就是这里所讲的社会法学,后者的应用则是分析实证主义法学。

2. 社会法学的发展至为迅速,从现在的情况下,法理学和社会法学几乎成了两个相提并论的学科,而社会法学的书籍几乎超过了法理学的文献。从传统的意义上看,我们还可以说社会法学是法理学的一种研究方法,但是现在我们似乎不能这样讲了,因为社会法学的理论和方法太庞杂、太不一致,社会法学的研究人员也太广泛。

3. 一般认为,社会法学的特点,一是应用社会学的方法研究法律的问题,二是强调法律所保护的社会利益,即法律在保护个人权利的同时,也强调个人对于社会的义务。至于前者,我们可以认为,社会法学开辟了法学研究的新思路和新领域,至于后者,则是现代社会的产物,除了社会法学之外,其他现代法学同样强调个人权利和社会利益的结合。值得注意的是,社会法学已经不同于传统的法律哲学,它们很少探讨那些原来属于法哲学的问题,比如法律的本质,法律的结构,法律的理想,而是更多地探讨法律的具体问题,比如法律的社会中的作用及其这种作用是如何发生的,法律的效果,法律是如何制定出来的,判决是如何通过法官的活动得出的,影响判决的社会因素是什么等等。从这个意义上讲,如果说传统的法理学是法学的理论的话,那么可以认为,社会法学更像是法学的一种技术。

第二节 欧洲的社会学法学

一、埃利希的"活法"理论

1. 法律、社会与国家

奥地利法学家埃利希(1862—1922年)被公认为是法律社会学的主要奠基者之一,他的主要著作是《法律的自由发现和自由法学》和《法律社会学基本原理》。埃利希认为,"法律的发展的重心不在自身,即不在立法,不在法学,也不在司法判决,而在社会本身。"①他认为这段话包含了每一次企图阐明法律社会学基本原理的实质。按照埃利希的定义,社会就是具有相互关系的各种人类联合的总和。他认为,人类最初的联合形式是民族和家族,对他们的起源和发展,都可以根据"社会化"或"社会连带关系"的原理加以解释。他还认为,人类的各种联合具有低级和高级之分。低级联合,就是指族的联合,这种联合既是经济、宗教、军事、法律的联合,又是语言、伦理、习惯和社交生活的共同体。高级联系,已摆脱族的性质,是指包含公社、国家、宗教团体、协会、政党、俱乐部、寿店、工厂、合作社同业公会等形式的联合。社会把国家作为自己的机关,以便把自己的秩序赋予属于社会的各个联合。并且,在某种程度上,统治集团的利益必须和整体联合的利益一致,或者至少是和它的大部分成员的利益一致。否则其他社会成员就不会遵守统治集团所制定的规范。

既然法律发展的重心在社会,那么它的发展就不在于国家的活动。这里,埃利希的是指从法律和国家关系方面看,国家制定的法律只是法律中很少的一部分,早在国家产生以前,法律(包括立法和司法活动在内)就已存在,因此,国家制定法律和国家强制力并不是法律的要素。埃利希指出,在任何情况下,都必须把下列三种因素从法律的概念中排除出去:第一,法律由国家所创立,第二,法律是法院或其他审判机关判决的基础,第三,法律强制是判决发生效力的基础。

---

① Eugen Ehrlich, *Fundamental Principles of the Sociology of Law*, Harvard University Press, Cambridge, Mass, 1936. Preface.

但是,这种因素却要保留下来,并必须成为理论的出发点,即:"法律是一种安排……法律是一种组织。也就是说,法律是一种规则,它分配每个成员在共同体中的地位和义务"①。在这里埃利希把法律分为两类:一类是国家制定的法律,即国家的法律,另一类是社会秩序本身。这种社会秩序就是社会各种规则,而这些规则并不都是法律。除了法律以外,还有道德、宗教等等。法律和其他社会规则的区别在于:法律的对象是社会舆论认为最重要的事件,此外,与其他规律相比,法律要以更明确的用语加以表达。

按照埃利希的观点,不仅法律先于国家出现,而且立法和司法活动也先于国家出现。他认为,法律史业已证明,最初,立法和司法都是在国家的领域和范围之外的,司法并不起源于国家,而生根在国家产生之前。人类最初的法庭并不是由国家委托的,法庭的判决也不是由于国家的强制力才发生效力的。如果当事人不服从法庭判决,他可以实行报复。这种事例在古罗马十二铜表法中是屡见不鲜的。只是到了后来,才出现了国家所建立的法庭和国家制定的法律。这种法律起源于军事首领对其下属的权利和控制。军事首领为了处理国家的案件和维护军事的纪律,不可避免地要把自己的管辖权扩大到私人事务中去;同时,也由于那些旧的联合和联系日益松弛,因此,私人关系就逐步转移到国家的法庭上来了。在他看来,社会是各种人类的联合,通过这种联合,人们根据一定的社会规则形成某种关系,因此,社会规则(包括法律)就等于各种不同的社会关系,同时成为社会关系发展的推动力。

2."活法"

关于法律概念及其产生,埃利希提出了不同于传统的理解。传统的理解认为,法律就是供国家官员做出决定或供法官下判决的根据。而埃利希认为,作为这种根据的规则,只不过是法律的一小部分,同时,法律并不是仅仅为了解决人们间的争端,因为法律是社会有机体的基础,或者说,是社会有机体的骨骼。他还认为,法院的法官只靠成文法是不够的,他指出,关于法律适用的任何学说,都不可

---

① Ehrlich, *Fundamental Principles of the Sociology of Law*, pp. 23—24.

能摆脱下面这些困难,即:每一次制定出来的规则,从本质上说,都不是完整的;它被制定出来时,实际上就变成旧的东西了。最后这种规则既难治理现在,更不用说治理将来了。负责适用法律的人,既然具有本时代的精神,就不会根据"立法者的意图",用已往的精神来适用法律。所以,即使是稳定的学说和最强有力的立法,当它们一遇上现实生活的暗礁时,便粉身碎骨。因而,判决方法可分两类;一类是技术主义的判决方法,即传统的判决方法;另一类是自由的判决方法,即法官进行判决时,不是根据成文法律,而是根据法官"自由"发现的法律。这种判决并不意味着法官的专横。因为,自由意味着责任,而对法官的限制却不过是将责任转移到别人的肩上而已。传统的判决方法总想消灭法官在判决里的个性,但在司法审判中,个性因素总是有的。因此,重要的问题在于保证法官的个性发展到足以使他能够负责处理这些职能。法官自由判决的原则,实际上并不触及法律的实质,而是关系到对法官的适当选择。

埃利希的社会法学思想的另一个重要内容,就是强调对"活法"的研究。他认为,"活法"是联合体的内在秩序,即与由国家执行的法律相对的社会执行的法律,简单地说,就是支配生活本身,不曾被制定为法律条文的法律。离开活法的社会规范,就无法理解实在法。活法的科学意义,不限于对法院所使用的,供判决之间的规范或对成文法的内容有影响。活法的知识还具有一种独立的价值,它构成了人类社会法律秩序的基础。正因为这种不同于国家的法律而却代表社会秩序本身的法律,是法律中的主要部分,所以,研究法律必须从确定这种法律开始。埃利希认为,这种活的法律的知识来源有两个,第一,现代法律性文件;第二,对生活、商业、惯例、一切联合的直接观察,这些观察对象不仅包括法律所承认的,而且还有法律条文所忽视和省略掉的东西。实际上,甚至还有为法律条文所不赞成的东西。埃利希的"现代法律性文件"是活的法律的首要来源,实际上指商业文件在法律实施中的统治地位,它的一切活动都是合法的。埃利希认为,与日常社会生活中所完成的无数的契约和交易相比,法院的审判只是一种例外的情况。现实生活中,只有少部分纠纷是提交享有审判权的人员去解决的。研究结婚契约、租契、买卖合同、遗嘱、继承的实际制度和合伙条款以及公司规章则更为重要。

埃利希的社会法学还将为裁决纠纷而指定的"判决规范"与产生于社会、决定普通人实际行为的"组织规范"加以对比,指出,除了某些例外,人们非常愿意履行自己所处的无数的法律关系所赋予自己的义务,而且,并不是国家强制的威胁使一个人履行这些义务的。人们履行这些义务,是由于法律生活中的习惯力量。法律中最重要的规范只是通过联想起作用,它们以命令或禁令的形式提醒人们,人们遵守它们不需要深思熟虑。①

二、耶林的"为权利而斗争"

1. 法的起源论

耶林(1818—1892年)于1872年在维也纳法律协会上作了一次演讲,题目是《为权利而斗争》,这是一篇著名的演讲,标志着一种新的法律研究方法的诞生,有人称之为目的法学,有人称之为一种社会法学。

在"法的起源"问题上,耶林批判了历史法学关于法的起源的看法,他提出,"法的目标是和平,而实现和平的手段是斗争"②。法的生命即是斗争,这包括国民的斗争、国家权力的斗争、阶级的斗争和个人的斗争,正如正义女神一手持有天平,一手握着宝剑一样,健全的法律应该是公平和力量的统一。耶林区分了两种意义上的法,即客观意义上的法和主观意义上的法。前者指的是由国家适用的法,原则的总体,生活的法秩序;后者指的是对于抽象的规则加以具体化而形成的个人的具体权利。

耶林论述的重点是主观意义的法。耶林以为,在历史法学看来,法的形式类似于语言的发展,是无意识的、自发自然而形成的。法表现为超越目的和意识的有机的内在发展。这种发展是依据法学的方法,将社会生活中自治发生的法律行为逐步积累形成的法的原则,制

---

① Ehrlich, *Fundamental Principles of the Sociology of Law*, pp. 10—11.
② 耶林:《为权利而斗争》,转引自梁慧星主编:《民商法论丛》第1卷,法律出版社1994年版,第12页。

度明确化而成的可以被认识的抽象概念、命题和原则,其基本因素是法的自我发展和法学家的研究。耶林批评说,法的发展仅仅依靠这两种因素是不够的,它必须依赖于国家的立法活动。诉讼程序及实体法的重要修订最终由立法来完成,这是法的本质使然。立法是对于现存利益的一种安排,所以新法要诞生,经常要经过跨世纪的斗争。耶林说,法的历史上所记载的伟大成果,诸如奴隶制农奴制的废除、土地所有、营业、信仰自由等等,莫不经过跨世纪的斗争而始告胜利。耶林指出,历史法学作为一种理论并不危险,但是,这个学派带有极端宿命的色彩,他们认为,政治的准则不能被人所折服,人的最佳选择是无所事事,法通过民族信念缓慢显现出来,他们反对立法、崇尚传统的习惯法。耶林评论道,历史法学的错误就在于,他们没有弄清,法的信念只有依靠行动才得以形成自身,依靠行动才能维持支配生活的力量和使命。其原因在于历史法学受到了文学史上浪漫主义的影响,历史法学是法学中的浪漫派。耶林总结说,历史告诉我们,法的诞生与人的降生一样,一般都要伴随着剧烈的阵痛。"为法的诞生而必要的斗争,不是灾祸,而是恩惠。"①

2. 为权利而斗争的理由

(1) 斗争是法的生命

耶林指出,在人类争取权利现实化的过程中,斗争是不可缺少的要素。他说,人们的利益冲突导致权利的斗争,个人权利如此,民族的权利也是如此。民族的权利在国际法上通过战争的形式表现出来,国家的权力通过人民的暴动、骚乱和革命的形式表现出来,个人的权利在人类的早期通过决斗的形式表现出来,后经过民事诉讼的形式表现出来。② 耶林说,所有这些斗争的标的物和形式都各不相同,但是,都是为权利而斗争的不同场面和形式。这里,耶林用功利主义方法分析了为权利而斗争的不同形式。他说,富人常常为了和平而舍弃薄利,穷人常常为了薄利而舍弃和平。因此,为权利而斗争的问题,成了纯粹的计算问题。在采取斗争的形式时,人们经常衡量

---

① 查士丁尼:《法学总论》,商务印书馆 1989 年版,第 18 页。
② 同上书,第 19 页。

利益的得与失。不过,在这里,耶林特别强调了人格和法的信念的重要性。人们常常为维护人格和法的信念不惜牺牲财产上的利益。他说,法律工作者清楚,即使在确实预见到为胜利必须支付高额代价的情况下,当事人也经常不愿回避诉讼。其中的原因就在于原告为了保卫其权利免遭卑劣的蔑视而进行诉讼的目的,并不在于微不足道的标的物,而是为了主张人格本身及其法的信念这一理想的目的。这时,单纯的利益问题已变成为,是主张人格还是放弃人格的问题。在两国纷争上也是如此,一国的人民,为了一平方英里的土地而进行斗争,实际上是为了该国的名誉和独立而战。

(2) 为权利而斗争是对自己的义务

耶林指出,"为权利而斗争是权利人对自己的义务"①,是维护人的生存权的内容之一。他说,对人类而言,人不但是肉体的生命,同时其精神的生存也至关重要,人类精神的生存条件之一即是主张权利。如果没有权利,人将归属于牲畜,因此,罗马人把奴隶同家禽一样看待,也就是说,主张权利是精神上自我保护的义务,完全放弃权利是精神上的自杀。比如说,农民生存的基础是耕种土地和饲养牲畜。对擅自利用其土地的邻居和不支付其卖牛价钱的商人,农民将以其特有的充满敌意的诉讼形式开始为权利而斗争。军人对其名誉侵害和名誉感极为敏锐,因为军人主张人格是维护其地位的不可或缺的条件,因而,军人对践踏其名誉的人将拔剑回击。商人生存和死亡的基础是信用,与人格上受到侮辱、财产上受到侵害相比,对商人而言,由于怠于履行信约而被追究责任,更事关重大。上述三个阶级的例子说明一个道理,一切权利人通过保护自己的权利而保护自己精神生存的条件。对国家而言也是如此,这一点可以通过刑法看得出来。对于宗教国而言,渎神和偶像崇拜是重罪;在农业国,侵犯土地边界是重罪;在商业国中,伪造货币是重罪;在军事国里,不服从和违反服役是重罪;在专制国里,大逆罪和复辟罪是重罪。耶林的结论是,法是各种制度的总和,其中各个部分又各自包含各自物质和精神的生存条件。相对于物质价值而言,精神的生存条件超越其可比价

---

① 查士丁尼:《法学总论》,商务印书馆1989年版,第22页。

值的价值,耶林称之为"理念的价值"①。这是一种理想主义,而这种理想主义植根于法的终极本质之中。

（3）主张权利是对社会的义务

耶林从个人权利转向到个人对于社会的义务。首先,他分析了客观意义上的法和主观意义上的法之间的关系,认为前者是后者的前提,即具体权利作为一种权利,其生命由法规而获得,同时又返回到法规。其次,他论述了个人主张权利与维护社会利益的紧密关系。他说,权利人通过主张自己的权利来维护法律,并通过法律来维护社会所不可缺少了秩序,所以,权利的主张是权利人对社会所负的义务。法与正义在一国中兴之际,光凭法官在法庭上审案、警察巡逻是不够的,它要求每个人都相应地加以协助。因而说,在社会利益上,每个人都是为权利而斗争的斗士。个人权利就是法本身。对个人权利的侵害,就是对法本身的侵害和否定。这里,耶林通过分析莎士比亚笔下的夏洛克和克莱斯特的形象生动地到出了其中的关系。为割下安东尼身上的一磅肉,夏洛克走上了法庭。夏洛克说,他花钱买下了安东尼的一磅肉,这肉应该属于他。如不然,他要诉诸国法。"我要求法律",这出自夏洛克的话被耶林描述为"淋漓尽致地描绘了主观权利上的法的真正关系以及为权利而斗争的含义"②。由于对方"卑鄙的机智",夏洛克败下阵来,因为犹太人的权利不为威尼斯的法律所保护,夏洛克毫无抵抗地最后服从了判决,也意味着威尼斯的法律在崩溃。比较而言,克莱斯特更像是一个为权利而斗争者,为了自己被侵犯了的权利,在得不到法官法律救济的情况下,他"拿起棍棒保护自己的权利",最后"他被送上了断头台,然而他的权利已经实现了"③。

（4）为国民生活权利而斗争的重要性

耶林进一步地论证了个人权利与整个国家的重要性。他说一个民族在国际上的政治权利和地位是与这个国家的国民如何主张自己的权利是一致的。他认为,罗马人对内有高度的政治发展,对外有最

---

① 查士丁尼:《法学总论》,第32页。
② 同上书,第41页。
③ 同上书,第42页。

大势力的扩张,因而它拥有极为精致的私法并非偶然。耶林批判了德国现行法。他说,现行法更多地强调法的物质主义方面,忽视了法的精神方面,其原因在于罗马法传统和近代的法学。演讲的最后,耶林回到主题上,他呼吁,斗争是法律永远的天职,必须到斗争中去寻找自己的权利。

《为权利而斗争》是一个标志,它反映了19世纪末20世纪初法学理论的变迁,其中首要的是,它反映了历史法学是如何最后过渡到社会法学的。用功利主义取代浪漫主义,用追逐权利和利益取代崇拜民族精神,从注重客观权利到注重主观权利,直接为社会法学的产生铺平了道路。在耶林的另外一部著作《法律的目的》中,耶林对于法律所保护的利益进行了分类,到庞德那里,法律则被视为是对于利益的一种调整和保护。

三、韦伯的法律理想类型

1. 统治结构与法律类型

韦伯称,理论的研究"不是要用抽象的一般公式把握历史现实,而是要用必然具有独特个性的各种具体生成的关系体系把握历史现实"①。他认为,任何社会都存在着统治的结构,每种统治结构类型都有其相应的合法性原则,这个原则要么是理性的规则,要么是个人的权威。韦伯区分了三种典型的统治结构,一是"理性化"的统治,以官僚体制为典型特点,二是"传统"的统治,以家长制为代表,三是"个人魅力"的统治,政治的结构建立在个人的权威基础上。② 以社会学的角度看待政治现象,主权与家庭、血缘团体及市场共同体一样,都是社会组织的不同形式,政治共同体区别于其他社会组织的独特之处仅仅在于它在其领土之内行使特别持久的权力,有一套合法性的法律规则。这种规则体系就构成了"法律秩序"。③

---

① 韦伯:《新教伦理与资本主义精神》,李修建、张云江译,九州出版社2007年版,第18页。
② 韦伯:《论经济与社会中的法律》,张乃根译,中国大百科全书出版社1998年版,第336—337页。
③ 同上书,第342页。

在韦伯那里,"形式/实质"和"理性/非理性"是法律秩序理论的两对基本尺度,人类早期社会的法律以非理性的法律为主,它们可以是形式的非理性,比如巫术和神判,也可以是实质的非理性,比如家长的个别命令。法律从非理性向理性和形式体系方向的发展,便是现代法律制度形成的标志。而现代法律制度相应地区分为实质的理性和形式的非理性。作为19世纪末20世纪初的德国人,韦伯心目中法律秩序的最佳模式便是形式理性的法律,在现实社会中的代表就是19世纪德国的学说汇纂学派。①

2. 法治与资本主义精神

不管是在《新教伦理和资本主义精神》中,还是在他的《经济与社会》中,他都明确表示,近代法律制度只产生于西方世界,它伴随着资本主义成长而发生。西方资本主义的形成有着其经济社会的原因,也有着宗教伦理方面的精神原因。政治因素加上精神因素,资本主义成为西方社会特有的社会现象。资产阶级在与封建贵族、君主和教会的政治斗争中,不仅需要技术的生产手段,同样需要一种可靠的法律体系和照章行事的行政管理制度。新教伦理中的刻苦、节俭、纪律和节制品德,又与法律的统治相暗合。在这样的情况下,"合理的成文宪法,合理制定的法律,以及根据合理规章或者法律由经过训练的官吏进行管理的行政制度的社会组织……仅存于西方"②。

韦伯认为,中国法的特点就是世袭君主制权威与家庭或者血缘集团利益的结合③,中国法是一种"家产制的法律结构"④。法律体系形成有两个基本条件:一个是严格形式法与司法程序,法律具有可预见性,另外一个是经过专门训练的人员掌管官僚体系。⑤ 以此为标准,中国古代社会不会产生西方式的法律秩序。就前者而言,地方习俗和自由裁量高于并抵制着一般法,"自由裁量高于一般法"是通

---

① 韦伯:《论经济与社会中的法律》,第211页。
② 韦伯:《新教伦理与资本主义精神》,第14页。
③ 韦伯:《论经济与社会中的法律》,第156页。
④ 韦伯:《中国的宗教——儒教与道教》,简惠美译,《韦伯作品等》第Ⅴ卷,广西师范大学出版社2004年版,第157页。
⑤ 同上书,第216—217页。

用的命题,法官的裁判带有明显的家长制作风,对不同的身份等级的人和不同的情况力图达到一种实质的公平,因此,中国不会出现西方社会所特有的法律平等或者"不计涉及任何人"的审判方式。中国社会"法令众多,但都以简明与实事求是的形式而著名","以伦理为取向的家产制所寻求的总是实质公道,而不是形式法律"。① 就后者而言,中国不存在着独立的司法阶层,不能够发展也没有想到去发展出一套系统、实质和彻底的理性法律,也不存在可以一体遵循的先例。没有哲学,没有神学和逻辑,也就没有法学的逻辑,体系化的思维无法展开,中国古代的司法思维仅仅停留在纯粹的经验层次上。②

第三节 美国的社会法学

一、霍姆斯的《法律的道路》

1897年1月8日,时为美国麻省最高法院法官的霍姆斯(1841—1935年)在波士顿大学法学院发表了一篇题为《法律的道路》的演讲。这是他一生中最著名的一篇演讲。在西方法学中,特别在美国法理学历史上这篇演讲产生了巨大的影响。

霍姆斯开宗明义地说,我们学习法律,不是去研究一个秘密,而是去研讨一个众所周知的职业。他说,在美国社会,公共权力掌握在法官手里,当人们想要知道在何种条件和何种程度上将要受到这种权力的威胁时,他们往往就付钱给律师,让律师为他们辩护或提供法律咨询。在这个意义上,法律是一种职业。法律研究的目的就是为了预测,即预测公共权力通过法院这一工具对人们的影响范围和程度。为使这种预测精确并更好地应用于实践,霍姆斯着重论述了三个方面的问题。

1. 严格区分法律和道德

霍姆斯说,不可否认,法律是我们道德生活的见证人和外在表现。

---

① 韦伯:《中国的宗教:儒教与道教》,王容芬译,商务印书馆1997年版,第157—158、215页。
② 同上书,第217—218页。

法律的历史就是一个民族道德的发展史。法律实践的目的就是要造就好的公民和善良的人们。但是,要学好和弄懂什么是法律,就必须区分法律和道德。他说,在尽量避免公共权力的制裁方面,一个"坏人"要比一个"好人"更具有理智。也就是说,区分法律和道德的现实意义在于:一个并不在意和实践伦理规则的人最有可能避免支付金钱和远离审判。从实际上讲,坏人只看法律的实在结果,从而由此进行预测。而好人总是用模糊的良心准则从法律里外来寻找其行为的理由。从理论上讲,法律充满了来源于道德的术语,通过语言的力量就可以应用法律,而不必从道德上再去认识它们。而且,诸如权利、义务、恶意、目的和疏忽等法律术语的内容并不比其道德含义简单。如果把一个人的道德意义上的权利等同于宪法或法律上的含义,其结果只能导致思想的混乱。在此基础上,霍姆斯提出了他著名的法律概念。"如果我们采取我们的朋友,即坏人的观点,那么我们就会发现,他毫不企求什么公理或推论,但他的确想知道马萨诸塞州或英国的法院实际上将做什么。我很同意他的观点。法院实际上是将做什么的预测,而不是其他自命不凡的什么,就是我所谓的法律的含义。"[①]

接着,霍姆斯从具体的法律制度来进一步解释坏人和法律预测的关系。以刑法为例,法律义务的内容包含了道德意义的全部内容,但对于一个坏人来说,它主要意味着一个预测,即如果他作了某个特定的行为,其后果要么是被监禁,要么是被强制支付一定数量的金钱。进一步的问题是,他被处以罚金和被强制缴纳一定数量的税金,两者之间有什么区别。在这里,一个坏人对此进行分析所涉及的法律问题实际上与法庭上经常讨论的问题是一样的,即一个特定的法律责任属于一个刑法问题还是一个税法问题。再例如,合理地占有他人的财产和违法地取得他人的财产,两者的法律后果实际上是一样的。占有他方财产的一方当事人应该支付另一方当事人由陪审团估计数额的合理价值。从法律后果上说,这里不存在合理取得和不合理取得的问题,也不存在赞扬和责难的问题,也不涉及法律禁止和

[①] 霍姆斯:《法律的道路》参见 Lon L. Fuller, *The Problems of Jurisprudence*, Brooklyn, The Foundation Press, Inc. 1949,第329页。

允许的问题。从合同法方面看,普通法上遵守合同的义务意味着一个预测,即如果你不遵守合同,你就必须予以赔偿。

霍姆斯还从法律与道德的矛盾关系方面论述了区分两者的必要性。在侵权行为法方面,他分析了一个16世纪的案例。一个牧师在一次布道时引用了一个名为弗科斯(Fox)所写的一个故事。故事说,有一个人曾参与帮助他人折磨一位圣人,后来此人在承受着内心痛苦中死去。问题出在弗科斯身上,事实上,这个人不仅仍然活着,并且还碰巧听了牧师的布道。于是他起诉了牧师。首席法官芮(Wray)引导陪审团说,虽然被告陈述了这一虚假的故事,但由于缺少恶意,所以被告是无罪的,他不应该承担责任。霍姆斯评论道,首席法官使用了"恶意"的道德含义,即邪恶的动机。霍姆斯说,如果是在现代,没有人会怀疑这位牧师要承担责任。因为虽然牧师没有任何邪恶的动机,但其虚假的陈述明显地对他人造成了伤害。霍姆斯认为,此案的错误就是没有区分恶意的法律含义和道德的含义。在合同法方面,一个合同,只有双方当事人的意志达成一致时才能成立。它必须有外在的表现,即双方当事人对同一件事有相同的"想法"并不产生合同关系,只有双方曾经"说过"同一件事才能发生合同关系。道德注重人的内心想法,而法律注重人的外在行为。

这里,霍姆斯主要论述了法律与道德的关系。应该说,强调法律与道德的紧密关系是自然法学的共同特点。法律应该服从和服务于法律之外的权威,法律的实现就是某种伦理的实现。直到18世纪末19世纪初的康德都是这样说的,"权利科学研究的是有关自然权利原则的哲学上的并且是有系统的知识。从事实际工作的法学家或立法者必须从这门科学中推演出全部实在立法的不可改变的原则。"① 而区分法律与道德的关系是分析法学的显著特点。奥斯丁说,"法理学科学,或简单和简明地说法理学,只涉及实在法,即所谓严格的法律,而不涉及它们的善与恶"②。法律就是主权者,命令和

---

① 康德:《法的形而上学原理》,商务印书馆1991年版,第38页。
② J. Austin, *lectures on Jurisprudence*. Vol. 1, Robert Campbell. ed, London: John Murray, 1885, p.172.

制裁的统一,"恶法亦法"。到19世纪末的霍姆斯时代,形而上学的自然法在受到分析法学和历史法学的猛烈批判后,已不再为人们所接受。霍姆斯也是如此,他严格区分法律和道德,主张混淆法律和道德只能造成执法的混乱。在这里,霍姆斯倾向于奥斯丁的法律与道德的区分。应该说分析法学区分法律与道德,使法理学向前进了一大步,使法理学研究的科学化成为可能。但霍姆斯绝不是分析法学论者,因为在霍姆斯之前分析法学与历史法学论战后分析法学在西方法理学中已不再被广泛接受。这里,霍姆斯至少在两个方面使他与分析法学划清了界限。第一,他承认法律与道德的关系,至少是在历史上司法实践上的紧密关系。第二,他对法律概念的独特见解。他不是从理论上对法律下定义,而是从具体司法角度去总结法律的含义。即一个坏人对法院将做出何种判决的一种预测。可以说霍姆斯已不属于19世纪西方已有的各种法学学派,他是一种新的法学学派的奠基者。有人称之为实用主义法律思想,实用主义法学[①];有人称之为美国现实主义法学的先驱[②]。

2. 历史和社会利益决定了法律的内容和法律的发展

霍姆斯说,关于什么决定了法律的内容和发展这一问题,从不同的角度有不同的答案。霍布斯、奥斯丁和边沁认为是主权者的命令,德国历史法学派认为是民族的民族精神。不同的体制有不同的解释和不同的原则。

这里,霍姆斯批判了"逻辑"是法律发展的唯一动力的观点。这种观点认为,任何一个现象都与其前因和后果有着一种定量关系。按照这种观点,任何一种法律体系都可以像数学那样,从行为的一般公理中推演出来。霍姆斯说,这是一种谬误。这种谬误来源于律师所接受的逻辑训练。霍姆斯说,类推、区分和演绎是律师擅长的技术,司法判决的语言主要是逻辑的语言。其中的原因是逻辑方法和形式能够满足人们对于事物的肯定性认识的观念和人类所固有的对

[①] 沈宗灵:《现代西方法哲学》,北京大学出版社1992年版,第282页;吕世伦、谷春德:《西方政治法律思想史》(增订本),辽宁人民出版社1987年版,第335页。

[②] 沈宗灵:《现代西方法哲学》,第310页;H. J. v. E. Hommes, *Major trends in the history of legal philosophy* N·H P&C 1979. p.311.

于所谓肯定性的依赖心理。但是,肯定性的认识一般地讲是一种幻觉,依赖性并不是人类的本性。而在事实上,人们常常并不能找到精确的定量关系,并不能达到精确的逻辑结论,司法判决往往带有偶然性。为此,霍姆斯提出了社会利益的观念。他说,社会利益的责任是一个法官不可回避的责任。为达到这一点,就要承认司法判决中存在不关联性,甚至是不可认识性。霍姆斯举例说,社会主义的产生曾引起过富人阶级的极大恐慌,这种恐慌直接影响了美国和英国的司法活动,而且这还是一种无意识因素的影响。不再希望控制立法的人们指望法院是宪法的诠释者,有些法院采取了法律之外的一些原则,如经济原则。霍姆斯郑重提出,在这个方面应该向进化论者学习。他说,一个进化论者仅仅满足于他能证明当时当地最好的东西,敢于承认他不知道宇宙间绝对好的东西,不知道对于人类最好的东西。霍姆斯说,如果我们想要知道一条法律规则具有一种特定的形式,或者,如果我们想要知道它为什么存在,那么我们应该回到传统中去。随着传统,我们回到编年史,回到古法兰克的习惯,或者过去什么地方,在德国的森林,古代诺曼底国王的需要,某个统治阶级的观念,在缺乏一般观念的地方。它们对于现在之所以具有实际的价值,是因为我们接受了并习惯于传统的事实。结论是,"法律的合理学习方式在很大程度上是历史的学习"①。历史是法律学习的一部分,是因为没有它,我们无法知道法律规则的准确范围。它是合理的学习方式,是因为它是通向准确认识法律规则价值的第一步。霍姆斯形象地指出,当你把一条龙拖出洞穴,置于光天化日之中时,你才可以数清它的牙齿和爪子,才能发现它的力量。当然,拖它出来只是第一步,接下来,或者是杀了它,或者是训练它使之成为有用的动物。

霍姆斯从法律的几个方面的具体部门进一步阐述了历史学习的重要性。以刑法为例,他说,盗窃罪是指一个人的财产被他人占有。这种占有是物主交给罪犯的,还是罪犯非法拿走的,都不影响盗窃罪的成立。后来法官们将盗窃的定义精确化,最后订入了法典。盗窃和贪污都是财产的犯罪,但只是由于传统的原因使它们区分开来,成

---

① 霍姆斯:《法律的道路》见 Fuller, *The Problems of Jurisprudence*, p. 336。

为两种不同的犯罪形式。从刑事古典形式学派到刑事社会学派是一种进步,因为随着历史的发展,犯罪不仅仅是一种个体行为,它具有社会危害性。侵权行为法和合同法同样如此。合同法充满了历史的观念,债和契约的区分仅仅是历史的不同。各种金钱支付责任的分类也是以历史的发展为标准。普通法中对价的理论仅仅是历史的,印章的效力只能由历史来解释。对价仅仅是一种形式,在现代合同法中,并不是每个合同都需要对价。对价仍然是构成合同的一个要素。其原因就在于历史的原因。历史的区别直接影响了当代法中当事人的权利和责任。

在这一部分的最后,霍姆斯指出,研究历史的目的在于历史对于现代的影响。他说,我期待这样的一个时代的到来,那时法律的历史解释起很小的作用,我们研究的精力将放在法律目的及其理由的探讨上。为达到此目的,霍姆斯呼吁每个律师应该懂得经济。在霍姆斯看来,政治经济学学派与法律的分化并非是一件好事,它只能证明在这个方面,哲学的研究还有待于进一步发展。他说,诚然,现阶段的政治经济学主要由历史构成,但是从这里,我们能了解立法的目的,了解达到这种目的的方式以及代价。

这里,霍姆斯对法律与逻辑的论述,可以说是对传统法律观念的一种批判。批判的第一个目标是分析法学。一般地讲,分析法学关注的是"分析法律术语、探究法律命题在逻辑上的相互关系"[①]。以极端的德国实证主义法学为例,他们只要法的逻辑把握,不要法的价值判断。从司法实践上讲,他们要求法官绝对地忠诚于法律,司法原则是从法律的权限和程序上来确定合法性,而不问法律的社会经济和道德基础。由于这一缘故,德国实证主义法学被后人称为"概念法学"或"机械法学"。霍姆斯严厉批判了法律适用中的逻辑主义观点,使他与分析法学区分开来。他不是仅仅从实在法本身来分析或解决法律问题,而是从法律之外,特别是从法律的历史发展及法律后面的社会利益来解决实际的法律问题。霍姆斯在其另一著作《普

[①] E.博登海默:《法理学——法哲学及其方法》,邓正来、姬敬武译,华夏出版社1987年版,第111页。

通法》中,也明确指出:法律的生命不是逻辑,而是经验。这种经验既包括历史的经验,又包括社会的经验。不过,更重要的是社会的经验。批判的第二个目标是理性主义法学。西方近代理性主义直接影响了法律理论。理性主义的哲学方法论也决定了这一时期的法律思想。在西方法律思想史上,它被称为"古典自然法学"。逻辑,包括演绎和归纳,是这一历史时期法律思想的一种基本方法。格老秀斯首先将笛卡尔的数学应用到法律领域。他说,人类社会存在一项自然法的数学公理,从这个基本公理出发可以推演出自然法的一般原则。① 在这种方法之下,自然法高于实在法,立法机关高于行政机关和司法机关。法官判案依据不得超越立法机关正式颁布的法律,即法官不能有自由裁判权。这种强调逻辑的理性主义法学构成了西方现代法律的理论基础,因而,逻辑的方法直至 19 世纪末都影响着西方法律界的思维方式。霍姆斯对逻辑的批判实际上是对西方法律传统的一种批判,正像当代现实主义法学家一样,他也被认为是对西方"法治主义"的一种背叛。

霍姆斯强调法律学习中的历史学习。他一度信仰过历史法学,曾"对历史地解释英美法律做出过杰出贡献"②。因此,不奇怪霍姆斯提倡法律学习中历史学习的重要性。但是,霍姆斯并不囿于历史。他认为,历史的学习是法律学习的基础,是法律学习的第一步,历史的研究是为了现在。历史是取代逻辑的方法之一,除了历史外,更重要的是社会利益和社会目的。为此霍姆斯建议律师们还要学好经济学和统计学。这反映了霍姆斯从一个历史法学论者向一个现实主义法学论者过渡的显著特点。事实上,《法律的道路》的发表在法律思想史上是历史法学走向衰落的一个标志。此后,历史法学作为一个法学流派已不复存在。但历史方法作为一种法律研究的方式通过其他法学流派得以保存下去。

3. 法理学是一个成功的律师所必备的一项知识

霍姆斯把法理学看作是法律之中最抽象的部分。他对法理学作

---

① Hommes, *Major Trends in the History of Legal Philosophy*, p. 89.
② 庞德:《法律史解释》,第 9 页。

了广义上的解释。他说,虽然在英语中法理学被定义为最广泛的规则和最基本的概念,但是将一个案例归纳成一条规则的任何一次努力都是一种法理学的工作。他指出:"一个成功律师的一个标志就是他能成功地具体适用最一般的规则"。①他举例说,曾经有个法官碰到这样一个案例:一个农民状告另一农民折断了他的制黄油的搅拌筒。法官考虑了一段时间后说,他查遍了成文法都未发现关于搅拌筒的规定,最后他作出有利于被告的判决。这里,霍姆斯涉及法理学的一个经常性的一个问题,即法律规定不可能涉及现实生活中的每个方面。为此,一个法官应该有较高的法理学知识,从法律的基本原理、基本精神来解决现实中的各种问题。霍姆斯说,一个人进入到法律的领域,就应该成为法律的主人。成为法律的主人是说,能够摆脱繁杂的各种偶然事件而辨明法律预测的真实基础。因为这个缘故,就要弄清诸如法律、权利、责任、恶意、目的、疏忽、所有权、占有等概念的精确含义。进一步地,要精确地掌握这些概念,就要读一些分析法学的著作。霍姆斯说道,奥斯丁的理论缺陷是他不十分了解英国的法律,但是,一个法律工作者去掌握奥斯丁,以及他的先驱霍布斯和边沁,他的后继者霍兰德和波洛克的理论具有实际的意义。

接着,霍姆斯提倡年轻人要学习罗马法,而且在这里,罗马法不是指几条拉丁文的格言,而是指将罗马法当作一个有机的整体去学习。他说,这也就意味着,掌握一套比我们法律体系更困难更不易理解的法律技术体系,学习一种用以解释罗马法的历史课程。这样做的目的就是为了能深入到这一主体的最基本部分。霍姆斯描述了一系列的具体过程:首先,利用法理学的方法,从现行法律教义深入到它的最抽象的一般意义;其次,通过历史的方法,发现它如何发展到它现在的这种样子;最后,尽可能地去考察这些规则试图要达到的目的,这些目的被寄予期望的理由,找到那些是为达到这些目的所要放弃的东西,以及决定它们是否值得为此所付出代价。

讲演的最后,霍姆斯重申了理论的重要性。在参与建造一栋房子的一群人中,建筑师是最重要人;而理论则是法律教义的最重要的

---

① 霍姆斯:《法律的道路》见 Fuller, *The Problems of Jurisprudence*, p. 342。

一个部分。他举例说,有这样一个故事,一个人高薪雇佣一位男仆,附带条件是如果男仆犯错就减少其工钱。其中一条减薪规定是:"如果缺少想象力,则减去五元。"对男仆来说,"缺少"没有什么限制。按照霍姆斯的意思,缺乏理论水平的人就像是这位愚蠢的男仆,自以为找到一份高薪水的工作,而实际上正好相反。霍姆斯说,现在人们所谓的抱负和权力都仅仅是通过金钱的形式表达出来,这是一种不正常的现象,他引用正黑格尔的话说:"必须得到满足的,终于不再是需要,而是意见了。"①任何一个事物,其最深远形式的力量不是金钱,而是理念的把握。他指出,笛卡尔死后,其抽象思辨哲学逐渐成为控制人类行为的实际力量。他说,阅读德国伟大法学家们的著作,我们可以发现康德对今天世界的影响大大超过了拿破仑的影响。我们不能都成为笛卡尔或康德,但是我们都想快乐。从许多成功的人士的经验来看,快乐并不仅仅意味着成为大公司的法律顾问,享有五万美金的收入。最后,霍姆斯说,法律的更深远和更一般方面是要赋予它普遍的意义。正是通过这种普遍的意义,你不仅成为你所在领域的大师,而且把你的专业与宇宙联系起来,去捕捉无限世界的回声,瞥见其深不可测的过程,领会世界法的暗示。

在这里,霍姆斯实际上是论述了法律与哲学的关系。他所理解的哲学是哲学最原始的意义,即智慧和知识。作为一个实用主义者,他并不反对任何意义的哲学观点和方法。只要是有用的和有益的,只要它是人类认识事物的智慧的结晶,都可以用于法律的实践。

二、庞德的社会学法学

庞德(1870—1964年)是美国法学界最有权威的法学家之一。他所代表的社会学长期以来在美国法学中占有主导地位。他通过其主要著作《社会学法学的范围和目的》、《法制史解释》、《通过法律的社会控制》和《法理学》等,表达了他的社会法学思想。

1."法学"与"法律"的含义

庞德认为,法学是一专门术语,在实际使用中常被弄得混乱不

---

① 黑格尔:《法哲学原理》,商务印书馆1982年版,第206页。

堪。为了弄清确切含义,他从字源上加以分析,指出:法学在英语中是 jurisprudence,德语中是 jurisprndenz。二者都从拉丁语 jurisprudentia 得来。在拉丁语中,jurisprudentia 是一合成词,由 jur 和 isprudenre 二词构成,前者解作义理,引申为法律,后者解作先见,引申为知识,即法学。在实践中,法院利用法学处理争讼,沿用日久,遂歧义孳生:古代罗马法学者用它表示法律见解;现代罗马法将它解作判案所循之途径;法语字典中,它被解作法院处理讼端时所持之态度;在英语国家,它被借用为"法院的判决"或者"法官所选择的法律",甚至认作"法律"的同义异音之词。在现代社会中,法学是关于正义的科学。既然法学属于一门科学,其研究方法应是:第一,笃信谨守的研究;第二,穷源竟委的研究,即历史的方法;第三,条分缕析的研究,即分析的方法;第四,哲理的研究,即哲理的方法;第五,批判的研究。第一种方法仅限于对法律制度中规则及原理进行考核与注疏,因其过于拘谨,不足以成为科学方法,其他均属于科学的正当方法。而以上五种之外,还有一种新的方法,即庞德推崇的社会法学家所持的研究方法,他们将法律当作社会机器来研究,法律自身为社会而存在,其职能在于为社会服务。

庞德用社会学法学的观点来解释法律,他说,从古希腊开始,人们就一直对此争论不休。但要弄清楚这一问题是很困难的,一个重要的根源在于:三个完全不同的东西都使用了法律这一名词,就是说,法律这一概念具有三种意义,或人们在三种不同意义上使用法律这个概念。第一种意义是现在法学家所称的法律秩序,即通过有系统、有秩序地运用政治组织社会的强力来调整关系和安排行为的制度。第二种意义是指一批据以做出司法或行政决定的权威性资料、根据或指示。如通常所说的财产法、契约法等。第三种意义是指司法和行政过程,即为维护法律秩序而根据权威性指示以解决各种争端的过程。庞德认为,只有用社会控制的观念才能将这三种意义加以统一。总得说来,"法律就是一种制度,它是一种依照在司法和行政过程中的权威性律令来实施的,具有高度专门形式的社会控制"①。

庞德认为,法律的概念是一个十分复杂的问题,它是多层次的。上述的第二种内容,即法律是一批据以做出决定的权威性资料、根据或指示,易引起争议。这一意义上的法律是由律令、技术和理想构成的:一批权威性的律令;根据权威性的传统理想或以它为背景,以权威性的技术对其加以发展和适用。但人们在讲第二种意义的法律时,往往将它简单地解释为第一种成分,即权威性律令,而忽视了其他两种同样重要的成分。就第二种成分——技术成分来说,它也同样是权威性的,重要的。例如英美法系和大陆法系的差别主要就在技术成分上。在普通法系中,制定法仅为案件的审理提供了有关规则,并没有提供进行类推推理的基础,因而在适用法律上还必须依靠法院判例。与此同时,在大陆法系中,法官可以通过对制定法的类推推理来适用法律和处理案件。第三种成分,即理想成分,是指公认的、权威性的法律理想,归根到底反映了一定时间、地点条件下的社会秩序的理想图画,反映了法律秩序和社会秩序的法律传统,以及解释和适用律令的背景。这一成分在解决新案件中有决定意义。而第一种成分——律令本身,又是由规则、原则、确定概念的律令和建立标准的律令构成的。规则是律令的最初形式,它指的是以一个确定的、具体的法律后果赋予一个确定、具体的事实状态的法律律令。各种原始法律大都是由这种规则构成的。例如《汉穆拉比法典》规定:"如果一个自由民殴打另一个自由民,应纳十个银币。"又如罗马《十二铜表法》规定:"如果父亲三次出卖他的儿子,儿子可以脱离他的父亲。"各种刑法法典也大都是这一类律令。原则是指用来进行法律推理的权威性出发点。例如某人做了一件伤害另一个人的事,除非他能证明这样做是正当的,否则他就必须对其造成的损害负责。这就是一个原则。这里并没有预先假定有任何确定的、具体的事实状态,也没有赋予确定的具体的法律后果,可是在进行法律推理时,这种原理是必不可少的。法律概念是指可以容纳各种情况的法律上的确定的范畴,因而当人们把这些情况放进这一范畴时,一系列规

---

① R. Pound, *Jurisprudence*, (Brooklyn, 1953)第1卷,第15页。

则、原则和标准就可以适用了。例如,保释、信托、买卖、合伙等都是法律概念。在这些概念中,即没有对确定的、具体的事实状态赋予任何确定的、具体的法律后果,也没有一个用来进行法律推理的出发点。有的只是可以列入各种情况的一个个具体范畴。有了这种范畴,就可使规则、标准等得以适用。各种原则和概念使我们有可能在只有较少规则的情况下进行工作,并把握来应付没有现代规则可适用的新情况。所谓标准是指法律规定的行为尺度,只要不超出这一尺度,人们对自己的行为所造成的任何伤害就可以在法律上不负任何责任。例如使他人不致遭到损害的"适当注意"标准;为公用事业设定的"提供合理服务、合理便利和合理取费"的标准;受托人的"善良行为"的标准,等等。

庞德认为法律概念是十分复杂的,因各个学派的不同解释而带来很大的混乱。各学派所讲的含义又各不相同。如分析法学所讲的法律,主要是指权威性律令中的立法因素。历史法学了解社会控制的连续性,但却看不到它的分化,因而也看不到社会法学所讲的高度专门化的社会控制。哲理法学仅注意法律中的理想成分。这三派都看不到法律中的司法和行政过程的意义。而20世纪的现实主义法学却把法律的这一意义当作它的全部意义。

2. 社会学法学的研究范围

庞德认为,社会学法学家目前所需要解决的主要问题是,在创立、解释和适用法律方面,应更加注意与法律有关的社会事实。为此,他在早期的论文《社会学法学的范围和目的》提出了六点纲领,以后又在1959年的《法理学》一书中扩大为八点,其中第四点和第七点是新加的。① 这八点纲领是:第一,研究法律制度和法理学说的实际社会效果。第二,为准备立法进行社会学的研究。第三,研究使法律产生实效的手段。他说,这一点在传统的法学中是被忽视的。分析法学派仅对各种法律规则的内容进行逻辑分析,认为国家必须以强力保护法律生效,如果法律不生效,问题并不在法律,而在国家

---

① 参见沈宗灵:《现代西方法理学》,北京大学出版社1992年版,第282—287页。张乃根:《西方法哲学史纲》,中国政法大学出版社1997年修订版,第289—290页。

及其执行上。历史学派认为法律是从民族生活中自发地演变而来的,因而它会自发地起作用,如果它不发生作用,那就证明它没有正确地表达历史经验。19世纪的哲理法学派则认为,抽象的正义会使法律具有实际效力。因此,人们只关心法律是否合乎抽象的正义;而如果法律不合乎正义,那么即使它不生效也毫无关系。与这些学派不同,社会学法学家注意法律的作用,研究他的运用。法律的生命就在于它的适用和施行,因而迫切地需要认真地、科学地研究如何使大量的立法和司法判例得以生效。第四,法律研究的方法应该是对司法、行政和立法以及法学的活动进行心理学的研究,也对理想的哲理进行研究。法律研究方法是现实主义法学纲领的主要一项,但社会学法学与现实主义法学不同的是:前者认为研究的出发点不能仅限于一个方面,即不能仅进行心理学研究。第五,对法制史应进行社会学的研究,即不是仅仅研究法律原理如何演变,仅仅把他们当作法律材料,而且还要研究这种法律原理在过去发生了什么社会效果以及如何发生的。第六,承认对法律规则分别情况加以适用的重要性,即力求对各个案件都能正当、合理地予以解决。第七,在普通法系国家中司法部的作用。第八,以上各点都是达到一个目的的手段,即求使法律秩序的目的更有效地实现的手段。

鉴于以上纲领内容,庞德提出了社会学法学与其法学派的区别:

第一,社会学法学注重的是法律的作用而不是它的抽象内容。与19世纪的分析法学派、历史学派和哲学学派不同,社会学法学认为,法律是社会控制的一种工具,而其他法学派并没有给予我们一种完全的自足自给的法律科学,它们给予我们的仅是使法律作为社会控制有效工具的一种手段。

第二,社会学法学认为,法律是一项社会制度,人们既通过经验发现它,又有意识地创造它;法律既是由理性所发展了的经验,又是由经验所证明了的理性;法律作为一种社会制度,是可以通过人的智慧和努力予以改善的;法律科学的目的就在于促使我们进行这种努力,法学家的职责就在于发现能促进和指引这种努力的最好手段。分析法学派认为,法律是人们有意识地创造的,历史法学派和哲理法学派则认为,法律是被发现出来的。

第三,社会学法学强调法律所要促进的社会目的,而不是强调制裁。法律规则的最终权威来自它们所保障的社会利益,当然它们的权威直接来自国家。而分析法学派坚持以国家武力作为制裁,历史法学派坚持以法律规则背后的社会压力作为力量,哲理法学派则坚持法律规则的道德基础具有拘束力。

第四,社会学法学认为法律规则的种种形式仅是手段问题,更重要的是法律制度、法律学说和法律规则的作用,并认为应研究如何使法律形式最适合当时当地的法律秩序的问题。其他派别则与之不同,分析法学认为制定法是法律的典范,历史法学认为习惯是典型。

第五,社会学法学所使用的是实用主义方法哲学观点各种各样,信奉实证主义、经验主义或现实主义,从不同的出发点阐释社会学法学。

可见,庞德的社会学法学大纲在理论上是相当系统的,从立法到司法,从法律程序到学说,从制度到组织等各个方面说明了社会学法学派别的理论。由此可知,庞德所强调的核心问题是法律的社会作用和效果。

3. 法律与利益

庞德认为,法律所确认保障和实现的利益有三类:个人利益、公共利益、社会利益。个人利益是直接从个人生活名义提出的主张、要求和愿望。社会利益是从社会生活角度出发,为维护社会秩序、社会的正常活动而提出的主张、要求和愿望。当然,每一种主张并不一定只属于一个范畴,同一主张可以以不同名义提出。

个人利益可以分为三类:第一,人格的利益,即涉及个人身体和精神方面的主张或要求,包括:保障个人的身体和健康方面的利益;保障个人意志的自由行使,使其不受强制和欺骗;保障个人的荣誉和名誉;保障私人秘密和宗教情感,前者指本人私事不向外界公开并不由外人议论的利益;信仰和言论自由。第二,家庭关系利益,它包括与个人身体和生活密切联系的一些东西,也涉及经济利益,又不像物质利益那样完全是经济的。这些内容是:父母亲的利益,即根据双亲关系产生的要求;子女的利益,即根据家世关系产生的要求;丈夫的利益,即夫方根据婚姻关系产生的要求;妻子的利益,即妻方根据婚姻关系产生的要求。所有这些要求,既可以对整个社会提出,即要求外人不得干预,也可以对相互关系的另一方提出。第三,物质利益。即个人以经济生活名义提出的主张,包括:对狭义的财产的主张,即有形物,也就是人的生存所依赖的自然资料;企业自由和契约自由,即经营企业、任职、受雇、订立或执行契约;对约定利益的主张,即对约定履行钱款的主张,在复杂的经济制度中,信贷已愈益代替有形物作为交换和商业活动的手段,并日益成为财富的重要形式;外人不得干预自己与他人之间经济利益关系的主张。庞德认为,以上四种是美国社会经济组织的基础。另外又补充两点:结合自由的个人物质利益,即自己与他人在事业、企业和组织方面相互结合,采取个人认为合适的集体行动的利益;继续雇佣的个人物质利益,即保障受雇人在雇佣关系方面的持久性。

公共利益的两项内容是:第一,国家作为法人的利益,包括:人格利益,即国家人格的完整、行动自由、荣誉或尊严,其中又可分为政治组织的安全、政府机构的有效运行和政治组织社会的尊严;物质利益,即政治组织社会作为一个社团,对已取得的和为社团目的而占有的财产的主张,这种财产不同于它行使统治权(非所有权)的社会资源。第二,国家作为社会利益捍卫者的利益,这个内容包含在社会利益的分类中。

社会利益分为六类:第一,一般安全利益。它包在社会利益中居首位,指保障从社会名义并通过社会集团所提出的主张,需要和要求不受各种威胁行为之害。包括:不受外部和内部侵犯的安全;随着现代对自然和疾病原因认识的提高而提出的保健要求利益;和平与秩序,包括制止暴行,防止噪声;法律行为的安全,包括契约的执行等;保护财产权等。第二,社会组织安全的利益,即文明社会要求社会组织的安全,不受威胁其存在或妨碍其有效运行的行为之害。包括:家庭组织的安全,如制止危害家庭关系或破坏婚姻的行为;宗教组织的安全,如制止渎神或伤害宗教感情的行为,但有时言论自由的利益优于这种利益;政治组织的安全,即制止影响工商企业安全的行为。第三,一般道德的利益,即文明社会生活要求制止的触犯道德感的行为,如制止某些不诚实的行为,性关系方面的不道德行为,禁止色情书刊画片等。在旧的道德观念与新的宗教、哲学观念发生冲突时,必须以自由商讨的形式,在道德和进步之间加以平衡。第四,保护社会资源的利益。由于人的愿望是无限的,而满足这些愿望的自然资源却是有限的,因而文明社会生活要求对维护社会生存的财富不应浪费,对毁灭和破坏这些财富的行为应予制止。这个内容包括:保护自然资源,即对森林、能源等的保护;保护人的资源,如对失业和有缺陷的人的帮助和训练等。第五,一般进步的利益,即文明社会生活要求人类力量以及人类对自然控制的发展,以满足人类需要;要求社会工程不断改进。它包括:经济进步,如财产自由、贸易自由、自由竞争以及反对垄断,鼓励发明等;政治进步,包括言论自由等;文化进步,包括科学研究自由、创造自由,以及对文学艺术和教育的鼓励等。美学环境方面的社会利益也是与文化进步利益密切联系的一种社会利益。第六,个人生活方面的利益,即文明社会生活要求每个人都能根据当时社会标准生活,即使不能使所有的人都得到满足,至少也应尽可能合理的,在最大限度上予以满足。这些内容为:个人自我主张的利益,即身体、精神和经济活动方面的利益;个人机会的利益,即在文明社会中,所有人都应有公正的、合理的(平等)机会,包括政治、物质、文化、社会和经济等方面;个人生活条件的利益,即使每个人保证享有在当时当地条件下最低限度的生活条件。①

庞德认为,以上这些利益是有重叠或冲突的,因此,在法律实施对这些利益的社会控制时,就会发生对这些利益如何评价,以及相互冲突时何者应让位等等问题,即法律的价值、价值尺度问题。估计和评价不同的主张和要求,一定要在同一平面上比较。如果将一种要求列为个人利益,另一种要求列为社会利益,那就意味着在排列时事先已做出了决定。只能把几种利益放在一个平面上评价。如果一种主张被认为是权利,另一种主张被认为是政治,或者一种被认为是个人利益,另一种被认为是社会利益,那就无法做出结论。

法学家的一个主要任务就是论证法律的价值准则。由于时代不

---

① 参见沈宗灵:《现代西方法理学》,北京大学出版社1996年版,第291—295页;张乃根:《西方法哲学史纲》,中国政法大学出版社1997年修订版,第300—303页。

同,尺度(准则)的观点也不同:神学的法律秩序、理性的法律秩序、个人的最大限度自由作为法律价值的法律秩序、以经济学作为基础或从阶级斗争理论推论出来的法律秩序等等。但是,没有一种为每个人都能接受并遵守的价值准则。从法律规则的制定、发展和适用来说,获得法律价值准则的方法主要有三种,即经验的方法、理性的方法和权威性的观念的方法。

经验的方法是指通过经验去获得某种东西,他能在最不损害整体利益的条件下来调整各种冲突或重叠的利益,同时通过理性发展这种冲突或重叠的利益,同时通过理性发展这种经验。这样,法律价值的准则就成为一种实际的、能在最少阻碍和最少浪费的条件下来调整关系和安排行为的东西。

理性的方法,即法学家提出的方法。庞德谈到了八个法律前提,他说,在文明社会中,人们必须能假定:第一,其他人不会故意侵犯他。第二,他可以控制自己发现和占有的东西、自己的劳动成果和自己在现行经济制度下所取得的东西。第三,与他进行社会交往的人将会善意地行为,并履行承诺;根据社会道德感来完成约定;将不应收受的东西归还人。第四,一个人行动时应注意不使他人受到损害。第五,有可能会对他人造成损害的人,应严加注意。第六,承认有工作的人对工作的要求。第七,企业负担人们活动时的消耗。第八,社会负担个人的不幸。

权威性观念的方法,即提出法律秩序理想图画的方法。庞德认为,17—19世纪是以一个自由竞争为基础的法律秩序的理想图画,到了20世纪,这一理想图画已不适合时代的要求。这个时候既要有个人自由竞争,也要有社会合作。这表现了这个世纪的法律秩序的理想。因为,一方面,个人自由竞争必须用社会合作加以补充,另一方面,自由竞争代表了个人的主动精神,绝不能抛弃。[①]

---

① 参见沈宗灵:《现代西方法理学》,北京大学出版社1996年版,第295—298页。

第八章 新自然法学

第一节 当代自然法的概况

一、自然法的复兴

自然法的理论是西方法理学的主导问题之一,每个时期都有这种理论。在古希腊罗马,比如在斯多葛那里,自然法代表着宇宙和人类的规律,在中世纪,比如在阿奎那那里,它代表着神意,在古典自然法学那里,自然法代表着人的理性。到了19世纪,自然法学遭到了批判,在功利主义、分析法学和历史法学眼里,自然法代表着虚构、狂热、空洞和贫乏,因为自然法的理论除了几条理想的口号之外,别无他物。由于分析法学和历史法学的巨大影响,自然法的思想在工业革命之后不再有什么市场。这种情况大体一直延续到第二次世界大战之后。一般认为,第二次世界大战后,人们从纳粹的血腥法律中认识到,法律未尝不能成为推行集权和暴行的工具,因此,法学家们又开始探讨法律所应该包含的价值成分,重新正视人性和人的尊严,在这样的情况下,一种新的自然法理论得以产生,这就是所谓的"自然法的复兴"。

现代的自然法的理论,已经不同于古代和近代的自然法理论,它不再是一种形而上学的东西,有人归结为人的尊严,比如马里旦的天主教人权理论,有人将自然法归结为道德,比如富勒的法律的道德性理论,有人归结为权利,比如德沃金的法律权利论,有人归结为社会制度的公正,比如罗尔斯的社会正义理论。属于这种思潮的代表人物繁多,各自的理论也不尽相同,同时归类为新自然法学是基于他们之间这样的共同之处:从抽象意义上讲,一个国家的实在法律制度应该合乎一些理想价值。

二、当代自然法理论复兴的原因

自然法学的复兴,有着多种理由。我们可以这样来看:

1. 对纳粹法律的反思

第二次世界大战后,人们在反思希特勒纳粹法律后,得出的结论是,法律实证主义下的法律并不直接意味着法治,它同样可以用于反人类的目的。因此,仅仅有实在法是不够的,法律需要有价值理想的支撑。最为明显的例子,就是拉德布鲁赫从一个实证主义者演变成一个自然法学者。

2. 分析实证主义法学的缺陷

分析实证主义法学理论本身存在着它自身的缺陷,自然法学成为法律理论不可或缺的部分。事实上,哈特和富勒的理论论战,除了反思纳粹法律的原因之外,理论与理论之间的矛盾冲突也是这场自然法复兴的重要原因。在自然法学复兴之前,英美的法理学领域,是分析实证主义法学的天下,这种法学经历了将近一百多年的发展后,其自身的缺陷也开始显现出来,它不能解释许多新的法律问题,比如法律规则和法律发展的问题,在这种情况下,新的自然法学也成为一种反对分析实证主义法学的运动,开始注重法律本身的价值,注重法律之外的因素。

3. 自然法理论内在的发展逻辑

19世纪,自然法理论受到了排斥,但是,自然法的理论并没有完全销声匿迹,其理论的传统一直在默默地延续。到19世纪末期的时候,新康德主义和新黑格尔主义的理论就开始登上历史舞台,目的法学和社会法学其实也并不完全排斥自然法的理论,天主教的神学理论也一直在延续。这些理论都从各自的角度对于分析实证主义法学进行了抨击。这些新的注重法律价值的理论发展,及其对实证主义的批判,到第二次世界大战以后达到了高潮,出现了"复兴"的局面。在一定的程度上讲,是古典法律价值论和权利论的一种复兴,但是这些学者大多把自己与17—18世纪的自然法学区别开来,不愿意称自己的理论是一种臆想的、形而上学的和没有客观基础的法律理论。

第二节 自然法与人权理论

一、马里旦与人权宣言

雅克·马里旦(1882—1973年)是当代著名的新托马斯主义哲学家和法学家。他是第二次世界大战后自然法理论的主要倡导者之一,特别是他所倡导的、独具风采的人格主义的学说,是第二次世界大战后西方人权思潮的先驱,并成为这股人权思潮的法哲学理论的奠基人之一。马里旦学识渊博、研究领域宽泛,除宗教学以外,还涉及哲学、伦理学、美学、教育学以及政治、法律诸学科。晚年主攻政治法律伦理。他的主要著作有:《哲学导论》(1930)、《宗教和文化》(1931)、《现代世界中的自由》(1933)、《真正的人道主义》(1938)、《人权和自然法》(1943)、《基督教和民主》(1944)、《人和国家》(1951)、《论历史哲学》(1957)等。这些著作大多含有法律问题的内容,但作为法律理论的专著,当属《人权和自然法》、《人和国家》两本书。

自20世纪20年代后期始,马里旦就积极地参与世界人权活动。他对1929年10月国际法协会在纽约通过的《人权国际宣言》、对印度爱国者甘地的非暴力抵抗运动所作专题评述,就颇负声誉。在第二次世界大战期间,他猛烈地抨击纳粹德国种族灭绝之类的反人权的罪恶行径;赞扬美国罗斯福总统"新政"中有关人权的改良政策。

第二次世界大战后,马里旦作为西方世界有权威的人权理论家之一,经常应邀参加联合国所举行的人权活动。1947年11月6日,他出席联合国教育、科学和文化组织召开的人权问题的第二届世界会议。他在大会上作了系统的发言,其主题是论证在当前形势下世界各国缔结国际人权公约的可能性。他说:"人们为了共同完成一项有关精神面貌发展前景的任务而聚会一堂。他们来自世界各地,他们不仅属于不同的文化和文明,而且属于不同的精神系统和敌对的思想流派。我们如何能设想他们会达成一项协议呢?既然联合国教育、科学及文化组织的目标是一个注重实践的目标,那么,它的成员就可以自然地达成协议,这并非基于共同的纯理论上的见解,而是基于共同的注重实践的见解,并非基于对有关世界、人和知识及同一概念的确认,而是基于对有关行动的同一套信念的确认。这无疑是十分渺小的,是人们达成理智协议的最后避难所。然而,它却足以承担一项巨大的工作,并将对于我们了解这套共同的实践信念有深刻的意义。""我想在这里指出,意识形态和原则这两个词可以用很不同的方式来了解。我刚才讲到,人们目前的思想分歧状态不容许他们就一种共同的纯理论的意识形态达成协议,也不容许他们就共同的解释的原则达成协议,可是相反的,当目前这种状态由于各自由国家的人民的自觉意识,在一种有生命力的(即使还不是有条理的)形式下,在关系到基本的实践意识形态以及今天人们所默认的行为基本原则时,这就在极端不同的理论意识形态和精神传统方面的实践之汇合点上,大致地构成了一种共同的信念,一种不成文的习惯法。要了解这一点,只要把以下两方面加以适当区别就够了:一方面是理智根据,它是同哲学学说或宗教信仰的精神动力不可分割的;另一方面是各种实践结论,它们各自成为每件事情的根据,而对所有的事情来说则成为类似共同的行为原则。我完全相信,我对人权的信念以及对自由、平等和博爱的理想的论证方式是牢固地以真理为基础的唯一方式。但这并不阻止我在这些实践原则上同那些相信自己的论证方式(在理论动力方面同我的论证方式完全两样甚至相反)同样是真理的人取得一致意见。假定一个基督教徒和一个理性主义者都赞成民主宪章,可是他们会专心致志地做出相互抵触的论证,并将为这些论证而奋斗。的确不能说辨别哪一种论证是正确的这件事是无关紧要的!这实质上是很重要的。可是他们双方在实际肯定这一宪章方面还是一致的,并且他们还可以一起规定共同的行动准则。"[①]马里旦总的结论是:在理论概念是相互对立的人们可以达成单纯实践上的关于人权项目的国际协议和缔结人权的国际公约。

马里旦参与了1948年联合国《世界人权宣言》的起草工作。值得注意的是,该《宣言》同马里旦的《人权和自然法》一书所阐发的精

[①] 马里旦:《人和国家》,霍宗彦译,商务印书馆1964年版,第73—74页。

神颇多一致。后来,当马里旦对《宣言》进行评论时仍然贯穿着他严格区分"纯理论"与"实践"、"概念的确认"和"信念的确认"的观点。他说,有些权利是一种"实践结论",要对它们确立一个共同的表述方式是可能的;但要对这些实践结论和这些权利寻找一个共同的"理性根源",则是完全徒劳的。也就是说,纯理论和概念的确认不可能达成一致,而实践和信念的确认都可能获得一致。

二、人权的哲学基础是自然法

马里旦指出,在理性的解释和论证方面,在纯理论或理论方面,人权问题展现了每一个人所承认的道德和形而上学确实性的全部体系。只要人的思想信仰或哲学缺乏一致性,解释和论证就会互相冲突。相反地,在实际主张的领域中,用一种实用多于理论的手段,用一种共同致力于比较、修改和改善各种草案的办法,以便使所有的人不管理论观点如何分歧,都可以承认这些草案是实际的汇合点,是有可能就一个共同宣言取得一致意见的。所以任何东西都不能阻止人权实践方面的这些共同表述。这显示着全世界联合一致的过程在不断进步。

马里旦认为,"就人权而论,对一个哲学家关系最大的事情就是人权的理性基础问题……人权的哲学基础是自然法。"[①]所以,他强调,为了用一种哲学方法对待人权的问题,我们就必须首先考察自然法。

1. 自然法观念的历史

马里旦指出,真正的自然法观念是希腊和基督教思想的一种遗产,它可以推溯到以前的西班牙神学家雷斯和福朗西斯科(法·比托里亚),推溯到圣·托马斯·阿奎那;再往前还可以推溯到圣·奥古斯丁,教父们和圣保罗;甚至一直推溯到西塞罗、斯多葛学派,古代的大道德家和大诗人,尤其是古希腊悲剧作家索福克勒斯。

自然法不仅规定要做的事和不要做的事情,他还承认权利、特别是那些与人性相连的权利。享有权利仅仅因为他是一个人,是一个

[①] 马里旦:《人和国家》,第76页。

整体,是他自己及其行为的主人。人不是达到目的的一种手段,而是目的,一种必须得到认真对待的目的。人的尊严这一术语仅仅意味着,根据自然法的要求,人有权受到尊重。人是权利的主体,自然享有权利。在这里,马里旦将上帝联系起来,用神学的观点来分析自然法和人权。他说,权利观念与道德责任的观念一样,它们都建立在某种精神自由之上。在人权与自然法的相互关系中,正是这种自然法赋予我们基本的权利。我们都生存于被创造的普遍秩序即宇宙的大家庭及其法律和规则之下,拥有其他人以及人的群体所拥有的权利,同时,我们作为理智生物的行为又都受纯粹智慧原则的约束。我们每个人享有的每一种自然的权利,都来源于上帝的纯粹正义。所以,自然法就是上帝的法。

由此,马里旦批评了历史上两种人权观。一种是17、18世纪启蒙学者们的个人主义人权观;另一种是19世纪实证主义者对人权和自然法的看法,个人主义人权观论者试图把人权的基础建立在这样一种宣告上:人仅仅服从于他自己的意志和自由,而不是其他什么法律。这也就是卢梭所说的,一个人必须:"只能服从他自己"(obey only himself)。在卢梭等人看来,似乎来源于自然世界的任何标准和规则,都将在此时或彼时破坏人的自治和人的尊严。这种哲学不是建立在人权的坚实的基础之上,而是建立于幻想之上。它折中和滥用了人的权利,引导人们去相信他们享有的权利是基于他们自身的神圣性和无限性。这样就必然逃避任何客观的标准,否定任何对自我主张的限制。这种个人主体的绝对独立和绝对权利的主张,实际上是以牺牲所有其他人为代价来扩展自己的权利。持有此主张的人们,当其遭遇不可实现的挫折后,便会心灰意冷,认为人权破产了。于是,他们当中有些人用受奴役者的狂热来反对这些权利;有些人虽然仍然相信这些权利,但不免带有怀疑主义色彩。

其次,马里旦说,历史上有个时期,实证主义加诸自然法思想的污辱,不可避免地使人权思想也遭到同样的败坏。这里指的是19世纪法律实证主义对自然法学的否定和批评。在法律实证主义看来,权利仅仅来源于实在法的规定,而建立在自然法基础上的人权不过是空话。马里旦指出,这种只承认经验事实的实证主义哲学,表明了它是没有能力理解和确定这样一些权利的。这些权利是人自然地拥有的、先于并高于成文法和各政府之间的协议的权利。它是公民社会不必授予但却必须承认和肯定为普遍有效的权利,并且是任何社会需要都不能哪怕暂时加以取消或置之不顾的权利。法律实证主义在19世纪战胜自然法学,并不意味着自然法本身的死亡,而只意味着19世纪前半期所产生的保守的历史学派对革命的理性主义学派的胜利。19世纪末人们宣布所谓"自然法的复兴",就是最好的证据。马里旦说:"对于只承认事实的一种哲学来说,价值观念是不能设想的。然而,一个人如果不相信,他怎么能要求权利呢?如果肯定人的内在价值和尊严是无意义的话,那么肯定人的自然权利也是毫无意义的了。"①由此推断,一种智慧和道德上的革命是需要的,借此才能在真正哲学的基础上重建人类尊严和人类权利的信仰,重新发现这种信仰的真正来源。马里旦自诩,他的自然法理论正是承担这一历史使命的。

2. 自然法的本体论要素与认识论要素

马里旦认为自然法包含有两种要素:一是自然法的本体论要素,一是自然法的认识论要素。

其一,自然法的本体论要素,指以人这一存在的本质为依据而发生作用的常态。所有的人都具有一种同样的人性、具有智慧,他们在行动时,了解自己在做什么,这就是表明他有能力为自己确定其所追求的目的。另一方面,人性的共同性又决定了人所追求的目的也必然具有一定的共同性。不成文的自然法不外乎就是借助这种先天的人性的力量,才造成人类社会的次序或安排。由于人是有理性的,所以能够发现这种次序或安排,并且人为了自身利益就需要使自己意志同人类基本的、必然的目的合拍,亦即一定要遵循这种次序或安排。

所谓"发生作用的常态",是指一个理智存在物为了本身的特殊需要和特殊目的,"应该"在其成长或行为方面达到完美程度的那种正当方式。当"应该"进入自由行为的领域后,就有了一种"道德"的

---

① 马里旦:《人和国家》,第91页。

意义。从这个角度上说,自然法就是一种道德的法则。马里旦说:"在其本体论方面,自然法是有关人的行动的理想程序,是合适和不合适行动,正当和不正当行动的一条分水岭,它依靠着人的本性或本质以及根源于这种本性或本质的不变的必然性。"①举例说,自然法规定"你勿杀人"就是以人的本质为依据,并为人的本质所要求的。因为,来自人性的首要和最普遍的目的就是保持人的生存;人作为人而言,都具有生存的权利。与此相反,种族灭绝则与人类的本性相对抗,是同人类本性的一般目的和最内在的功能不相容的行为,因而是自然法所绝对禁止的。联合国大会通过的《世界人权宣言》对种族灭绝的谴责,正式承认了自然法对这种犯罪行为的禁止。

一言以蔽之,自然法的本体论要素说的就是造物主安排的、直接来自人类本体论的要素。对于自然法而言,这是最根本的要素。不过人的本体是一种抽象的、人类的存在,而非孤独地以单一的人为载体。因此,自然法又是作为一种理想程序而处在一切人类共同生存之中的。

其二,自然法的认识论要素,指被人们所知道的、在实际上指导人的实践理性的自然法。它是人行为的尺度。自然法是一种不成文法,对自然法的知识是随着人的道德良知的发展和认识能力的提高,而一点一点增加的。起初人的道德良知和认识能力处于朦胧的和落后的状态,然后继续发展并不断变得精密。这里,马里旦区分了法律和对法律的知识两种。自然法的认识论的要素更多地是指后者。

对自然法的知识,马里旦复活了托马斯·阿奎那的方法,即人的理性是通过人类本性的倾向的指引来发现自然法。也就是说,人类对自然法的认识不是通过概念的推理和判断获得的明确的知识,而是凭借人的共同本性产生出来模糊不清的、缺乏系统性的知识。这就是马里旦所形象地表述的,"理智为了要进行判断,就要求教并倾听恒久趋向的颤动的弦线在这一问题所发出的内在旋律。"所以,仅就认识论的要素而言,"自然法只包括人们依靠由倾向而认识的伦理条例的领域,这些条例是道德生活中的基本原则,它们是从最一般

---

① 马里旦:《人和国家》,第83页。

的原则起直到越来越具体的原则为止,逐渐地为人们所认识的"①。

以自然法的认识论要素为根据,马里旦提出自然法的动态方案理论。即对自然法的认识,便是不同的自然法学说。他认为,自然法同道德经验和自我反省以及人们在各个历史时期所能获得的社会经验,成正比例地发展。因此,在古代和中世纪,人们更多地注意自然法中人的义务而不大注意人的权利。随着道德和社会经验的进步,18世纪人们充分地提出了为自然法所要求的人的权利。通过这种进步,表现人类根本倾向就可以自由发展,从而通过倾向而获得的有关人权的知识也随之发展起来。不过一个真正的和全面的观点,应该兼顾自然法要求中所包含的义务和权利两个侧面。

马里旦最后强调,人权是同人的尊严与人的价值联系在一起的。同样,人的尊严与价值,只能在自然法中得到解释。并且,这种自然法最终归结为神的永恒法所建立的秩序。他说:法律必须是一种理性的秩序,自然法或依靠人类倾向而知道的人性发生作用的常态,其所以是对良知具有拘束力的法律,仅仅因为人类本性及其倾向表明了一种神圣理性的秩序。正像当年托马斯·阿奎那所界定的那样,"自然法之所以是法律,仅仅因为它是对永恒法的一种参与"②。

三、人权的分类和内容

马里旦在《人权和自然法》一书中,把人权划分为三大类,即人格权(the rights of the human person)、公民人格权(the rights of civil person)和劳动人格权利(the rights of the working person)。

1. 人格权

人格权通称为人权,包括以下广泛的具体权利:生存权;人的自由权,或人用上帝和社会法律来引导自己生活的权利;追求理性和道德人生完美的权利;按上帝指引的道路追求永恒生命的权利;教会和其他宗教家族自由从事精神活动的权利;追求宗教职业的权利,宗教秩序和团体的自由;自己选择婚姻权利和建立家庭的权利;尊重宪法

---

① 马里旦:《人和国家》,第87页。
② 同上书,第90页。

的家庭社会权利,这种根本上涉及道德的权利根源于自然法而不是国家的法律;保持一个人身体完整的权利;财产权;最后,每个人被当作一个人,而不是一件物来对待的权利。① 马里旦似乎把这些权利与一个人内在的人格联系起来,认为这些权利基于一个人成其为人的基本权利。

按照马里旦的观点,有两种情况是国家所不能干涉的。第一,真理的世界(科学、智慧和诗歌)就其性质而言,属于一个高于政治共同体的领域。如此,国家在一定的条件下能够要求一个数学家去教数学,一位哲学家去教哲学,但国家不能强迫一位哲学家或数学家采用一种哲学学说或数学学说,因为它只属于真理领域中的事情。第二,内心的隐私和自由的行为、道德律的世界、信仰上帝的良知,所有这些本性上属于超自然的秩序,也不容国家插手,良知只有在立法权威宣告的前提下才具有法律的效力,然而大众和国家却不是良知的标准。无疑,国家和法律不仅有物质,也有道德功能和教育功能。只有在我的良知出现迷惑,从而根据实施的行为成为犯罪或非法时,国家才有权惩罚我。即令如此,国家仍然没有权威来改变我对良知的判断。以此类推,每一个人都有权对涉及个人命运的事作出决定。比如,选择自己的工作,按自己的选择处理婚姻事宜,以及追求一种宗教的职业。只有在为了共同体的安全而急需的情形下,国家才有权要求公民提供一定的服务或去参加正义的战争,以及对公民的权利加以某种限制。

马里旦作为笃诚的天主教神学家,必须把人格权的根源归之于上帝。为此,他再次对资产阶级启蒙思想家们的人权理论提出异议。他说,所有人格权利都根植于个人这个精神和自由载体的天性,即超越时间的命运和绝对价值的秩序。法国《人权宣言》把这些权利限定在启蒙学者和百科全书派的理性主义者的理论范围之内,是模糊不清的;美国《独立宣言》深受洛克"自然宗教"的影响,比较符合原始基督教特征。鉴于此,他断然认为,百科全书派的理性主义败坏了基督教的学说,他引用契彻斯特主教的话说:"对费尔格利姆之父们

---

① J. Maritain, *The Rights of Man and Natural Law*, New York, 1943, pp. 111—112.

来说——他们在17世纪在新英格兰创立了他们的宪法——这些权利有一种基督教的来源。"人权的意识确实是建立在基督教哲学世界观和自然法的概念的基础之上的。通过以上的分析,马里旦的结论是:"这些权利的首要一条是人通过其良知感知上帝表明的道路趋问他自身内在的命运。在上帝和真理面前,一个人无权依某一时的兴致选择道路,只要他有智力,他就必然选择正确的道路。但对于国家,对于现世的共同体和现世的权力而言,他有权按自己的意志自由地选择他的宗教道路,他的意识的自由是一种自然的,不可侵权的权利。"①

2. 公民人格权

公民人格权,又称政治权,包括:每一公民积极参加政治生活的权利,特别是平等的普选权;人民制定国家的宪法,决定他们自己政府形式的权利;结社权(这种权利只受维护共同的善由法律规定的必要限制),其中特别是形成政党或政治学派的权利;调查和讨论权(表达自由);政治平等,在国家中每个公民安全和自由的平等权;每项保证独立司法权的平等权;允许公民平等地参与公共服务和自由选择各种职业的平等的可能性。②

公民人格权直接来源实在法和政治共同体的基本宪法,而不直接依赖于自然法。其原因不仅仅由于人类法以一般方式完成自然法未决定部分的目标,还由于完成这种工作与内涵于人性中的志向相一致。

马里旦从亚里士多德的"人是政治的动物"这一命题开始,对人权问题展开论述。他说,这句名言不只是意味着人天然地要过社会生活,也意味着人天然地要求领导政治生活和积极地参与政治体的生活。正是在人性的这种假定之上,政治自由和政治权利才得以存在。特别是选举权,最明显地表现了这一点。马里旦分析说,有时人放弃积极参与政治的权利;有时甚至像一个政治奴隶那样生活于政治共同体之中,被动地把共同体管理的领导权让渡出去。这实际上

---

① J. Maritain, *The Rights of Man and Natural Law*, New York, 1943, pp. 81—82.
② Ibid., pp. 112—113.

是放弃了人性中的一种权利。或许这种权利会带来劳役、紧张和痛苦,但它仍属人的尊严的一部分。一个由它的人民自由地选举其统治者的文明国家,是一种较为完善的国家。人民自由选举出的统治者引导自由的人民通向共同的善,为积极参与政治生活最基本的要素,其含义是人民的代表和国家的官员由人民投票选举。这也是普选制具有基本政治价值和人类价值的原因。对于一个共同体内自由的人民而言,这是一项不可放弃的权利。由此出发,马里旦提倡要建立多元政党和多元政治流派的制度,批评一党制。

公民人格权是真正政治民主的根基,有公民权而生的宪法和政府便是首要和最基本的政治权利。这种权利只从属于正义和自然法的要求。所有文明的民族都有一部基本的宪法,在过去这往往是一种协议和传统,而不是一种法律的制度。采取实证形式来制定和宣告的宪法,是以其人民自由决定并愿过政治生活为前提的。它与政治意识和政治组织的进步相一致。

公民人格权除了政治平等和法律平等外,还包括平等的接纳权,即所有公民按其能力受到公共的雇佣,自由地从事各种职业,而没有种族和社会的歧视。从广义上看,公民权不仅适用于本国的公民,而且还适用于生活在该国且尊重万民法的外国人。

关于结社权和言论自由。马里旦认为,一旦结社权被国家所确认,并成为国家处理共同善的规则时,它便带上了政治的形式。但这种权利实质上是一种自然权利。言论和表达自由,更贴切地说是调查和讨论的自由。这种自由具有严格的政治价值,是一个共同体所需要的真和善的标准。由于追求真理是人的天性,所以调查的自由属于人的基本的自然权利之一。传播思想的自由则像结社自由一样,也要服从实在法。任何人不能以思想产生于人的理智为口实,就认为自己有权在共同体里肆意传播。所以,共同体在一定情况下适当地限制这种自由,可以是正当的。

3. 劳动人格权

马里旦有时把劳动人格权当作社会成员所享有的一种特殊权利。它在内容上包括有:自由选择自己工作的权利;自由形成职业团体和工会的权利;工人被社会视为成年人的权利;经济团体(工会和劳动者联合会)及其他社会团体自由和自治的权利;用一种联合体制的企业共同所有权和共同管理权代替现行工资体制,也是一种"劳动权能";救济、失业保险、疾病津贴和社会安全的权利;根据社会团体的可能性,免费分享文明的基本物质和基本福利的权利。在这方面,马里旦还以英国新教育同盟协会1942年4月12日通过的一项法律来补充说明。即一个国家必须有超性别、种族、国籍、信仰和社会地位的关于儿童的基本的、最低限度的权利,其中包括:国家提供每个儿童适当的衣、食、住条件,普遍的医疗保证,全日制教育的平等机会,普遍的宗教训练。①

劳动人格权是社会人权的一种。同许多西方思想家一样,马里旦认为:文明的新时代的人权概念,不限于政治法律范畴,而应从社会、经济和文化诸方面来界定。比如,制造者和消费者的权利、技术人员的权利、献身于精神劳动者的权利都应包括在内。但是,最紧迫的问题则涉及劳动中的权利。这就是马里旦的自由主义同西方19世纪的绝对自由主义(放任的自由主义)区别开来,而同现代的社会本体论甚至福利国家论相一致。其中包含着各种新的改良主义的主张和措施。

在劳动中的人权问题上,马里旦强调如下几点:第一,劳动者的尊严。马里旦指出,19世纪出现的"自我意识"归功于劳动者和劳动社区。这种运动在影响经济生活和现存的秩序方面主要具有精神和道德的意义。通过它,我们可以把握同时具有进攻性和谦让性的人的尊严,以及现代历史中劳动者的世界使命。它意味着人及其组成劳动社区的自由和人格的升腾。换言之,这个历史性的目标,体现劳动和劳动者尊严的意识。第二,取得一定水平的劳动报酬即所谓"平等的工资权"。一个人的工作不仅仅是服从供求关系的一件商品,他得到的工资应该能使他及他的家庭享受一个达到社会正常标准的生活。当经济制度变化后,人类法律无疑地要承认这种变化所带来的相应的有关劳动的其他权利。在一定的情况下,只有彻底地改变现行体制,才能真正实现一个人的工作权利,社会的变革才能获

---

① J. Maritain, *The Rights of Man and Natural Law*, pp. 113—114.

得一种强有力的推动力。第三,集体行动的自由。工作作为一种个人所有的权利,同劳动团体的权利、工会和其他职业团体的权利,以及同最具有重要性的联合自由,是紧密相关的。工人能自由地组成工会,工会有不受国家强制力支配的自治权;他们能够在法律的范围内充分地利用自然的武器,比如行使罢工权。这些权利来自实在法的规定,是一种新经济体制出现的正常条件。

最后,马里旦把人权提到历史的高度进行论述。他明确地指出:在古代,最伟大的思想家们也没有梦想去否定奴役制。中世纪的神学家们只是认为极端形式的奴役制不合乎自然法,因为在那里,奴隶的身体和生命、他的基本权利,就像婚姻那样,来自他主人的恩赐。这是由于两方面原因造成的,即人类工作的物质与技术条件的限制和集体生活里精神力量造成的障碍。奴隶制、农奴制和对无产阶级等其他形式的奴役,都已随着或将随着生产技术和社会生活的完美,社会生活精神的解放,而逐渐被消灭。由机械化造成的现代经济就技术变化而言,是比过去动物耕作代替人工耕作的方式扮演更重要更有决定性的力量。如果人的理性强大得足以克服那种历史性的由巨大机械化技术力量所造成的难以克服的危险,那么一种新的自由,一种新的统治就会产生。但不要忘记,即使这种新的统治,仍与自由人完全解放存在距离。这里,马里旦站在天主教思想家的立场上,认为真正的非奴役制只有在上帝那里才能到达,天国才是人类最终获得人权的地方。

在《人权和自然法》一书中,马里旦还提到对国际秩序方面的权利的研究问题,但没有展开。他认为,这属于一个特殊的领域,其中更为重要的是每一个国家的权利。任何一个国家,不论大小,都具有自由和自治及受尊敬的权利,尊重神圣誓言和条约规定的权利,和平发展的权利。不过,和平发展权是一种普遍的权利,它要求建立具有普遍司法权的国际社会和组织全球性的联邦制。[1] 很明显,这里已包含着马里旦后来大肆推崇的世界主义的国家观和法律观。

---

[1] J. Maritain, *The Rights of Man and Natural Law*, p.111.

四、人权的理论分析与评论

马里旦的《人和国家》一书，较之他先前的《人权和自然法》，对人权问题的研究在理论上得到了进一步深化，特别是同第二次世界大战后的国际新形势紧密相结合。在《人和国家》中，作者把人权划分为："一般人权"和"特殊人权"两类。而在分析一般人权之前，它设定"自然法"、"实在法"和"国际法"三个概念。马里旦说，自然法是处理各种必然地同"行善避恶"这一首要原则相联系的权利和义务。就其本性而言，它是普遍的和永恒的。实在法是在一个特定社会集团里有效的整套法律，是处理偶然地同首要原则相联系的各种权利和义务。它与人的理性和意志所产生的行为方式相联系，确定哪些事情是好的和可以容许的，哪些事情是坏的和不允许的，国际法和万民法，处于自然法和实在法之间。它通过概念的运用或通过倾向为人所理解。在这一意义上，它属于实在法，并正式构成法律次序。但就其内容而论，国际法既包括自然法范围内的东西，也包括自然法范围外的东西。而在这两种情况下，他都理性推论出来；因而也就像自然法那样，是处理必然地同首要原则相联系的各种权利和义务。

另一方面，国际法和实在法依靠自然法而具有法律效力，并使其为人民所遵从。它们是自然法的延伸和扩展，是自然法进入到了人性的主要倾向越来越不能加以决定的各个客观领域。也就是说，自然法本身所未加确立的事情以后将被确定；或者借以实在法对待定的人确立权利义务关系。因而，在自然法，国际法和实在法之间，存在一种察觉不到的转化。有一种动力促使不成文法在人类法确定的领域内变得更加完善和公正。在这里，马里旦提出了人权动力发展的观点，认为人权是按照这一动力而在共同体中采取政治和社会的形式。

在分析自然法、国际法和实在法的相互关系之后，马里旦进一步对一般人权加以归类。他说，人对生存、人身自由以及追求道德生活的完善的权利，属于自然法。至于对社会财富的占有，可以有三种情况。其一，只要人类自然的有权享有供自己共同使用的自然物质财富,它就属于自然法。其二,与前者相区别的,只要理性必然地得出结论,认为为了共同福利,并作为管理物使财富一定要私有,那么对物质财富的私有权就属于国际法或万民法。其三,至于私有权的具体形式,按照特定社会及其经济的发展状态而有不同,这主要由实在法加以确定。

按照马里旦的看法,美国罗斯福总统提出的所谓"四大自由",包括:(1)在世界上任何地方的言论和表达的自由。(2)在世界上任何地方任何人信仰上帝的自由。(3)各民族摆脱匮乏或贫乏的桎梏而生活的自由("免于匮乏道德自由")。(4)摆脱恐惧或桎梏而生活的自由("免于恐惧的自由"),与法律的要求相一致。它们可以由实在法以及文明世界各种相应的经济和政治组织来加以实现。每个人所享有的选举国家官员的权利是从实在法中产生的,实在法规定人民的各种自治的自然权利如何应用于一个"民主的社会"。

马里旦还论述各种自然人权的不可让与性。他声称,自然人权是不可让与的,因为它们从人的本身为依据,而人的本性又是任何人都不能丧失的。每一种法律,尤其是自然人权所依据的自然法,都旨在增进共同福利;同样地,人权也和共同福利有着一种内在的关系。不过,这有两种情况:其一,有些人权,如生存或追求幸福权,具有这样一种性质,即如果国家能够在任何程度上限制人们对它们的自然享有,共同福利就会受到危害。因此,它们是绝对不能让与的。其二,有些人权,如结社或言论自由权,则具有另外的性质,即如果政治体不能在某种程度上限制人们对它们的自然享有,共同福利就会受到危害。因而,这些权利只是基本上不能让与的。

在权利是否受限制问题上,马里旦提出了权利的享有和权利的行使两个概念。他认为,权利的行使要服从正义在每一场合下所规定的条件和限制。举例说,一个人享有的生存权是不能让与的,但将一个犯人判处死刑有可能是公正的。这是由于,他因犯罪使自己丧失了权利,在道德上使自己与人类共同体割裂开来。再如,通过教育接受人类文化遗产的权利,也是一个基本的绝对不能让与的权利。但这一权利的行使则要服从某一社会的具体可能性。纵然人人都受教育的主张是合法并且迟早都是会实现的,但主张此时此地由每一个人和所有的人都超越社会能提供的有限条件去行使这种权利,那么便会违反正义。简言之,"人们享有不能让与的权利,但由于每一时期的社会结构是仍有非人到因素,他们便被剥夺了行使其中某些权利的可能性"①。马里旦还补充道,在历史前进的过程中,有时放弃使我们现今仍然继续享有的某些权利是合适的。

在论述特殊人权时,马里旦区分了"新"权利和"旧"权利。其一,"旧"权利,大体上指作为一个人类和社会的人所享有的权利即个人权利,核心便是自由的相互协议权和私有权。19世纪的历史,就是人们不断追求这种旧权利的历史。1850年实施惩处逃亡奴隶的法律,许多人的良知把任何对逃亡奴隶的援助看作反对所有权的犯罪,正是这种旧权利要求的典型。在那个时候,自由的相互协议权和私有权被认为是一种神圣的、无限的绝对权利。法国1791年公布禁止工人组织工会和和罢工的法律,认为这种结社权和罢工权是对自由和人权宣言的攻击,是间接的恢复旧的社团制度的企图。其二,"新"权利则指社会方面,特别是经济方面的权利。用马里旦自己的话说,就是一个人作为从事生产和消费活动的社会的人的权利,尤其作为一个工作者的权利。在《人权和自然法》里系统论述的"劳动人格权",正是这种权利,"新"权利一方面牵涉到先于政治性国家而存在的家庭社会这种原始性的权利,另一方面更牵涉到从事社会劳动职能的人的权利,马里旦强调,新旧权利的关系要侧重把握以下两点。其一,人类新旧权利之间存在着矛盾和对立。从历史上看,新权利的产生是人们对某些旧权利激烈反抗、斗争并予以克服而取得的。比如,要求取得公平工资权和其他类似的权利,就是反对自由的相互协议权和私有权而产生的。其中的根本原因,可以用自然法的理论加以解释。在自然法里,有关的事情和法律本身存在着某种固定性,但它又存在着可变性,也就是说,随着事物进一步向前发展,随着人的认识水平的提高,人们就会自然地改变旧权利,确立新权利。其二,新权利和旧权利之间的矛盾是可以调和的。两种权利的对立,是两种对立的意识形态和政治制度的对立,并不意味着两者之间的绝

---

① 马里旦:《人和国家》,第111页。

对不调和。因为"承认某一种类的的权利并不是一个思想学派牺牲其他学派的特权;做一个卢梭的门徒来承认个人权利,并不比做一个马克思主义者来承认经济和社会的权利有更多的必要。事实上,联合国在1948年12月10日所通过并公布的普遍人权宣言,对'新'、'旧'两种权利是兼容并蓄的。"①马里旦还从权利受限制的角度来看两种权利的对立和协调。他说如果每一种人权都具有神圣性,在本性上都是绝对无条件的和不受任何限制的,那么这些权利之间的任何冲突就一定不可调和。但是,这些权利既然是人的,那么至少就这些权利的行使,特别是各种经济和社会权利(人作为生活在社会中的人的权利之一)的行使来说,有时对个人给以某种程度的限制,这是一种正常的现象。造成人们中间难以消除的分歧和矛盾的,是对于那种限制的决定的价值尺度。这里便遇到了各种对立的政治哲学之间的冲突。马里旦声称,在这种情况下,要解决的问题,已不再是简单地承认各种不同种类的人权,而是据以贯彻哲学人权的能动的统一原则。

最后,马里旦比较了三种对立的人权学说,即自由个人主义人权说、共产主义人权说和人格主义说,特别是比较了三者对于人类尊严的标志的主要观点。自由个人主义认为人类尊严的标志,主要是每个人单独处理自然财富,以便任意做他所要做的任何事情的力量。共产主义人权说认为人类尊严的标志,主要是使这些同样的财富服从社会团体的集体指挥,以便解放人类劳动并取得对历史的控制的力量。人格主义人权说则认为人类尊严的标志,主要是使这些自然财富服务于人的道德和精神的福利或人的自主自由的力量。尽管三者差异如此巨大,但它们会在纸上写出类似的、也许是同样的人权项目。然而又不会用同样的方式来对待这个问题。每一件事情都取决于安排和限制这些权利的最高价值。正是根据彼此赞同的价值体系,决定着如何使人权进入被认为应该存在的领域。坚持三者不同人权学说的人们不可避免地要相互指责对方忽视某些基本人权。马里旦指出,三种学说谁是错误的,谁对人作出一个忠实的映象,谁作

---

① 马里旦:《人和国家》,第99页。

出一个歪曲的映象,尚待分晓。不过,他声称:"就我而论,我明白我站的立场,那就是我同刚才提到的第三个思想学派站在一起。"①也就是说,他所维护的是所谓人格主义的人权理论。

第三节 "法律的道德性"理论

一、富勒与哈特

新的自然法理论是与富勒(1902—1978年)的名字联系在一起的,他是第二次世界大战后新自然法学的主要代表之一,他的学说是在与以哈特为代表的现代分析实证主义法学长期论战中形成和发展起来的。富勒的基本思想可概括为:法律和道德不可分,一个方面,法律要符合法律之外的一种道德目的,即以前在西方法理学中经常出现的自然法的观念,比如公平、正义、合理和人性,另外一个方面,法律还必须以一系列法律原则作为法律的内在道德,即法律本身应该合乎道德,拿富勒的话说,就是法律的道德性。他反对以实用主义哲学为思想基础的法学,特别反对以哈特为代表的法律实证主义。他的主要著作是:《法律的道德性》、《法理学》和《法律的虚构》等。

哈特与富勒论战的背景是对于第二次世界大战时德国希特勒法律及其效力的认同,而焦点则是法律与道德之间的关系问题,实质是西方法理学传统中的自然法和法律实证主义两大派之争。时间追溯到1944年,一位德国军官在探望他的妻子时,在家中表达了对希特勒政府,希特勒和其他纳粹党领导人不满的言论,并认为,希特勒没有在1944年7月20日的暗杀中丧生,真是太糟糕了,然而在他服役期间,他的妻子已经与其他人有了婚外情,便在他离开不久,向当地纳粹党报告了他的言论。并且认为,"说这种话的人,不应该活下去"。结果,其丈夫被军事法庭审判,判处死刑,经过长期监禁,他并未被处死,而是被派往前线作战。在纳粹倒台以后,这名妇女因使其丈夫入狱而被审判,但是该妇女辩称,其丈夫的行为根据1934年纳

---

① 马里旦:《人和国家》,第100页。

粹德国制定的法律,已构成了对当时有效法律的犯罪,她对其丈夫的告发仅仅是使一个罪犯得到制裁而已。该妇女所称的纳粹德国1934年制定的一项法律中的内容规定是:(1)任何人公开攻击德国国家社会主义党的领导人以及他们所采取的措施,或者其言论引起他人对这些领导人的怨恨,或者揭露这些领导人性格中的反面,以至于削弱了人民对政治领导人的信心,应该被处以监禁。(2)如果行为人在作出恶毒言论时,意识到或者应该意识到这些言论将传播到公共领域,这些言论即使没有当众作出,也应该视同公共言论对待。法院认为,1934年法规是无效的。该判决引起了广泛的学术争论,哈特与富勒之间长达十余年的论战由此开始。

1957年4月,哈特应邀在哈佛大学讲学时作了一个题为《实证主义和法律与道德之分》的学术报告,揭开了论战的序幕。而富勒立即发表了《实证主义和忠于法律——答哈特教授》的长文。到20世纪60年代初,哈特发表了《法律的概念》,而富勒则发表了《法律的道德性》。与此同时,西方法学界,围绕二人的著作及争论,也发表了大量的论文和专著,于是,哈特在1972年《法律的概念》一书再版中,他说,"在过去的10年,围绕本书而撰写的批判性的文章蔚然可观,利用此次重印的机会,我在书后的注释中选列了对本书的观点主要批判以及批判者对这些观点所做的某些最引人注目的完善与发展,我期望日后能有机会对这些问题加以详细的讨论,并把它补充进本书中"。而富勒则在其《法律的道德性》一书1969年修订时,增加了新作《对批判者的答复》一章。①

二、法律事业说

1. 对流行法律概念的批评

富勒的法律定义是在批判一些流行的法律概念之中提出的。霍姆斯为代表的法律预测说是关于法律含义的第一种典型的说法,霍姆斯同意奥斯丁的说法,企图将法律和道德区分开来,要从一个坏人的角度来看待法律。而富勒则认为,这种学说是可以与新自然法学

---

① 富勒:《法律的道德性》,郑戈译,商务印书馆2005年版,第217页。

的法律道德性学说相调和的。因为人们既然要预测法院事实上将做什么,就必须说明预测过程,就必须问法院正在打算做什么,事实上就必须进一步了解创造和维护法律的整个体系,这时我们就会了解其中许多问题都是道德性质的。第二种流行的法律概念,是以弗里特曼为代表的公共秩序说,指通过法律指挥的各种工具和渠道而运行的有组织的政府。在这一意义上,所有现代社会包括法西斯国家都处在法治之下。富勒认为,这种观点是与法律道德性背道而驰的。法律的强力说是第三种流行的法律观念,主张法律与其他社会规范不同的标准就在于前者使用强力。富勒说,法律为实现其目标而必须估计到要做的事情,与法律本身完全是两回事。将武力和法律等同起来的观点是有一定的客观原因的,比如,刑法是与使用武力关系最为密切的法律部门。而在文明国家,对刑事案件又最迫切要求严格实行法制,因而也就容易使人们将刑法看作整个法律。此外,这种等同的看法在原始社会又有特殊的意义,在那时,建立法律秩序的第一步就是为防止私人之间使用暴力,而由社会垄断使用。事实上,现代法律中,有些法律根本没有使用武力或以武力相威胁的机会,而因此认为它们不是法律是毫无根据的。第四种流行的观点是权力等级体系说,其代表为17世纪的霍布斯、19世纪的奥斯丁和20世纪的凯尔森等人。这种法律概念表明它注意解决法律体系内部的矛盾,但它却将一个法制原则加以绝对化,而忽视了其他法律原则。以英国的戴西为代表的法律的国会主权说,则是第五种流行的法律概念。这种理论认为,国会拥有无限的立法权。富勒说,这种说法与权力等级体系密切联系,也是错误的。①

2. 法律事业说

在总结了以上富勒的观念后,富勒说这些概念都有其缺陷,它们都忽视了"法律是一种有目的的以及如何克服其中困难的活动",这些概念像是在法律活动的"边缘做着游戏",而一个准确的法律定义应该是,"法律是使人的行为服从规则治理的事业"②。"法律事业

---

① 富勒:《法律的道德性》,第125—138页。
② 同上书,第113页。

说"是将法律当作一种活动,并将法律制度看作一种持续的有目的活动的产物。

三、法律的道德性

1. 哈特与富勒的冲突

哈特坚持分析实证主义的看法,认为正义和正义的标准是相对的。正义的标准是随着特定人和特定社会的根本道德观不断变化的,"由此,关于法律正义或不正义的判断可能与由不同道德所激发的反论产生对抗。"①正义观念和社会利益之间永远存在着一种冲突,几乎不存在有利于或者促进所有人的福利的法律,在大多数的情况下,法律为一个居民阶层提供了利益,却剥夺了其他居民选择的利益。

哈特具体地阐述了他著名的法律和道德关系理论。他说,法律在任何时代和任何地方,都实际地受到特定社会集团的传统道德、理性的深刻影响,也受到超前道德观念的影响。但是,即使如此,我们也不能得出结论说,法律必须与道德或者正义相一致。哈特说,一个实证主义者对待法律和道德的关系,是这样的一种观点:"法律反映或符合一定的道德要求,尽管事实上往往如此,然而不是一个必然的真理。"②强调法律与道德的一致关系是自然法学的看法,批评分析法学的理论很大程度也是来源于自然法学,因此,哈特从抽象的意义上分析了自然法学。古代的自然法理论把法律与人类的理性联系起来,要求法律合乎人的理性,现代的自然法把法律的效力和道德的价值联系起来。但是不管自然法理论的内容如何,自然法学的目的是维护人类的生存和谋求最佳状态,实际上,自然法学是一种目的论。

2. 富勒的内在道德论

富勒理论的独特之处在于他把道德分为内在道德与外在道德,换言之,义务的道德和愿望的道德③,由此分别有相应的法律的内在道德和法律的外在道德。④ 愿望的道德是指善行、美德和人类力量

---

① 哈特:《法律的概念》,张文显等译,中国大百科全书出版社1996年版,第160页。
② 同上书,第182页。
③ 富勒:《法律的道德性》,第6—8页。
④ 同上书,第113—114页。

的充分实现。如果背离了这种道德,那就意味着一个人可能没有实现他的全部能力,他受到的不是谴责,而是一种同情①,因为他的失败不是基于违背了某种义务,而是他的一种缺陷。这种道德是对于人的成就的一种期待。义务的道德主要是体现社会生存最基本的要求,是一个有秩序的社会所必不可少的一些原则。《圣经》中记载的"十诫"便是其表现。如果违背了这种道德,他就要受到谴责,因为他没有尊重社会生活的基本要求。愿望的道德是肯定性的,而义务的道德则是禁止性的。

一般认为,富勒对于道德的这种划分来源于经济学家的理论。亚当·斯密就曾经指出,义务的道德可比之于语法规则,语法规则规定了语言作为交流工具的必备条件,义务的道德规定了社会生活必不可少的条件;愿望的道德相当于评论家为作品的精彩程度而立下规则,而这些原则可能是松散的、含糊的和不确定的,这些原则向人们提供了应做到尽善尽美的一个一般思想,而不能供给人们做到尽善尽美的准确无误的指示。② 总之,道德的"标尺是从最明显和最必要的道德义务的底端开始,然后上升到人类力所能及的最高成就"③。这标尺标志着义务的道德告终而愿望道德的开始,这是一条分界线。在分界线以下,人们因失败而受到谴责,不指望因成功而受到赞扬;在分界线以上,人们因成功而受人尊敬,因失败而让人惋惜。义务的道德与法律最为类似,而愿望的道德与美学最为类似。与经济学比较,愿望的道德好比是边际效用经济学,义务的道德则好比是交换经济学。边际效用经济学指如何努力最好地利用有限的经济资源,愿望的道德则指如何努力最好地利用短促的生命。边际效用经济学的原则意味着某种最高的经济福利,但这个最高经济福利具体指什么却无法可知。愿望的道德意味着人类追求至善,但至善的具体内容也是不确定的。义务的道德与交换经济学之比,是因为道德义务和法律义务都具有交换的内容,都有承诺之间交换的情况,以及

---

① 富勒:《法律的道德性》,第37、50页。
② 同上书,第8页。
③ 同上书,第12页。

承诺和当前某个行为之间的交换。但将一切义务都归为公开的交换是不恰当的。

两种意义上的道德都与法律有关,富勒称之为法律的内在道德和外在的道德的区别和相互作用。法律的外在道德指法律本身合乎一种外在的道德标准,历史上的自然法学所倡导的法律价值就是这个意义上的道德。法律的内在道德则是一种法律制度所必须具备的一系列条件或法制原则。这个意义上的道德是从前自然法学所没有发现的东西,富勒认为这却是他所谓法律道德性所探讨的东西,他把这种法律的内在道德归纳为八个方面,具体内容是:第一,法律规则的普遍性。第二,法律规则必须公布。第三,法律不能溯及既往。第四,法律必须明确,为人们所能容易理解。第五,法律规则不能相互矛盾。第六,法律不应要求不可能实现的事情。第七,法律规则应该具有相对的稳定性。第八,法律的规定与实施必须相一致。富勒将这八条称之为"法治原则",或者是"实现法治的理想"。①

3. "自然法的最低限度的内容"与"法律的道德性"

哈特与富勒争论的结果,一般认为是互有胜负,也各有让步。由此,哈特提出了"自然法的最低限度的内容"的观念,而富勒重述了"法律的道德性"。

哈特对待法律和道德关系的态度,可以说是双重的,一个方面,他斥之为"你们一直在做梦","一个非常简单的谬见","一种信仰的复活","过于形而上学",另外一个方面,他也承认,"自然法确实包含着对于理解道德和法律有重要意义的某些真理"。为此,哈特提出了著名的"自然法的最低限度的内容"理论,即"这些以有关人类、他们的自然环境和目的的基本事实为基础的、普遍认可的行为原则,可以被认为是自然法的最低限度的内容"②。但是他同时强调,这是一种因果关系,而不是一种公理;这不是涉及意识的目的或者宗旨,而是基于观察和实验的社会学和心理学的概括和总结。

哈特"自然法的最低限度的内容"包括五个方面的内容,以此来

---

① 富勒:《法律的道德性》,第55—111页。
② 哈特:《法律的概念》,第188—189页。

说明法律和道德之间的联系。第一,人是脆弱的,因此,法律和道德都要求人类要自我克制,因之,法律和道德都规定"不许杀人"。第二,人类之间大体是平等的。人类之间的不平等不会大到一个人可以长期地统治另外一个人,因此法律和道德都要求一种互相克制和妥协的制度,这是法律和道德两种义务的基础。第三,有限的利他主义。人既不是天使,也不是恶魔,他是一个中间者,这一事实也使相互克制的制度成为可能。第四,人类可以利用的资源是有限的,因此,从静态上看,我们需要最低的财产权制度,从动态上看,我们需要财产流转制度。第五,人的理解力和意志力是有限的,因此,确立强制下的自愿结合的制度有存在的必要。哈特总结说,这里所探讨的这些简单的真理,不是为了揭示自然法学的价值观念的核心,而是为了理解法律和道德的相互关系。

这里,哈特坚持实证主义的立场,认定按照简单的实证主义原理,道德上邪恶的法律仍然是法律,正义就是一种合法性。但是,当一个人的行为受到司法适用的一般规则的制约时,也就必然实现了最低限度的正义。从这个意义上说,自然法学的所谓"内在道德",即富勒的法律的道德性,是可以接受的。

第四节 社会正义与法律的权利哲学

一、罗尔斯的社会正义理论

严格地讲,罗尔斯(John Rawls)是美国著名的伦理学家,他的《正义论》涉及哲学、政治学、法学、经济学和伦理学等广泛的领域,不过,他的正义论的确对于法学产生了广泛的影响。

1. 以正义理论取代功利主义

罗尔斯批判了自19世纪以来由边沁所创立的功利主义及在此影响下的功利主义法学思想,此外也对于包括庞德在内的社会利益说提出了批评。罗尔斯声称,他的学说以洛克、卢梭和康德的社会契约论为基础,并以一种新的正义理论来取代功利主义道德说教和法学思想,其中,正义论是罗尔斯学说的核心。

罗尔斯认为,正义是社会制度的首要美德,如同真理是思想体系的首要美德一样。因而,正义是至高无上的。任何一种理论、法律或制度,不管怎样有用和巧妙,但只要是不正义的,就一定要被抛弃和消灭。每个人都具有一种基于正义的不可侵犯性,即使为了全社会也不能对之加以侵犯。在一个正义的社会中,正义所保障的各种权利,不受政治交易或社会利益的考虑所左右。某种错误的理论得到人们的默认,仅仅是因为人们缺乏一种更好的理论。同样地,某种不正义之所以得到人们的容忍,也仅仅是因为人们为了避免一种甚至更大的不正义。

2. 社会正义原则

正义在社会中的作用是怎样的呢?社会是人们或多或少自给自足的一个联合。他们在相互关系中承认某些行为规则具有约束力,并基本上根据这些规则来行为。这些规则详细规定了一种合作体系,目的在于保障参加这一体系的人的利益而进行合作的事业,它又具有一种特征:既存在利益的一致,又存在利益的冲突。之所以有利益的一致,是因为社会合作可以使所有的人所过的生活,比每个人单靠自己的力量所过的生活更好。之所以有利益的冲突,是因为人们都希望多分得一些通过合作所产生的利益。因此,必须有一批确定利益分配的原则。

这些原则就是社会正义的原则。它们一方面规定了在社会基本制度中划分权利和义务的方式,另一方面又规定了社会合作的利益和负担的适当分配。因之,一个良好合理的社会必须具备:第一,社会的目的是为了促进其成员的福利,每个人都接受正义原则,并且知道其他人也接受同样的正义原则。第二,该社会是根据大家共同接受的正义原则有效地进行统治,各种基本的社会制度普遍地符合这些原则,而且一般人也知道它们符合这些原则。① 在这种情况下,尽管人们有各种不同的企图或目的,但他们共同具有的正义感可以使他们建立起友好的结合。但是,这种良好的社会在实际生活中是罕见的,因为人们对什么是正义和非正义是有不同认识的。不

---

① 罗尔斯:《正义论》,何怀宏等译,中国社会科学出版社1988年版,第2—3页。

过,尽管有这样那样的分歧,但是每个人都有这样一种相同的正义的概念:他们都了解需要有一批特定的原则,以便根据这些原则来分配基本的权利和义务,并规定社会合作的利益和负担的适当分配。因而,人们尽管对什么是正义和不正义有着不同的认识,但对基本权利和义务分配方面的差别并不是专横地做出反应,同时,在解决人们对社会生活利益所提出的相互冲突的要求而又能保持适当平衡时,则他们仍然可以一致同意这种制度是正义的。罗尔斯指出社会离不了正义,正义是一个良好的社会制度所必需的,并且是至高无上的社会美德。

3."原初状态"与"无知之幕"

正义原则对社会来说是必要的和可能的。对于社会正义原则的产生,罗尔斯提出了所谓的"无知之幕"之后、基于"原初状态"条件下的选择理论。实际上,他的这种正义的选择理论,是将洛克、卢梭和康德著作中人们所熟知的社会契约论加以综合,并推进到更高的水平。

这种原始协议不同于洛克等人的社会契约,也不是为了参加一种特殊的社会或为了创立一种特殊的统治形式而订立的契约,它只是为了得到社会基本结构的正义原则。正义论设立了一种原始平等地位的假设。这种原始的平等地位的最重要的特点是,任何人都不知道他在社会中的地位、他的阶级立场或社会身份,也没有任何人知道自己在分配天赋和才能中的命运如何,甚至可以假定,他们不知道自己的善的概念以及特殊的心理倾向。每个人即不利己也不利他,人们相互之间处于一种冷淡的状态。这就意味着,正义原则是一种"无知之幕"的后面选择出来的[①],这样就足以保证在选择正义原则时,任何人都不会由于自然或社会的偶然机会而得利或吃亏。"无知之幕"使所有人成为平等,基于同等的权利。每个人都可以提出自己认为合理的方案以供选择,并提出他接受这种方案的理由。既然所有的人都处于同样情况,而且任何人都无法设计出有利于自己的特殊条件的原则,因此,这种正义原则都是公正的协议的产物。同

---

① 罗尔斯:《正义论》,第10页。

时,由于这种原始的平等地位,每个人与他人的关系是对称的。因而,人们作为有道德的人之间的这种关系是公正的,这可以称为"作为公正的正义",即正义原则是在公正的原始地位上取得一致同意的,从内容上讲是公平的。①

4. 社会正义的二项原则

罗尔斯认为,制度的正义要以从社会正义的首要对象上去理解。社会正义的首要对象是社会基本结构,即由主要社会制度安排成的一种合作体制,具体地说,就是社会正义原则的两个方面:一个是社会基本制度怎样分配基本权利和义务;另一个是怎样规定社会合作利益的分配和负担。

制度是指一种公共规则体系,这些规则规定了官职、地位以及它们的权利、义务、权力和豁免权等,规定了某种行为方式是可容许的或被制止的,并规定了在违反时如何惩罚和辩护等等。社会基本制度指政治制度及主要的经济和社会安排,如思想和信仰自由的法律保护、自由竞争的市场、生产资料私有制以及一夫一妻制的家庭等等。所有这些制度合在一起,作为一种体制来说,就是指社会基本制度规定了人们的权利和义务,并影响着人们的生活前途,人们能指望成为什么样的人,以及怎样顺利地做到这一点。

有些社会制度偏袒某种社会出身而贬低另一些社会出身,这是严重的不平等。这种不平等不仅是普遍的,而且影响人们开创事业的机会。但这种不平等在任何社会的基本结构中都是不可避免的。因此,社会正义的原则首先应适用于这种不平等。社会体制的正义与否的实质,取决于基本权利和义务如何分配,以及不同社会部门中的经济机会和社会条件。这些都说明了社会正义原则是人们在"原始的平等地位"即在"无知之幕"的背后选定的。他们所选定的对制度的正义原则即对社会基本结构的正义原则内容如下:

第一,每个人都具有这样一种平等权利,即和他人的同样自由相并存的最广泛的基本自由。

第二,社会和经济的不平等是这样安排的:

---

① 罗尔斯:《正义论》,第11—12页。

(1) 合理地指望它们对每个人是有利的；

(2) 地位和官职是对所有的人开放。①

两个正义原则，第一个原则是首要的。如果违反了第一个原则，第二个原则也就是无足轻重了。第一个原则是适用于社会基本结构的第一个部分，即社会制度规定和保障公民的各种基本的平等自由方面，也即社会基本制度如何分配权利和义务。所谓基本自由包括政治选举权和出任公职的权利、言论、集会、信仰、思想自由、人身自由、财产权、不受任意逮捕和剥夺财产的自由，等等。这一正义原则要求人们平等地享有这些自由，正义社会的公民所拥有的基本权利应是同样的。第二个原则大致适用于收入和财富的分配，以及关于权力、责任不平等或者权力差距的组织机构的设计，也就是说，适用于社会基本结构的另一部分，即规定和建立社会经济不平等的社会制度，社会合作中利益和负担的分配。具体地说，它适用于人们在收入和财富的分配以及在使用权力方面的不平等。这一原则承认，人们在收入和财富方面的分配是不平等的，但这种分配必须是对每个人有利，人们在使用权力方面也是不平等的，但掌握权力的地位和官职应该是对每个人都开放的，即具有同样条件的人应具有担任这种官职和占有这种地位。在这两个原则之间，"是按照先后次序安排的，第一个原则优先于第二个原则"②。

5. 法治理论

罗尔斯还区分了实质的正义和形式的正义。实质正义指制度本身合乎正义，这种制度是一种公开的规范体系，这一体系确定职务和地位以及它们的权利义务权力豁免。③ 而形式正义则指法律和制度的公正和一贯的执行，而不管它们的实质原则如何。这实际上是指法治或法治的学说。罗尔斯说，"我们可以把有规则的、无偏见的、在这个意义上是公平的执法称为'作为规则的正义'"④。它的含义是，法律制度是对理性的人所发布的公共规则的强制命令，旨在调整

---

① 罗尔斯：《正义论》，第56—57 页。
② 同上书，第57 页。
③ 同上书，第50 页。
④ 同上书，第225 页。

他们的行为,并提供社会合作的结构。形式正义的概念,也即公共规则的正规的和公正的执行,在适用于法律制度时就成为法治。

形式正义是坚持原则或服从制度。因为,正义始终意味着某种程度的公正和平等,而形式正义则要求根据正义原则在执行法律和制度时平等地适用于属于它们所规定的各种各样的人。这种平等地执行法律和制度本身也会带来某些不正义,因为同样情况,同样待遇并不能保证实现实质正义。如上所述,实质正义取决于社会基本结构所根据的原则。但形式正义可排除一些重要的不正义。如果一种法律和制度本身是不正义的,同时它们又一直被适用,那么一般说来,服从这种法律和制度的人至少能知道他们被要求什么,服从什么,禁止什么,从而可以自己保护自己,反之,如果一个已处于不利地位的人还遭到专横待遇,那就成了更大的不正义。因此,为实现形式正义,就必须执行一定的正义律即法治的基本原则。

罗尔斯提出了这样一些法治原则:第一,"应当意味着能够"的准则。这一原则的具体内容首先是法律所要求或禁止的行为应该是一种可以合理地被期望人们去做或不做的行为,也就是说,法律绝不应设定人们无法做的事情的义务。其次,立法者和法官等当权者是真诚地行为的,即他们相信这些法律是可以被服从和执行。最后,一个法律体系应该把不可能执行的情况看成一种抗辩或者缓行的情况。

第二,类似情况类似处理的准则。法治要求用规则来调整人们的行为,不过,类似的标准是由法律规则本身及其对法律规则的解释原则所规定的,因而这一原则的思想不可被绝对化。这一原则的重要意义在于,对于类似的案件应该做出类似的判决,这对于法官和其他当权者的自由裁量权来说起着制约作用。

第三,法无明文不为罪的准则。这一原则要求:法律应为人所知并加以公布,法律含义应明确清楚;无论在陈述意图的哪一方面,法律都应是普遍的,而不是用来作为损害特定人的方式(例如剥夺公权的法律);至少对较大的不法行为作狭义解释;刑事法规不应追溯既往从而不利于这一法律所适用的人。

第四,规定自然正义观的准则,这些原则是指维护司法活动正直性的指针。其中包括必须有合理的设计程序和证据规则;法官必须独立和公正;任何人不应审理他本人的案件;审理必须公正和公开,但又不受公众的吵闹所控制;等等。①

罗尔斯认为,法治和自由是密切相关的,"自由是制度所规定的各种权利的义务的复杂集合"②。各种自由具体规定了一个人如果做愿意做的事,以及其他人只有不加干预的义务。例如,法无明文不为罪的律令,由于法律规定含糊、不确切而被违反时,则我们根据这种法律所规定的自由也是含糊、不确切的。同样情况不能同样处理、司法活动缺乏正直性,法律不承认无法履行是一个辩护理由等等,都会带来对自由的损害。因此,一个良好的社会,为保证人们享有自由就必须坚持法治。罗尔斯说,自由和法治之间的密切关系也说明了法律和强制力之间的关系。即使在一个良好的社会中,为了维护稳定的社会合作,也必须有强制的政府权力,这是因为,尽管人们知道他们有共同的正义感,但他们彼此仍缺乏充分的信任。他们会怀疑某些人不尽自己的本分和职责,因而必须实施一种刑事制度,以消除设想别人正在不服从规则的根据。这就是说,在一个良好的社会中,为了保证人们的安全,有效的刑事机构是必要的。尽管在这样的社会中制裁宽松,甚至并不使用,但为保证这个良好社会的秩序和运行,刑事机器是不可缺少的。

罗尔斯认为,制度正义在社会的实现,大体经过四个阶段,首先是人们在原初状态下无知之幕后的选择,其次倾向于召开一个立宪会议,抉择一部宪法,再次在确立了正义的宪法之后,按照宪法的精神做出最佳的决定,即立法的阶段,最后,法官和行政人员把制定的规范应用于具体的案件,而公民则普遍地遵循这些规范。③

二、德沃金的法律原则论

德沃金(1931—)是美国著名的法理学家之一,其《认真对待

---

① 罗尔斯:《正义论》,第226—229页。
② 同上书,第229页。
③ 同上书,第185—189页。

权利》和《法律帝国》在西方法理学世界产生了不小的影响。

1. 对两种流行法理学理论的评论

应该说,德沃金的理论还是在批判分析实证主义法学基础上,提出他自己的权利论的。他把西方法学中"占支配地位的理论"或者"主导的法律理论"归纳为两个方面,一个是"关于法律是什么的理论",这里他指的是从奥斯丁到哈特的分析法学理论,另外一个是"关于法律应当是什么的理论",他指的是功利主义的理论,而这两种理论都渊源于边沁的理论。① 德沃金理论的中心,就是批判这种理论,认为分析实证主义法学并不是一种理想的理论,在法律的活动中要认真地对待权利。

占支配地位的理论有两个特点,一是描述性的,一是规范性的。前者指的是实证主义的理论,它把法律和道德截然区分开来,法律是一种政治实践的结果,后者指的是功利主义,合乎最大社会利益的就是合理的。德沃金认为,这两个部分的理论是割裂开来的,那些理论家们并没有用一种有效的方法把两者联系起来。这也就是占支配地位理论的致命弱点,德沃金理论的出发点就是找到一种方法,把两者结合起来,他称之为"法律的有效性和法律的发展的问题",或者称之为"权利论"。② 把两者结合的方法,便是通过法律来实施基本的和宪法的权利。这些权利使法律本身更为道德,使得法律更正当地更公平地对待他人。

德沃金认为,在一个社会稳定的时期,分析实证主义法学是有用的,它可以解释一个社会的法律问题,但是,当一个国家处于迅速变化和动荡的时期,这种法学就不够用了,因为社会在变,法律的稳定性无法满足社会变化的要求,法律不能不顾及社会新的要求,更不能否定新的社会要求。从这个意义上讲,德沃金的理论深入到分析法学所描述的法律现象的背后,解释法律的现象和造成这种现象的因素的有机关系,这是一种迎接社会挑战、寻找新法律合理依据的理论,它起源于美国的种族纷争,起源于美国的女权运动,起源于越南

---

① 德沃金:《认真对待权利》,信春鹰等译,中国大百科全书出版社1998年版,第1页。
② 同上书,"中文版序言"第2、3页。

战争,起源于对于社会低层次人的保护。

德沃金说,权利论的目的是对于社会中所有人给予同等的关心和对待,使政治社会的每一个人都成为真正平等的成员,这种理论并不要求给予每个人绝对的自由,不要求为了满足个人的权利而牺牲社会的利益。为此,权利论设定了三个理论前提:第一,一个社会存在一些政治道德的准则,政府的行为受到这些道德准则的约束;第二,该社会是一个理性的社会,对于相同的情况给予相同地处理;第三,该社会承认它的成员是平等的,他们有权利得到平等的关心和尊重的权利。这里,德沃金既受到罗尔斯社会正义理论的影响[1],也受到拉斯维尔和麦克杜格尔"关心和尊重的平等"理论的影响。

2. 法律的原则与法律的规则

在批判分析实证主义法学法律规则论的基础上,德沃金提出了"法律原则"论。德沃金把法律实证主义归纳为三个方面的内容:第一,一个社会的法律就是由该社会直接或间接地、为了确定某些行为将受到公共权力的惩罚或强制的目的而使用的一套特殊规则;第二,这套有效的法律规则并非面面俱到,而只要求某些官员的行为,如法官的自由裁量;第三,法律义务的含义是当事人受该条规则的约束,这个规则要求他做或者不做某种行为。德沃金说,"这是实证主义的纲要",每个实证主义者的具体内容不尽相同,"不同观点的主要差异在于他们对检验一条规则能否算得上一条法律规则的基本标准的描述"[2],而所有实证主义法学的共同缺点在于,它们都忽视非规则的"原则、政策和其他准则"的作用。[3]

因此,在不反对规则作用的同时,德沃金强调了法律原则在法律中的作用和地位,"原则"一词的含义,是"指规则之外的其他准则的总体"[4]。一个原则和一个规则的差别在于,一个规则对于一个预定的事件做出一个固定的反应;而一个原则则指导我们在决定如何对

---

[1] 参见德沃金:《认真对待权利》第六章。
[2] 同上书,第34—35页。
[3] 同上书,第40页。
[4] 同上。

一个特定的事件做出反应时,指导我们对特定因素的思考。① 法律原则建立在道德的基础之上,在一个法律问题面前我们可以考虑道德的因素,当法律原则和法律规则发生冲突时,法律必须权衡所有的因素,而不是机械地服从法律。法律原则体现了我们的道德情感,使法律获得了道德特征,获得了道德的权威,而正是法律原则赋予了法律的道德特征,才使得法律具有一种持续受人尊重和尊敬的权威,使法律获得一种持久的有效性。德沃金说:"在构建我们的法律原则以使其反映我们的道德原则的过程中,我们创造了权利。权利即是来源于政治道德原则的法律原则。"②

德沃金以两个案例来说明原则和规则的区别,第一个案例是,祖父立了遗嘱将财产授予孙子,而该孙子谋杀了其祖父。按照规则,该孙子有权继承祖父的遗产,因为祖父有一份有效的遗嘱,但是按照原则,孙子应该被剥夺该继承权,因为按照法律的原则,"任何人不得从自己的不当行为中获利"。第二个案例是讲,原告与一家汽车制造厂即被告,签订了一份汽车购销合同,在合同中,汽车厂限制了自己责任范围,即制造商只承担修理汽车的责任。原告发生车祸,而后起诉了制造商。以规则而论,制造商只负责修理损坏了的汽车,而不承担因车祸而发生的医疗费和其他费用;而按照法律原则,比如,"契约自由不受限制并非一成不变","汽车是一种危险构造物,制造商原告承担严格责任","法院应该是推行公正的工具","法院不保护一方在经济上占另外一方便宜的交易",制造商应该承担因事故发生的一切费用。此案的结果是原告胜诉,这实际上是法律原则高于法律的具体规则的例证。③ 在此基础上,德沃金提出了原则和规则的几个具体区别:首先,规则在适用时,是以完全有效和完全无效的方式出现的,而原则则是在相关的情况下,官员们选择决定采取怎样一种方向和政策。其次,原则具有规则所没有的深度。当各个原则发生交叉的时候,比如上述第二个案件中和"契约自由"和"保护

---

① 德沃金:《认真对待权利》"中文版序言",第18页。
② 同上书,第21页。
③ 同上书,第41—42页。

消费者"的冲突,法官就必须考虑相关原则分量的强弱,而规则是不存在这个问题的。德沃金总结说,"律师们和法官们,在辩论和决定诉讼案件时,不仅求助于白纸黑字的规则,而且求助于其他我称之为法律原则的准则"①。

应该说,德沃金的理论是建立在批判分析法学基础之上的,其核心是找回法律规则之外的但是又直接影响一个判决的其他因素,即他的权利论,或者说他的法律原则。这就不可避免地回到分析法学所批判的传统的自由主义。也正是这一点,他被视为新的自然法学的一个方面。如同罗尔斯的正义论和富勒的富勒道德性理论一样,德沃金也不会简单地把自己的理论视同17—18世纪的理论,不会简单地把一种政治的口号和法律的理想搬到他的法学中来,也就是说,在出发点和结论上,他的理论是一种自由主义关注权利的理论,但是在论证方式上和在研究方法上,他把自己与传统的自由主义区分开来。他说他所辩护的个人权利的观念没有设计任何虚无的形式和形而上学的形式,他强调集体的目标在没有设计个人权利的地方,个人就享有权利,甚至是在疑难案件中,没有明确的决定或实践可以遵循时,个人对于具体的审判决定仍具有权利。正因为如此,他说他的权利论与近代形而上学的理论虚构是相背离的。围绕着权利的问题,他展开了他的权利论,他把权利区分为背景的政治权利和具体制度上的权利,前者指的是个人所有的以抽象的形式不同于整体的权利,后者指的是针对一个具体机构的权利。②在司法方面,德沃金区分了政策和原则,法官判案所依据的是法律原则而不是政策,这是一种民主的表现。在立法方面,德沃金通过对罗尔斯社会正义理论的分析,提出了"平等关心与尊重的权利"观念,并认为这种权利是一种最基本的权利。③他分析了自由和平等的关系,并认为两者之间并不存在直接的对立关系,"一个尊重自由的平等概念的政府只能根据某些非常有限的证明类型来适当地限制自由"④。在1986年出版

---

① 德沃金:《认真对待权利》,第71页。
② 同上书,第129页。
③ 同上书,第238页。
④ 同上书,第359页。

的《法律帝国》中,德沃金进一步发展了这些思想,并提出了一种他称之为"整体性法律"的概念,他认为,法律既不是人们一致的意见,也不是实现社会目标的一种手段,而是根据政治道德的要求、基于法律原则以一致的方式对待社会所有成员的事业。

1998年《认真看待权利》一书中文版出版,德沃金加上了一个序言,在这个序言中,德沃金对于他的理论进行了进一步的总结,并提出了一种法律发展的理论。他认为他的理论是可以解决社会动荡时期所发生的规则和社会需求之间的矛盾冲突。他的理论产生于美国社会的动荡时期,基于这一点,他的理论也必定可以应用于社会变迁频繁的中国社会。法律的规则是一种人们行为规则的总结,而社会在不断发展变化,两者之间必定存在着矛盾,并影响到人们对于法律的信心和对于法律的尊重;法律要为人们持续地尊重,持续地保持其有效性,分析法学所信奉的规则论不能解决问题,这就需要一种新的理论,这也就是德沃金的法律原则论。他把"发展"归纳为两个方面的含义:一种是"有计划的发展",一种是"知识的发展",法律的发展是后一种发展。在有计划的发展情况下,我们知道发展的方向是什么,知道发展的结果是什么;而在知识的发展情况下,发展是一个发现的过程,而不是一个建筑的过程。建一条由上海到北京的铁路,然后再发展到北京到沈阳的铁路,这是一种有计划的发展;牛顿发现了万有引力并为人们所认同,这是一种知识的发展,因为万有引力在牛顿之前就存在,只是人们没有发现而已。知识的发展,不能依赖一个发展计划,也不知道它会发展到何处。当人们寻求发展道德知识的时候,人们并不知道可能会发现什么道德原则。不过,知识的发展,首先是由促进参与发展的人们之间的观念交流来推动的,可以通过保证与这一知识有关的所有思想的迅速和彻底的、尽可能广泛的传播来推动发现的过程。知识的发展是一种思想的发展,一个新的原则是一个思想和原则发展的过程,所有相关的思想都可以促进这一过程。就政治道德思想而言,它不仅仅来自于政府,不仅仅来自法律家们和受过特别训练的学者和科研人员,而且来源于具有理性思维能力的大多数人。① 在这里,德沃金似乎不再像从前那样激进地批判他人的理论,反而表现出了一定的宽容和包容,这可能与他长期与人学术争论有关,也有可能该序言由另外一人起草有关,从这个角度讲,德沃金似乎也承认,法律的学说应该是多元的,任何一种思想、任何一种方法都有助于我们对于法律的认识。

---

① 德沃金:《认真对待权利》"中文版序言",第27页。

第九章 经济分析法学

第一节 经济分析法学概述

一、经济分析法学的一般特点

1. 经济分析法学的形成

经济分析法学的产生一般追溯到1960年科斯(Ronald Coase)的一篇论文:《社会成本问题》(The Problem of Social Cost)。虽然在这篇论文中,科斯并没有对经济分析作出定义,但是提出了著名的科斯定律。科斯推翻了20世纪经济学庇古主义分析(Pigovian analysis)的理论,这种理论认为,解决法律争端的司法政策依赖于这种基础:商业活动应该"内化"(internalize)其成本,即承担与商品和服务总量相联系的间接社会成本。这些成本被称之为"外部"成本。对于这种理论,科斯认为,社会应该衡量外在成本所导致的损害和限制这种间接活动所造成的损害,从而避免那种造成较大损害的行为。这样将会使经济活动更加有效。科斯声称,在理想的竞争条件下,个人自己能够通过一种讨价还价的过程来达到这种结果。当讨价还价不可能的时候,法律制度能够提供一种替代程序,从而获得一个有效的结果。

在20世纪70年代以前,法律和经济分析很难说是形成了一场运动,其先驱者包括科斯、波斯纳(Richard Posner)、卡拉布雷西(Guido Calabresi)、贝克(Gary Becker)和蒂姆色茨(Harold Demsetz)。1971年迈恩(Henry Manne)指导了法律教授们的夏季经济协会。从这个时候开始,法律和经济与以经济学家而著名的芝加哥大学联系在了一起。芝加哥大学法学院的院长列维(Edward H. Levi)着力于法律和经济之间的内在关系,并于1958年创立了《法律和经济杂志》。法律和经济学者的第二代是在耶鲁和其他法律研究领域里发展起来的。法律的经济分析在一定的程度上导致了法律体系的改革,其中突出的例证是20世纪70年代和80年代在诸如航空和交通等工业所发生的规则变化。一般认为,波斯纳1971年的有影响的论文《规则下的税收》起到了重要的作用,在这篇论文中,他讨论了规则如何运用于内在的津贴。那些从前不太注意经济学方法的学者们,也多多少少承认经济分析是一种有用的方法。

2. 经济分析法学的一般特点

法律经济分析方法的一般前提是:其一,价格与需求的反比关系。如果侵权行为受到的惩罚小,也就是说其行为成本低所获得利润高,那么有风险的侵权行为数量就会上升。提高侵权行为的惩罚严厉性(侵权法的威慑功能)和加大赔偿的幅度(侵权法的赔偿功能),可以加大侵权行为的成本,就会提高其价格,从而降低侵权行为的发生率,使行为从事其他的较低风险的替代活动。其二,机会成本与边际成本。机会成本指罪犯将资源用于一种犯罪行为,因而放弃从事其他行为所得的收益。机会成本越大,价格越低。当价格高于机会成本的时候,更多的资源会投放到该产品的生产之中。边际成本则是指单位产量的变化所引起的总成本的变化。其三,自愿交换或者说市场交换有助于资源最有价值的使用。当资源被最有价值使用的时候,他们所产生的效率就最高。合同关系是一种典型的自愿交换,侵权行为和犯罪行为则是一种非自愿的交换,或者称之为强制的交换,或者说是一种规避市场的行为。

一般认为,经济分析法学的目的是两方面的,一个方面,通过对于法律体系的分析和描述,为立法和制定规则提供批判性的选择方式,另外一个方面,鼓动法院采用一种经济效益的原则,以实现他们的目的。在这个意义上,经济分析法学是一种规范性的理论,即为法官规定一种遵从或者适用的规范,而不是一种简单的分析或者描述。在这一点上,经济分析法学既与以德沃金为代表的传统理论相冲突,也与肯尼迪等人为代表的批判法学不一致,因为后两者都把法律体系看成是实现某种价值的手段。波斯纳对此的解释是他把"公平"和"效益"同等地看待,他似乎认为,不经过审判而给罪犯定罪和不要求过失的司机对受害者予以赔偿,都是合乎效益的,因为传统的做法是一种资源的浪费。他甚至断言,在某些情况下,允许人们自杀,允许人们种族歧视和宗教歧视,或者允许救生艇上的人们吃掉最虚弱的人,都是有效益的。他甚至思考过,不去实施"监禁的痛苦",而让"重罪犯在监禁和接受危险医疗实验之间进行选择",是否合乎效益的原则?[①] 他曾经说,我们的社会仍然禁止种族歧视和宗教歧视,但是我们如此做的目的是为了效益,即防止叛乱或者社会的巨大动荡。最后,他预言,我们可以从法律的经济分析中,发展出一种正义的功利主义理论。

经济分析法学是法学中的一种新的研究方法,从事这个方面开拓性工作的人们有意识地将经济学的方法应用到了法律的领域。不可否认,这种法学的研究方法在极大的程度上改变了人们对于传统法律原则和规则的看法,改变了法官审判活动的原则。在美国,这种方法已经成为一种颇为人们所关注的法律研究方法,在各大法学院也都有了法律经济分析法学的课程。同时,由于它以一种纯粹的经济学方法研究法律,不可避免地会与传统意义上强调某种价值的法学发生冲突,甚至是绝对的和直接的冲突。如何解决这个问题,有待于经济分析法学的进一步发展。

二、经济学在法学诸部门中的应用

可以认为,法律经济分析的方法被运用到了法律的所有领域,在许多的方面开始改变了人们对于传统法律的做法。

1. 公害法

在传统的公害法里,一个污染人可能被要求:或者停止其污染行为,或者对受害者支付补偿,或者支付税款,或者被驱逐出某些居民区。科斯认为,这种方式的产生是由于传统的法律原则,即不受污染的绝对权利。他建议人们从这种思维方法中摆脱出来,他认为,没有特定的理由要考虑这种优先权。相反,经济分析应该能够导致这样

[①] R. Posner, *The Economic Approach to Law*, 53 Tex. L. Rev. 757, 777 and 778 (1975).

一种规则:最大可能地增加争议当事人的生产总量,因而带来社会的更好的经济效率。比如,如果污染的权利授予一家工厂,那么不愿受污染的人们可以买下该污染工厂。如果污染工厂比一个不受污染的环境更具有价值,那么一个更好的方法也许是让工厂从不愿受污染的人们那里买下周围的地区。至于征收污染税的政策,科斯说,这可能导致经济的非效益结果。他担心这些政策可能导致过少的浓烟和工厂附近过多的人们。规则的目标不应该是减少污染,而应该是追求最合适的污染量,从而达到产值的最大化。

科斯引用了另外一个案件,铁路穿过乡村,车与轨所发出的火花损坏了农民的作物。这里存在两种选择:是让铁路公司全部赔偿火花所导致的损失?还是授予铁路公司溅出火花的权利,而不授予农民免于受火花公害的权利,然后农民不在可能受到火花公害的地方种植作物,通过铁路持续的运作,经济由此达到繁荣?科斯认为,两者比较而言,后者更合适一些,更有效一些,因为比起农民所遭受的损失而言,铁路对于社会的价值要更大一些,而且按照前一种方法,铁路公司与农民之间的讨价还价存在困难,与每个农民达成公平的补偿数额也存在困难。按照科斯的分析,经济分析的方法可以揭示出庇古主义经济学中所隐含的东西,即传统的经济学阻碍了资源的有效分配。

2. 财产法

在波斯纳《法律的经济分析》中,他以经济分析的方法详细广泛地分析了法律的现象。这里仅以简单的例子,大概地来看看经济分析方法在某些传统法律领域中的应用。

在财产权方面,波斯纳进一步完善了上述科斯的两个案件。这里再以对于野生动物设定财产权来说明。野生动物不属于任何人,但是它可能具有经济的利益,比如其皮毛的价值,因此可能成为人们所捕杀的对象。这里,是让人们无限地捕杀获得眼前的利益?还是让它休养生息不断地繁衍而获得未来的利益?比较而言,实施前者的成本要比实施后者要低,为了解决这个矛盾,就需要有财产权制度。对此有两种方法,一是国家行使管制权,将狩猎减少到动物被捕杀的最佳比率水平。这是以管制替代财产权,从而矫正私人和社会成本和收益间的偏差。另外一种方法是让私人买下一处动物栖息地,使他可以获得全部的收益,促使他对其财产进行最佳的管理。①

3. 契约法

在契约法方面,假定某个厂商同意出售一台 10 万美元的机器并在 6 个月后交货,后来他发现以此价格出售机器他将损失 5000 美元,因此在签约的次日就决定并通知对方当事人,说他不会再去履约。买方没有实际的损失,或者按照波斯纳的说法是其信赖损失,即契约结果所发生的不可避免的损失为零,但是,如果买方要购买可替代的机器,他将支出 11.2 万元。在这种情况下,为了防止低效益的违约,法院将会判定卖方向买方予以赔偿,使买方获得一种所谓"交易的收益",而让卖方承担所谓"获得净收益的违约成本"。②

4. 家庭法

在家庭法方面,普通法国家在判定夫妻离婚时,都要求丈夫向妻子支付一种扶养费。波斯纳认为,这种做法是有其经济学根据的,因为首先,它是对于违反婚姻契约的一种损害赔偿;其次,在传统的婚姻中,夫妻双方是一种合伙的关系,妻子以其家务劳动或者市场劳动在合伙中占有份额,如果离婚,丈夫支付的扶养费实际上是妻子在合伙中的财产份额;最后,离婚后的妇女,可能因为家务劳动所造成劳动技能的减退,可能因为年龄的缘故,使她自离婚后至重新结婚前生活水平下降,为此,丈夫应该支付给她扶养费,这类似于一种离职金或者失业补助。③

5. 侵权法

在侵权行为法方面,同样存在经济学的分析。一个 16 岁的儿童在一家煤矿公司废弃的充满泉水的露天矿里游泳,该儿童因为水下的隐藏物而受到严重的损害。该儿童起诉了该煤矿公司。法院认为,被告应该意识到该废弃的露天矿可能被人用作游泳场,也知道水下有危险物,但是煤矿没有有效地控制该危险,结果发生损害。法院

---

① 波斯纳:《法律的经济分析》(上),蒋兆康译,中国大百科全书出版社 1997 年版,第 44—45 页。
② 同上书,第 153 页。
③ 同上书,第 190—191 页。

判定被告向原告承担过失侵权责任,这里,"整个水面只要用价值1.2—1.4万美元的钢丝网就能被封闭起来。与小孩受伤害的风险相比,这一成本是微不足道的。"①

6. 刑法

在刑法领域,同样存在着经济分析的方法。对于盗窃犯的经济处罚数额应该高于受害人实际所损失数额,如此才能阻止盗窃的发生,这个高出的部分应该是受害人损失和加害人收益之间的差额。比如,B 有一块宝石,价值 1000 美元,A 盗窃了这块宝石。对于 A 来说,这块宝石值 1 万美元。如果判定 A 支付 1 万美元的赔偿费,就可以使他盗窃宝石却一无所获,从而阻止他去盗窃这块宝石。但是这是不完全的,因为如果判定 A 支付 1 万美元的赔偿,那么 A 可能就有两种选择:一个是盗窃该宝石,另外一个是在市场上购买这块宝石。因此有必要加大赔偿的数额,比如 1.1 万美元。但是如果该宝石对于 A 只值 500 美元,那么判定他赔偿 501 美元,就可以阻止他去盗窃。不过,由于 A 的主观价值是难以确定的,因此法院的判决数额通常是在市场价格的基础上,加上一笔额外的数额。②

第二节　社会成本问题与事故成本问题

一、科斯定律

经济学对侵权法领域的进攻,源于科斯的那篇《社会成本问题》(1960)论文。在这篇论文中,科斯将经济学的原理应用于分析法律问题,他让法学教授们从法律的道德层面转向法律的效率层面。

1. 科斯定律

在这篇论文中,他提出了一个基本的法律定律,这个定律是讲:在交易成本为零的情况下,交易双方可以通过协商的方式达成"损失—赔偿"的最佳协议,这个协议可以同时增进纠纷双方当事人的效率。在这样的情况下,法院如何配置权利和如何判定损害赔偿,对

---

① 波斯纳:《法律的经济分析》(上),第 215 页。
② 同上书,第 289—290 页。

社会财富增长而言并没有实质性的影响。① 比如,一个家禽饲养主与一个农场主相邻,家禽跑到农场里吃庄稼,家禽主是一种收益,农场主是一种损失,而且家禽越多,农场主的损失越大。家禽主赔偿农场主对家禽主来说是一种成本,而家禽增多又是一种收益,另一方面,农场主得到家禽主的赔偿是一种收益,庄稼的损失是一种损失。当家禽增多的收益大于给农场主赔偿之成本的时候,家禽主愿意给农场主损害赔偿;当从家禽主那里得到的收益大于庄稼损失之成本的时候,农场主愿意让家禽进入到他的土地吃庄稼。如果双方赔偿协议达成,那么不管法院如何判决,双方的财富都会增加,都比损害发生前的经济状况变得更好。如果法院判定家禽主没有权利侵犯农场主的土地,那么家禽主要向农场主"购买"家禽进入农场主土地吃其庄稼的权利;如果法院判定家禽主的家禽有权进入到农场主的土地,那么农场主则要向家禽主"购买"家禽不进入其土地的权利。

这种可以同时增进交易双方经济效益的效果,后来被称之为帕累托最佳(Pareto optimality)。这种帕累托最佳同样出现在以下情形中:铁路公司的火车穿过农场主土地,火车轮与铁轨撞击所发出的火花损坏了农场主庄稼。火车的发车量与铁路公司的收益成正比,与农场主的"收益"成反比。铁路公司的收益(铁路营运收益减去对农场主的赔偿)与农场主的收益(从农场主得到的赔偿减去庄稼的损失)之间存在着一个边际效益的连接点,在这个连接点上,铁路公司与农场主的效益达到帕累托最佳。这种理论上的假定,经常被后来的法律经济分析者们称之为"科斯定律"(Coase Theorem)。②

2. 在两个案件中的应用

科斯分析了两个具体的判例。第一个案件是讲,一个糖果制造商与一个医生是邻居。糖果商使用两台灰浆棒槌机器生产糖果,其中一台机器在同一地点使用了60年,另外一台使用了26年。医生在自家花园但靠近糖果商厨房的地方搭了一座房间,准备用做诊室。

---

① Ronald H. Coase, the Problem of Social Cost, 3 *Journal of Law and Economics* (1960).
② 波斯纳:《法律的经济分析》(上),第289—290页。

糖果生产机器发出的噪音和震动,导致诊室无法使用。医生提起了诉讼,法院判定医生胜诉,禁止糖果商噪音和震动的侵权行为。①

这是一个公害(Nuisance)的案件。按照传统的法律规则和理念,土地所有人依据财产法对自己土地的权利"上达苍穹下至地心",按照侵权法"每个人都有权利充分享受自己土地的乐趣,不妨害他的邻居享受他的乐趣"。是否构成公害,其标准是被告行为的"合理性",这个合理性是一个朴实的"理智之人"的标准。糖果制造商妨碍了医生对其土地的使用权,法官发出了禁止令。

科斯对此案件分析的特殊之处在于,他以经济效率的角度分析双方当事人之间的成本与收益,探讨法院资源配置与社会财富之间的关系。他认为,纠纷发生之后,糖果商未尝不可以与医生协商。医生放弃自己的权利,从糖果制造商那里得到赔偿。当医生得到的赔偿超过医生使用该诊所所得的时候,且糖果制造商生产糖果所得超过给医生赔偿的时候,糖果制造商可以继续使用他的机器设备。在这样的情况下,糖果商与医生都可以增加自己的财富。反过来也一样,如果判定糖果制造商胜诉,医生也可以支付给糖果商必要的费用,让糖果商停止使用该机器设备。当医生使用该诊所所得超过糖果商停止使用机器设备所失的时候,医生与糖果商也同样可以增加他们的财富。这个情形就类似于家禽饲养者与农场主之间的关系。科斯由此得出结论说:"假定市场交易成本较小,那么法院关于损害赔偿责任的判定并不影响资源的配置……本案法官判定了土地应该如何使用,但只是在如下的情况下他的观点才是正确的:实施必要市场交易的成本超过了权利重置所得的收益……社区安静的价值超过了蛋糕的价值。这些却是本案法官所没有意识到的问题。"②

科斯所分析的第二个案件是讲,原被告是相邻的房屋使用者,他们的房子从前是一样的高。在1876年以前,原告在自己房子里生火不会产生烟囱冒烟的现象。1876年,被告撤除原有的房屋,在原址建新房,他在靠近原告烟囱的地方修了一堵高墙,且在房屋顶上堆放

---

① Sturges v. Bridgman (1879) 11 Ch D852.
② Ronald H. Coase, the Problem of Social Cost.

了大量的木材。高墙和木材阻挡了空气的流通,原告只要生火,烟囱烟雾就弥漫了房间。原告提起的诉讼,一审法院认定被告的行为导致的公害,因此判定被告赔偿40英镑。二审法院改判,认为是原告自己生火才导致了炊烟,被告的高墙与木材不足以产生伤害。①

科斯对二审的判决不以为然,他说究竟是谁导致了烟雾公害,答案是清楚的。烟雾的发生是由被告修高墙和原告生火共同造成的,墙和火缺少任何一个,烟雾都不会发生。因此,双方都应该承担责任,都要承担烟雾所造成舒适减损之成本。科斯说,双方同样存在着交易的可能性,被告要修高墙并堆放木材,他就应该支付原告适当的费用,这个费用等于原告消除烟雾所需要的成本。法官作出该判决的理由,是被告在自己土地上修房的权利。但是,科斯说,"如果我们谈论因果关系问题,那么双方当事人都导致了损害。如果我们要获得资源的最佳配置,那么双方当事人采取行动的时候就应该将伤害的效果考虑在内。如同我们解释过的那样,通畅的价格体系运作属于产品的价值,因此伤害的结果应该是双方当事人的一种成本。"②

在这里,科斯隐含地提出了社会成本内化的概念。如果绝对地认定并保护被告修墙和堆积木材的权利,那么被告对原告造成的损害就不构成被告行为的成本,却成了对于被告来说"外在的成本"。要使社会财富的最大化,就要求将这种外在成本"内化",将被告对原告造成的损害变成被告行为"内在"的成本,唯有如此,才能够最大限度地增加经济效益。

科斯也承认,上述的分析只是一个假定,因为所有的分析都基于一个前提,那就是双方当事人之间的交易成本为零或者很小。但是,实际的交易是有交易成本的,有的时候交易成本很高以至于双方当事人无法达成交易。比如,谁要交易、与谁交易、何种条款、讨价还价、起草合同、审查合同、合同的履行等等,都有成本在内。既然如此,那么"一旦将市场交易的成本考虑在内,权利重新配置就会在如

---

① Bryant v. Lefever (1879) 4 C. P. D. 172.
② Ronald H. Coase, the Problem of Social Cost.

下条件下发生:重新配置所带来的产品价值的增长,大于它所带来的成本"①。而在权利重新配置活动中,法律制度则起着关键性的作用,司法活动和立法活动都会影响权利和资源的有效配置。

二、卡拉布雷西的事故成本与规则体系

科斯将经济学带到了法学,而法律经济学要成为一个美国的法学主流派,则需要法学家们来完成。这里不得不提到耶鲁法学院的前院长、如今联邦第二巡回法院法官卡拉布雷西。

早在1961年,也就是科斯发表《社会成本问题》的第二年,29岁的卡拉布雷西就在《耶鲁法律评论》上发表了《风险分配和侵权法的一些思考》一文。在这篇长文中,卡拉布雷西应用庇古的福利经济学理论(Pigou, Economics of Welfare)尝试性地分析"企业责任与资源配置","竞争性工业与独占性工业在资源配置上的差异",在具体法律问题上,他运用经济学分析了"公害"、"雇主的替代责任"和"可转让票据"。② 由于这个原因,卡拉布雷西有时与科斯一道,被称之为法律经济学的开山鼻祖。③ 29岁的年龄与耶鲁法律副教授的身份毕竟无法与诺贝尔获奖者相提并论,而且,其行文之流畅和表达之老练也的确难与科斯相匹敌。卡拉布雷西被法学界所认可,还要待以时日,具体地讲,要等到10年后他发表《事故成本》。

1. 事故成本

1970年发表的《事故成本》主题,就是用经济学的方法减少交通事故的成本。他把减低或者避免事故成本的方法分为两类,一类他称之为"第二性事故成本缩减"(the secondary accident cost reduction/avoidance)和"第一性事故成本缩减"(the primary accident cost reduction/avoidance)。前一种方法主要看重事故发生之后的补救,比如医疗救助以防止伤害恶化,保险与风险分散等措施;后一种方法则是通过减少事故本身的数量和严重程度来缩减事故成本。第一性事故成

---

① Ronald H. Coase, the Problem of Social Cost.
② Guido Calabresi, Some Thoughts on Risk Distribution and The Law of Torts, 70 The Yale Law Journal 499.
③ 参见沈宗灵:《现代西方法理学》,北京大学出版社1992年版。

本缩减是两种策略的联合,其一为特殊威慑,指的是禁止超常风险的行为。行为是否具有超常风险的性质,应该由市场来作出判定,而实现的途径则是立法或者行政条例。其二为一般威慑,指的是让导致事故的行为人承担事故的成本。卡拉布雷西相信,"如果让行为人承担其行为所导致的所有成本,那么就会在事实上减少事故或者降低事故的严重性"[①]。每个人都知道对自己最有利的事情,他永远会选择带有一定风险但可带来收益的行为,都会在风险与收益之间进行比对和权衡。

卡拉布雷西喜欢用设计的雅典和斯巴达模式进行分析。他假定,在雅典,驾驶员对自己交通事故承担责任,他必须为自己购买汽车保险;而在斯巴达,人身伤害全部通过来自税收的公共基金进行赔偿。托尼(Taney)想购买一辆二手汽车,假定买车和行驶费用成本为200美金,另外购买的保险为每年200美金,但是如果他不买车而采取其他替代的交通方式,比如乘出租车,那么他每年的成本是250美金。这样,如果他生活在雅典,他就不会去买车,因为买车的成本400美金多于乘出租车的成本250美金;如果他生活在斯巴达,他就会去购买一辆车,因为购买和使用汽车的成本仅为200美金,而乘出租车的成本则为250美金。卡拉布雷西认为,雅典模式是理想的减少事故成本的方式,因为其原理就是他称道的"第一性事故成本缩减"之"一般威慑",因为这种方式使驾车者内化了他行为的外在成本。

卡拉布雷西最后上升到了事故成本的分配问题。他说,其一,要摈弃事故成本外化的分配模式,换言之,驾车人不承担伤害的个人赔偿责任,也就是要拒绝斯巴达模式;其二,要区分特定的风险行为,不让无辜的人承担他不应该承担的风险成本。比如,"少年驾车"、"老年驾车"和"夜间驾车"风险成本高于一般的驾车,因此,对这些驾车方式应该提高其驾车的成本,以避免他们成为"搭便车者",使他们内化其更高风险所带来的成本;其三,如果事故成本的信息费用过高,那么我们应该将成本分配给那些以最低成本避免事故的人或者

---

① Guido Calabresi, the Costs of Accidents(1970).

行为。①

2. 规则体系

1972年,卡拉布雷西与他的学生梅拉米德在《哈佛法律评论》上发表了长文《权利规则、责任规则和不可转让性:一个权威的视角》,系统地阐述了他的经济分析法学的理论。他认为,法律的基本作用就是在冲突利益双方当事人之间决定"权利"的归属,比如制造噪音的权利与享受安静的权利,污染的权利与吸收新鲜空气的权利,这可以称之为初步的判决;权利是可以用来买卖的,因此除了决定权利归属之外,法院还要对随后的权利进行保护,从而形成胜诉方与败诉方特殊的法律关系。他们的论文因此也就是要解决这两个问题,第一,在什么样的情况下,我们应该授予何种权利?第二,在什么样的情况下,我们采取权利规则、责任规则和不可转让规则来保护这些权利。我们分别来看这两个方面:

(1) 权利设定的考量因素

权利设定要考虑到三个方面的因素,其一,经济效益,其二,财富分配,其三,某些正义的考量。

就经济效益而言,卡拉布雷西提到了科斯定律,也就是帕累托最佳。他说,权利的设定会影响到资源的配置,最初的权利配置是使获者与受损者都能够通过该权利配置而更加富裕。虽然实践中,交易成本为零不可能存在,但是零交易成本的假定却是一个有用的分析起点。具体而言,卡拉布雷西提出了几个权利设置的原则:第一,设定权利是一种理智的选择,在进行选择的时候,要将社会收益与获得该收益所要承担的成本进行比较,也要将社会成本与避免该成本所发生的成本进行比较;第二,在社会收益/成本不肯定的情况下,成本应该加在这样的当事人或者行为身上:他们易于进行收益/成本的分析;第三,在特定的情况下,比如污染或者交通事故,成本应该加诸那些避免成本最低的当事人或者行为;第四,如果当事人或行为不肯定,那么成本加诸这样的当事人或者行为:他们在市场上能够以最低的交易成本来矫正权利配置中的错误,或者说,他们能够以最低的成

---

① Dobbs, *Torts and Compensation*, West Publishing Co, 1993, second edition p.853.

本来引导那些能够避免社会成本的人们去如此行为;第五,虽然交易成本在实践上不能够为零,但是权利设定的理想仍然是帕累托最佳。①

权利的设定直接决定了社会财富的分配,因此财富的分配也是权利设定的一个需要考虑的因素。在一个遵循财富平等的社会里,制造噪音者肯定比一个喜欢安静的隐士富裕;一个欣赏个人精明的社会与一个各尽所能按需分配的社会,社会财富的分配肯定不同。社会完美平等不可求,但是这个社会必定要选择达到平等的权利设定标准。国家可以规定非强制征兵的制度,进而引导人们去参军;国家也可以规定强制征兵的制度,但是可以允许人们支付钱财不去当兵。除了直接的财富分配之外,一个社会还会最大限度得提供人们最低限度的价值商品,比如教育、服饰和身体的完整性。当这个社会认为这些价值至关重要的时候,还可以规定这些价值的不可转让性。

卡拉布雷西谈到但未深入探讨权利设定的公正考量,比如对安静的偏好和法律的同等对待。不过,他同时强调,这些公正的考量实际上也依附于效率和分配的考量。作为一个以经济学方法构建法律制度的学者来说,卡拉布雷西不会抛开经济因素而强调不可实证的正义要求。也许在他专门区分和强调不可转让权利的时候,他给法律的道德哲学留下一个空间,从而避免了来自传统道德哲学的攻击。在这一点上,卡拉布雷西不同于波斯纳,后者将其经济学扩展到包括传统上属于法律道德哲学的领地。

(2) 权利的法律保护

权利初始设定之后,随后的问题是法律如何来保护这些初始的权利。卡拉布雷西提出了三组规则,那就是权利规则(Property rules)、责任规则(Liability rules)和不可转让规则(Rules of inalienability)。

"权利规则"保护私人的财产权,任何人不得剥夺财产主的权

---

① Guido Calabresi and Douglas Melamed, Property Rules, Liability Rules, and Inalienability: One View of the Cathedral, 85 *Harvard Law Review* 1089(1972)中文翻译稿可参见:《财产规则、责任规则与不可让与性:一个权威的视角》,明辉译,《哈佛法律评论·侵权法学精粹》,法律出版社2005年版,第285页。

利,除非他与财产主协商并愿意支付财产主所开出的价格。在这样的情况,当事人之间通过自愿而发生交易,价格由双方协议而成,一般体现了双方特别是卖方的主观价值,否则交易不可能达成。在这个时候,国家干预基本不存在。当事人对价格无法达成一致,或者一方当事人侵犯了财产主的利益,那么"责任规则"立即产生。比如,具有社会功效的公害或者环境污染行为,为了避免禁止令,他们可以通过赔偿财产主而获得其财产权。为了从财产主那里得到"公害权"或者"污染权",或者说为了交易的便利,这种规则需要交易所需要的"外在和客观价值标准",比如市场价格来进行。在这个时候,国家干预不可避免。不可转让规则适用于这样的情况:权利一旦初始设定,那么当事人之间禁止发生交易。"采用责任规则而非权利规则,效率并非是唯一的原因。如同初始权利经常决定于分配的原因一样,责任规则常常促进效率和分配的联合结果,这个结果仅靠权利规则是难以实现的。"①

(3) 权利设置与规则保护在公害—污染(Nuisance-pollution)案件中的运用

公害—污染纠纷发生后,双方当事人之间同时涉及到权利设置和规则保护问题。卡拉布雷西认为传统的法律主要存在着三种情形:第一,权利授予不受污染者(原告),污染者(被告)不可以从事公害的活动;公害者或污染者(被告)要从事公害的活动,就必须征得原告的同意并支付原告所提的费用。这里,权利配置给原告,权利保护适用财产规则。第二,权利同样授予不受公害或者污染者(原告),不过,公害者或污染者(被告)可以从事公害的活动,但是他必须赔偿原告。这里,权利配置给原告,权利保护适用责任规则。第三,权利授予给公害者或污染者(被告),他可以按照自己的愿意污染环境;不受公害者或污染者(原告)可以让被告停止公害或者污染,但是原告要从被告那里"购买""不公害—污染的行为"。这里,权利配置发生了变化,授予给了被告,权利保护适用财产规则。

---

① Guido Calabresi and Douglas Melamed, Property Rules, Liability Rules and Inalienability: One View of the Cathedral.

按照逻辑排列,应该有第四种情形,这就是卡拉布雷西自认为他最大发现的第四条规则。这第四条规则是讲:权利授予给公害者或污染者(被告),而权利保护则适用责任规则。具体而言,被告可以实施公害或者污染的权利,原告可以让被告停止污染的行为,但是当他阻止被告行为的时候,他要向被告承担损害赔偿的责任。卡拉布雷西觉得,这第四条规则一直存在,但是一般都没有发生到司法的层面。比如,即使被告损害可以计算,但是众多的原告损害赔偿的分摊难以计算,而且,原告人数众多,难以达成一致的赔偿意见,内部的交易成本过高,不可避免地会出现"搭便车"的不劳而获者。

在卡拉布雷西看来,他的第四条规则是最理想的,它可以兼顾效率和分配,而其他三条规则并不能够达到这一点。他举了一个例子:假定原告生活在一个富裕的社区,被告则在该社区比邻处雇佣廉价的工人用劣质煤生产穷人所需要的产品。依照第一规则,禁止污染。如果污染对原告的损害大于被告带来的收益,那么禁止污染是有效率的,但同时却带来灾难性的财产分配结果;如果避免污染的成本过高或者交易成本过高,那么禁止污染则是没有效率的。依照第二规则,公害的损害赔偿。即使交易成本高,消除污染也可以进行效率的计算,但同时可能导致工厂破产或者产量减少,最后导致与规则同样的分配结果。依照第三规则,工厂有污染的权利。因为保护了工人的收入,因此该规则有利于分配效果。但是如果污染给社区居民带来的损害,大于避免污染所生的成本,且如果交易成本过高,那么规则三就是没有效率的。而规则四就不是这样:在这里,工厂可以继续进行,但是原告可以支付给被告一定的费用,以强迫工厂使用优质好煤,而且社区居民所受损害的成本估价也被考虑在内,这样就同时实现了效率和分配的目标。①

卡拉布雷西的这篇论文给他带来了巨大的名声,文章发表25年后,美国法学院学会法律赔偿分会于1997年1月在华盛顿召开可一个专门的研讨会:"财产规则、责任规则和不可转让性:25年回顾"。

---

① Guido Calabresi and Douglas Melamed, Property Rules, Liability Rules and Inalienability: One View of the Cathedral.

卡拉布雷西出席并发表了自己对该文的看法。

他说,该文创作于1971年,在那个时候,大家都把法律的经济分析当作是疯狂的胡言乱语。他(及他的合作者)与波斯纳开始用经济学的方法分析侵权法的问题,虽然他们俩并不是侵权法方面的律师。同时,后来在经济分析法学享有盛名的波林斯基(Mitch Polinsky)还是麻省理工学院的研究生,列维莫(Saul Levmore)和泰德曼(Nick Tideman)还在哈佛攻读博士学位,科尔曼(Jules Coleman)则刚过青春期,而科饶斯(Jody Kraus)还是个穿着过膝短裤的孩子。因为这个缘故,这篇文章当时并不看好。当时,卡拉布雷西在哈佛做访问教授,他把文章投到《哈佛法律评论》。编辑们对文章的"怪异"大为吃惊,几乎否定。卡拉布雷西面对面地与编辑交流并解释他文章的价值之后,文章最后不带修改地发表在《哈佛法律评论》上。

卡拉布雷西谦虚但中肯地评价了他这25年前的论文。他说该文后来能够产生一定的影响,其实也与该文的缺陷有关,那就是他只是开创性地提出了一种新的思考方法,只是构建了一个简单的大纲。它给后来者提供了可以进行批评、补充和发展的空间,"它只想提供一个框架,一个简单思考的模式。我们造了一个盒子,意在鼓励学者们去找到现实世界里可以装进该盒子中的可能情形。它帮助我们发现隐藏在普通法阴暗处的某些东西"①。

卡拉布雷西认为他的成功之处,便是他区分了财产规则与责任规则。他从贝克(Gary Becker)的犯罪经济分析中得到启发,财产规则基于双方当事人的协商,财产的价格体现了双方的主观价值。买卖双方价格达不成一致的意见,交易就不会发生;而责任规则则基于市场的客观价值,实际上是公共设定的价格(collectively set price)。这样,他的第三条规则和第四条规则主要是指这样的情形:我们允许人们在支付了某种公众设定的价格后,他们能够自由地取走别人的某物。第三与第四条规则的区分就是财产规则与责任规则的区别,第四个规则就是隐藏在普通法之中、但是没有被法学家们发现的东

---

① Guido Calabresi, Remarks: The Simple Virtues of The Cathedral, 106 *Yale Law Journal* 2201(1997).

西。这个规则把经济效率和财富的分配同样看作是公害—污染侵权法的目的。

第三节 波斯纳的侵权法和刑法的经济分析

如果说科斯和卡拉布雷西开创性地提出法律经济分析的思维模式,并在具体细节问题上提出了自己的理论模式,那么我们可以说,波斯纳则把法律的经济分析渗透到了整个法律领域。这里,我们看看他的侵权法和刑法的经济分析。

一、过失法的经济分析

过失侵权一直是英美侵权法的核心问题。传统上认为,被告是否对原告承担过失责任,要看被告对原告是否承担注意的义务,是否尽到了注意义务,以及原告损害与被告行为之间是否存在着因果关系。过失的标准是一个"理智之人"的标准,这个标准最终决定于特定社区人们对被告行为的道德评价,也就是被告行为的道德可谴责性。

理智之人是个概念上的人,道德可责性又充满了模糊性。用清晰的经济学数据来确定理智之人的标准,是波斯纳的目标所在。在这里,波斯纳找出了汉德公式。

在 United States v. Carrol Towing Co. (1947) 一案中,案件涉及到三方事主,第一个主体是驳船"安娜C"的船主康诺公司,第二个主体是拖船船主卡罗拖船公司,第三个主体是操作卡罗公司拖船的格里斯运输公司。格里斯公司的职员在操作卡罗公司拖船的时候,过失地导致了"安娜C"漂移。风驱动着安娜C,顺势撞击了一条油船,油船的驱动器在安娜C的船底撞开一个孔。康诺公司职员没有在船上,因此谁也不知道船已经发生了损害。假设安娜C上有职员在船上值班的话,格里斯公司的职员就会及时抽水而挽救安娜C。因为安娜C上没有水手,结果是驳船倾斜,货物倾泻,船体沉没。法院认定格里斯运输公司和卡罗拖船公司承担责任,但是在确定康诺公司是否有责任的问题上,法院有着不同的看法。

问题的关键是:康诺公司的职员当时没有在安娜 C 船上,其职员不在岗位是否构成一种过失?如果是,那么就应该减少对康诺公司的赔偿数。

此案件最后上诉到了联邦上诉法院第二巡回法院,著名的汉德法官提出了他著名的法律意见。驳船上没有人值班,结果船体移动而发生损坏,在这样的情况下,该船的船主是不是要承担责任?汉德法官认为不存在一般的规则。但是这的确是个问题,需要有一个一般性的规则来处理这样的案件。法官认为,在其他的相似的情况下,所有者的责任决定于三个方面的因素,或者说决定于三种变量的函数关系:第一,驳船损坏的可能性,第二,所发生损害的严重性,第三,充分预防该损害所要承担的负担。这个函数关系还可以进一步演化成一个代数公式:损害的可能性称为 P,损害称为 L,负担称为 B。法律责任取决于 B 是否小于 P 乘以 L,也就是 $B < PL$。①

法官将这种思维方式应用到这个案件。他说,驳船发生移动而发生损害的可能性,随不同的时间和地点而有所不同。比如,如果有风暴,危险就大些;如果停泊在一个繁忙的港口,那么发生偏移就要更频繁一些。但是也要考虑的是,水手即使应该生活在船上,驳船却也不是水手的监狱。在适当的时候,他也要下船。在这个案件中,水手于 1 月 3 日下午 5 点离开驳船,驳船于第二天下午 2 点发生损害,也就是水手离开驳船 21 个小时以后发生损害。在这个期间,水手都没有在船上。法官说,水手在法庭编了许多的故事,但是我们认定他其实没有任何离开的借口和理由。而且,损害发生在日短夜长的 1月,发生在潮水涌动的高峰期,这样的情况会使驳船不停地颠簸。因此我们可以合理和充分地认定:驳船没有充分地得到看护。因为这个缘故,我们认定:在白天的工作时间里,如果没有合适的理由,康诺公司应该有一个水手在船上,这种要求是公平的。最后,法院判定:没有水手在安娜 C 船上,康诺公司也存在一种过失,结果是减少康诺公司能够获得的赔偿数额。

---

① United States v. Carrol Towing Co. 1947 2nd Cir App. 159 F. 2d 169.

这个判例在美国法中经常被援用,是一个很有影响力的判决。汉德法官和他在这个案件中确立的这个 B < PL 代数公式因此而扬名于美国法,学术上称为"汉德公式"。随着经济分析法学的兴起和传播,汉德的法律经济分析模式越来越为人们所认同。这种模式有时称为"成本—效益"原则,也就是在一个判决中要体现以最小成本获得最大效益的原则,最大限度地发展生产力。后来,波斯纳称汉德公式为"过失的经济含义",他从学理的角度发展了汉德的这种方法。波斯纳在他的论文中假定:驳船因无人看管而发生损害,每年平均为25000美金,而24小时保证有一个水手在船上值班,每年开销为30000美金,那么,按照汉德的公式,上述案件中的康诺公司就不存在着一种过失。波斯纳认为这是正确的,原因是这样的判决合乎经济效益的原则,因为我们不能够付出较多的成本来防止一个较小的损失。

在 Wassell v. Adams(1989)一案中,原告苏珊与迈克订婚,迈克入海军,并在芝加哥北部大湖海军培训基地受训。他们约定受训结束之后结婚,当时苏珊21岁。苏珊和迈克的父母去芝加哥参加迈克受训毕业典礼。他们住进了一家便宜的汽车旅馆,双人间每晚36美金。旅馆的所有人是亚当斯夫妇,他们是本案的被告。迈克父母离开后苏珊仍然住在旅馆里,因为迈克将在那里长期工作。汽车旅馆附近是一个犯罪高发区,谋杀、卖淫、抢劫和毒品泛滥。亚当斯夫妇有时告诫女顾客晚上不要步行出门,但是没有给苏珊和迈克父母说过。那天晚上苏珊睡得很沉,后被敲门声惊醒。她开灯,发现是早上1点。她从门上的猫眼里望出去,没有发现人。她开了门锁,打开了门,以为是迈克从基地回来。门口站着一个她从来没有见过的男人,他说他要找辛迪,她说没有这个人。他说要杯水喝,当她从浴室里拿出水的时候,男人坐在桌子旁。男人说水不够凉,还说他没有钱。男人自己去浴室取水,苏珊开始紧张。房间里没有电话,电视机有防盗警报,但是苏珊没有被告知因此不知道警报设置。几分钟之后,男人进到浴室,后伸出脑袋要苏珊进去,苏珊拒绝。不久,男人从浴室里出来,腰以下部位裸露。苏珊想跑,男人在后面追并抓到苏珊。她大叫,但没有人出现。汽车旅馆里没有警卫,亚当斯夫妇住在旅馆另外一头的地下室,听不到苏珊的大叫声。暴行持续了一个多小时,男人至少强奸苏珊两次。强奸犯没有受到起诉,因为事后苏珊太紧张无法指认嫌疑犯。在亚当斯夫妇拥有该汽车旅馆的7年里,发生过一起强奸案和一起抢劫案。

苏珊与迈克结婚,但是强奸引发继发性紧张症,严重地影响到她的生活。她对亚当斯夫妇提起诉讼,认为被告没有提醒过原告危险,以及没有采取预防措施来保护她。陪审团由四位女性和三个男性组成,他们认定被告存在着过失,而且是原告受到损害的法律上的原因,他们认为苏珊的损害总额为85万美金。但是陪审团进而认定苏珊自己也有过失,而且她的过失比例占总数的97%,而被告的过失比例仅为3%。结果陪审团判定苏珊获得2万5千美金的赔偿,这个数正好是苏珊治疗强奸后继发性紧张症的费用。

原告提起上诉,巡回上诉法院法官波斯纳写出了他的判决意见书。他说,按照传统的与有过失规则,有过错的原告将得不到任何补偿,他认为这个法律过于苛刻,因此大多数法院采取了比较过失的规则。首先,波斯纳分析了为了避免伤害原被告双方所需要的成本。他说,如果要避免原告的伤害,任何一方当事人所付出的成本一样,那么原被告双方各承担50%的损失。按照这个方法,在本案中,陪审团判定苏珊避免受到攻击所付出的成本比亚当斯夫妇要付出的成本低32倍。苏珊的过失在于在没有弄清楚门外是谁的情况下就开了门,还在于半夜被惊醒而没有保持高度的警觉,而亚当斯夫妇的过失是没有保护住客的安全,没有警告住客可能发生危险。但是也承认,警告也并不能够避免攻击,正如同告诫住户不要把手指插进点插座中一样。波斯纳其次分析了亚当斯夫妇雇佣警卫的成本和效益。他说,亚当斯夫妇的过失在于没有提供保安,没有安装电话,没有设置警报器。但是,他也说,雇佣保安的费用每晚为50美金,一年的费用将是2万美金。这不是一笔巨额的费用,但是比起苏珊保持高度警惕而付出的成本来说,这还是要高出许多。最后,波斯纳也对陪审团认定的97∶3的比例提出疑义,他说如果他是事实的判断者,他会判定被告承担更高比例的责任,但是他不是事实的判定者,因为这个工作是由陪审团要解决的问题,作为上诉法官他要尊重下级法院及陪审团对事实的认定。最后的结论是维持原判。①

这个案件是经济分析法学家波斯纳任美国第7巡回上诉院法官所判定的一个案件,其特点在于他试图用经济分析的方法来分析比较过失的法律问题。比较过失实际上是根据原被告双方的过错比例来确定承担责任的比例,因为这个缘故,经济分析的确有着广泛的空间。在这个案件中,波斯纳分析了双方当事人避免事故所需成本的比例,也分析了雇佣保安的成本与效益比例。

二、公害法的经济学分析

在波斯纳的《法律的经济分析》中,他专门分析过公害行为。不过他承认这是在侵权行为法领域讨论的同时,还在财产法的领域讨论这个问题,因为它界定了财产所有者的权利,同样是财产法的一个规则。②

科斯关于铁路火花和农民农作物的例子被波斯纳归纳为:R代表火车通行数量边际收益的函数,火车数量的增多与其边际收益成反比,因此曲线呈下降趋势,F代表农民农作物损失的边际成本,它与火车数量成正比,因此曲线呈上升趋势。每天火车的通行数量为n,n点往左,铁路产生的效益比农民所受到的损失要大,铁路公司肯定要增加火车的数量,n点往右,农民的净收益超过铁路收益的减损,农民因此会付钱给铁路公司以减少火车数量。n点往右,农民会起诉铁路公司要求减少火车数量,n点往左,铁路公司会支付农民费用使他放弃不受公害的权利。这里当然涉及到权利的初始分配,权利分配的目的就是增加效益,效益"通过将法律权利分配给愿意购买他的一方而得到增进"③。从科斯定律的分析中,波斯纳还得出三个推论:第一,让损害方,比如铁路公司承担责任并不能有效益地解决冲突;第二,公害的普通法可以被看作是通过将财产权利分配给最

---

① Wassell v. Adams, United States Court of Appeals, Seventh Circuit, 1989. 865 F.2d 849.
② 波斯纳:《法律的经济分析》(上),蒋兆康译,中国大百科全书出版社1997年版,第66页。
③ 同上书,第64页。

有价值的那一方当事人,而增进资源的有效使用;第三,政府对于经济的干预应该让位于市场的运作,因为政府的行为不一定是有效益的。①

对于科斯的环境污染的例子,波斯纳提出解决双方冲突的几种方法:工厂安置设备停止污染、工厂停产、居民安置污染净化设备和居民迁出污染区。波斯纳认为,不管采取哪种方式,在分配权利时都要以减少污染损害和避免污染损害的成本最小化为目的。普通法的目的就是为了达到这种平衡。如果居民有免受污染的权利,那么工厂就要花钱从居民那里购买污染权;如果权利分配给工厂,那么居民要免受污染就要购买工厂的污染权。忽视任何一个方面,都会导致成本的增加而不符合效益的原则。

波斯纳说,普通法对于污染最重要的救济手段就是公害②的侵权行为法,而公害的标准就是"合理性"。在这里,波斯纳用一种经济分析的角度界定了这种合理性,他称之为"效益"的标准,其中要参考的因素是:第一,污染者降低污染所承受的成本,第二,受害人忍受污染或者自行消除污染的成本。③ 但是波斯纳也承认这种方法没有让公害行为法对污染产生大的影响,因为第一,避免污染权只是近来的事,它与人们的富裕水平有关,第二,污染者和受害者小而多,以至于无法认定,污染的医学、审美和其他损害又难以衡量,第三,对污染的控制方面,成文法已经取代了公害的侵权行为法的救济。最后,波斯纳提出两点方法:一是由法院确定市场价值,二是让污染者购买一种地役权。

三、隐私权的经济学分析

隐私权出现的时候,是以保护公民的宪法权利形式出现的,按照美国宪法第四条修正案,公民的人身、财产、文件不受到不合理的搜查和没收。其他的宪法规定包括,言论自由隐含了交流的自由和不

---

① 波斯纳:《法律的经济分析》(上),第62—62页。
② 《法律的经济分析》中译本对于 nuisance 的翻译为"公害"。
③ 波斯纳:《法律的经济分析》(上),第77页。

交往的自由,普洛塞教授将这些权利命名为"隐居的自由或者孤独的自由"。当这些自由受到侵犯的时候,可以提起隐私权的诉讼。①沃伦和布蓝代斯提出隐私权问题的时候,其核心是个人的尊严,法律是目的就是要通过隐私权来保护个人的自我发展和自我观念,后来"自我形象"(self-image)成为了一个流行语,"自我评价"(estimate of himself)应该得到法律的保护。

1978 年,波斯纳做了一次演讲,题目是"论隐私权",将他的经济分析的方法渗透到隐私权领域。他认为隐私是具有经济利益的,人们总是希望获得自己的事实信息和与他人交往的信息,而且人们要为此信息付出成本。隐私是一种消费品,人们可以对它进行品味(taste),"在飞机上或吊索上曾经与陌生人相邻而坐的人,均知道面对完全陌生人而自吹自擂的乐趣"②。隐私不具有终级的价值,而只具有工具性的价值,这样人们可以将隐私进行投资。在一个穷困的社会里,隐私是不存在的,因为隐私得到很容易,而在一个物质丰富的社会里,探知他人的隐私要付出较大的代价。富人比穷人的隐私更具有经济的价值,比如富人隐瞒高收入的理由是,第一,避免税务官、绑架者和小偷,第二,避免慈善机构和家庭成员的索要,第三,维持慷慨的美名。因此高收入也具有价值。这样,隐私权的经济分析就有了前提,除了传统的隐私权之外,波斯纳还将商业秘密也归入到隐私权之中。

一般而言,隐私权是最涉及个人尊严和情感的领域,波斯那将经济分析方法溶入隐私权,不可避免地引起学术上的争论。早些时候,学者将隐私与个人人格联系起来,认为,在人的一生中总是与他人在一起,如果他的各种需要、思想、愿望、幻想都要受到公众的审查,那么个性和尊严就不复存在;如果没有个性和激情,那么这个人就不能够超凡脱俗;爱情、友谊和信任是社会的基本价值,它们需要有隐私,"没有对私人信息进行共享的亲密感觉",那么爱情和友谊是不可以

---

① Dan B. Dobbs, *Torts and Compensation* (2nd edition) West Publishing Co. 1993 p. 1038.
② 波斯纳:《论隐私权》,常鹏翱译,转引自梁慧星主编:《民商法论丛》V21,金桥文化出版(香港)有限公司2001年版,第352页。

想象的。① 布鲁斯通教授对波斯纳的理论提出了尖锐的批评,他在《隐私无价》一文中称,"波斯纳是用大炮来射豌豆,或者是用豌豆大小的射击手来完成一门大炮的功能"②,经济分析的方法可以用来分析隐私权,但是所分析的范围有限。他说,隐私权的保护体现了社会基本的道德、社会和政治的价值,它包含了犹太—基督教文化中的两个最高价值:保护人格独立和人格尊严。一个妇女起诉看她分娩的人,法庭认为,分娩是一个神圣的时刻,法律不允许他人公害这个时刻,因此,法院判定该妇女能够得到赔偿;CIA 和 FBI 私拆和复制 100 封私人信件,因为这些信件于苏联人有关,法院对收信人判定 2000 美金的赔偿,认为金钱的赔偿是象征性的,如此判定的原因是"减少人格受辱和精神受到重创"。"从隐私中产生的自尊,对于个人而言,是一种具有唯一性而且是不可交换的价值"。③

四、刑法的经济分析

以成本/收益的视角来看待犯罪与刑罚,刑法经济学因此既不同于古典刑法理论所考察的犯罪人"自由意志",也不同于社会学派所考察的"社会防卫",也不同于功利主义所考察的犯罪所获得的"乐"与刑罚所带来的"苦"。

在经济学家们看来,犯罪与刑罚只是一个成本/收益或者说风险/收益的对比而已。任何一个犯罪人都是一个"理性"的计算者,在实施犯罪行为之前,他会将犯罪的预期成本与预期犯罪收益进行比较,从而决定是否从事具有风险的犯罪行为。犯罪收益是罪犯通过犯罪所获得的金钱收益或者情感上的满足;犯罪成本则主要包括准备犯罪工具的金钱支出、犯罪时间的机会成本和刑事处罚的预期成本。犯罪成本中的前两项相对较小且较为客观,后一项则具有可塑性,它决定于罪犯与国家刑罚体系之间的博弈,因此是刑法经济学解释的核心所在,波斯纳归纳为"机会成本、查获几率、惩罚的严厉

---

① 波斯纳:《论隐私权》,第 361 页。
② 布鲁斯通:《隐私无价》,常鹏翱译,转引自梁慧星主编:《民商法论丛》V21,金桥文化出版(香港)有限公司 2001 年版,第 392 页。
③ 同上书,第 397—401 页。

性和其他相关变量"。①

设定 A 有一个珠宝,他估价是 1000 美金,而 B 的估价为 10000 美金。B 想得到该珠宝,他至少有两种选择,第一,与 A 交易。交付 A1500 美金可得到该珠宝,此交易对 A 和 B 都产生净收益,因为 A 收益 500 美金,而 B 收益 9500 美金。此种交易可以达到资源的有效配置,因为财产归为估价较高者,这是财富的一种最大化。第二,从 A 那里盗窃该珠宝。对 B 而言,盗窃成功后的收益为 10000 美金,盗窃的成本分为两个部分:一是为盗窃所做的装备成本和时间成本,这个部分的成本假定为 1000 美金,二是如果他被抓获并处于刑罚,比如处以罚金。这样,B 是通过正常交易获得该珠宝,还是通过盗窃获得该珠宝,就要依赖于两个方面的因素,其一,B 被抓获的几率有多高?其二,法院判处的罚金有多高。如果被查获的几率高而且罚金很高,两者相加大于 9001,那么 B 就不会实施盗窃;反之,如果被查获几率低而且罚金数很低,两者相加小于 8999,那么 B 就会实施盗窃。因为在第一种情况下,B 的预期成本(10001)大于他的预期收益(10000),而在第二种情况下,B 的预期成本(9999)小于他的预期收益(10000)。

刑罚的作用是威慑或者预防犯罪,刑罚的强度应该使罪犯因为犯罪而处境恶化。波斯纳提供的公式是 $D = L/P$,其中,D 是判定犯罪人所受到的刑事赔偿额(罚金或者监禁或者死刑),L 是受害人受到的损失(财产或者人身损失),P 是犯罪人被查获和被惩罚的几率。② 如果 $P = 1$,那么 L 和 D 相等。如果 $L = 10000$③ 而 $P = 0.1$(也就是罪犯逃脱惩罚的几率为 90%),那么合适的刑事惩罚应该是 100000。这个公式理论上同时适用于侵权赔偿和刑事惩罚,不同的

---

① 波斯纳:《法律的经济分析》(上),第 293 页。
② Richard A. Posner, *An Economic Theory of the Criminal Law*, p. 1230.
③ 这里波斯纳只是随意性地作出数字说明,他隐含地区分了当事人的主观价值和市场的客观价值,因为主观价值难以确定,所以损失数应该参考市场价格。另外一位知名的法律经济学者卡拉布雷西提出了另外一条思路,可作参考。他区分了"权利规则、责任规则和不可让与规则",权利规则是资源配置的规则,在此规则下,双方当事人有着自己的主观估价;责任规则是出现交易或者发生侵权时的客观估价,由于当事人主观估价不同,因此,在此规则下,应该求诸于市场客观价格。卡拉布雷西:《财产规则、责任规则与不可让与性——一个权威的视角》,明辉译,《哈佛法律评论·侵权法学精粹》,法律出版社 2005 年版,第 275—324 页。

是,侵权赔偿强调的是赔偿与损害之间的对称(这里不考虑惩罚性赔偿的因素),因为侵权赔偿的原则是"恢复到侵权行为发生之前的状态";而刑事制裁应该在赔偿数上加上适当的数额,以此发挥刑事处罚的威慑力。以这样的方式来看待犯罪与刑罚,波斯纳的犯罪概念就转化成这样的经济学定义:当罪犯行为的预期效用大于任何一种合法的替代行为的预期效用的时候,罪犯就选择从事犯罪的活动。①

---

① Mitchell Polinsky, Economic Analysis as a Potentially Defective Product: a Buyer's Guide to Posner's Economic Analysis of Law, 1655 *Harvard Law Review* 87(1974).

后 记

　　法律专业《西方法律思想史》自学考试教材由北京大学徐爱国教授撰写。全书由9章构成，以简洁和紧凑的方式展现了西方法律思想史的发展脉络和主要内容。通过本课程的学习，学生能够以历史的视角基本掌握西方法律思想的主要观点、法律理论、法学流派以及法学研究的方法，提升学生对法律现行制度的理解。

　　参加本教材审稿讨论会并提出修改意见的有：曹义孙教授（中国政法大学）、史彤彪教授（中国人民大学）和刘永艳教授（中共中央党校），在此一并表示感谢。

全国高等教育自学考试指导委员会
法学类专业委员会
2008年3月

全国高等教育自学考试

西方法律思想史自学考试大纲

全国高等教育自学考试指导委员会制定

出版前言

为了适应社会主义现代化建设事业对培养人才的需要,我国在20世纪80年代初建立了高等教育自学考试制度。高等教育自学考试是个人自学、社会助学和国家考试相结合的一种高等教育形式,是我国高等教育体系的重要组成部分。实行高等教育自学考试制度,是落实宪法规定的"鼓励自学成才"的重要措施,是提高中华民族思想道德和科学文化素质的需要,也是培养和选拔人才的一种途径。自学考试应考者通过规定的专业课程考试并经思想品德鉴定达到毕业要求的,可以获得毕业证书,国家承认学历,并按照规定享有与普通高等学校毕业生同等的有关待遇。经过二十多年的发展,高等教育自学考试已成为我国高等教育基本制度之一,为国家培养造就了大批专门人才。

高等教育自学考试是标准参照性考试。为科学、合理地制定高等教育自学考试的考试标准,提高教育质量,全国高等教育自学考试指导委员会(以下简称"全国考委")按照国务院发布的《高等教育自学考试暂行条例》的规定,组织各方面的专家,根据自学考试发展的实际情况,对高等教育自学考试专业设置进行了研究,逐步调整、统一了专业设置标准,并陆续制订了相应的专业考试计划。在此基础上,全国考委各专业委员会按照专业考试计划的要求,从培养和选拔人才的需要出发,组织编写了相应专业的课程自学考试大纲,进一步规定了课程学习和考试的内容与范围,使考试标准更加规范、具体和明确,以利于社会助学和个人自学。

近年来,为更好地贯彻党的十七大和全国考委五届二次会议精神,适应经济社会发展的需要,反映自学考试专业建设和学科内容的发展变化,全国考委各专业委员会按照全国考委的要求,陆续进行了相应专业的课程自学考试大纲的修订或重编工作。全国考委公共政治课专家小组参照全日制普通高等学校相关课程的教学基本要求,结合自学考试法律专业考试工作的实践,组织编写了新的《西方法律思想史自学考试大纲》,现经教育部批准,颁发施行。

《西方法律思想史自学考试大纲》是该课程编写教材和自学辅

导书的依据,也是个人自学、社会助学和国家考试的依据,各地教育部门、考试机构应认真贯彻执行。

全国高等教育自学考试
指导委员会
2007 年 12 月

Ⅰ 课程性质与设置目的

西方法律思想史是法律学科中的一门基础理论学科。本课程是全国高等教育自学考试法学专业的必考课程。设置本课程的目的，是为了培养和检验应考者对西方法律历史基础和理论基础的基本认识，促进对部门法的进一步理解以及运用法律的基本原理、基本精神，提高在法律实践中分析问题和解决问题的能力。

西方法律思想史作为一门法律历史学科，以有代表性的法律思想家和法学著作为根据，研究从古希腊罗马到20世纪的法学观点、思潮和学派以及发展的规律。这些学说对世界各国的法律制度和法律文化都产生了深远的影响。正确理解西方法律思想的历史，对于我国现代法制建设中向西方法律制度的参照、借鉴更是具有现实意义的。

本课程的基本要求是：系统性地把握西方法律思想史的理论体系，从古希腊罗马时期，中世纪，近代，19世纪一直到20世纪的各阶段法律思想和法学流派的演进。全面熟悉各流派的代表人物，主要作品，主要观点。充分理解法律理论问题是形而上学的、无恒定的客观标准。通过学习，使同学们知道每一种理论都是人类深思熟虑的成果，西方法律思想的历史实际上是西方法律学者从各自不同的角度对于法律最本质意义的思考和总结。

本课程的重点是：西方法哲学的渊源——古希腊罗马的法律思想；西方近现代法律制度的理论基础——古典自然法学；西方法哲学成熟的标志——哲理法学，分析法学和历史法学，代表西方当代法哲学中流砥柱的社会法学和新自然法学，以及异军突起的经济分析法学派。每一个命题都从不同的角度解释了法律的哲学基础，形成了各自的法哲学体系。

学习本课程之前，应当具备法理学和世界历史的基本知识，并能够联系外国法律制度的历史理解思想史的学习。西方法律思想史的学习还可以与部门法的知识融会贯通。

Ⅱ 课程内容与考核目标
(考核知识点、考核要求)

第一章 古希腊罗马法律思想

学习目的与要求

全面掌握这一时期法学家的思想,包括柏拉图、亚里士多德、西塞罗、斯多葛学派以及罗马五大法学家的主要观点。着重理解法律和正义的关系,要明确这里要谈的法律和公正,不是整个西方法理学中的法律和公正问题,而是西方法哲学形成时期的法律和公正的问题,也就是说,这个时期的公正,是作为一个同时具有哲学、伦理、政治和法律含义的概念被提出来的。

课程内容

第一节 古希腊罗马法律思想概述

第二节 古希腊法律思想

柏拉图的法律思想、亚里士多德的法律思想。

第三节　古罗马法律思想

斯多葛学派与西塞罗、罗马法与罗马法学家。

考核知识点

柏拉图的法律思想、亚里士多德的法律思想、斯多葛学派、西塞罗的自然法理论、罗马法与罗马法学家。

考核要求

一、柏拉图的法律思想
1. 识记：家庭制度与教育制度。政体理论。
2. 领会：劳动分工与等级制。次善的法律统治。
3. 综合应用：正义论与哲学王。

二、亚里士多德的法律思想
1. 识记：国家起源。
2. 领会：政体理论。法律思想。
3. 综合应用：正义论"法治优于一人之治"。亚里士多德认为法律是最优良的统治者,他的主要理论依据是什么。

三、斯多葛学派
1. 识记：斯多葛学派的"自然"。
2. 领会：理性与自然法。

四、罗马法与罗马法学家
1. 领会：西塞罗与自然法理论。
2. 简单应用：罗马法学家的法律思想有哪些内容。

第二章 中世纪法律思想

学习目的与要求

了解圣经法律思想以及《圣经》在法律领域的作用和影响,理解马基雅维里的法律思想和布丹的君主论,全面掌握罗马法复兴的知识和对西方法律传统的十个方面的概括。

课程内容

第一节 中世纪法律思想概述

第二节 基督教神学法律思想

《圣经》里的法律思想、基督教神学家们的法律思想。

第三节 君主论与君主主权论

马基雅维里的贡献、布丹的主权论。

第四节 罗马法的复兴与西方法律传统

资本主义的兴起与罗马法的复兴、宗教改革的法律遗产、西方法律传统。

考核知识点

基督教神学法律思想、马基雅维里的法律思想、布丹的主权论、罗马法复兴、宗教改革、西方法律传统。

考核要求

一、基督教神学法律思想
1. 识记:摩西十诫和古以色列法。自然法思想。
2. 领会:原罪、赎罪和末日审判。契约理论。
3. 简单应用:奥古斯丁论法律。阿奎那论法律。

二、马基雅维里的贡献
1. 识记:方法论。
2. 领会:政体理论。法律与军队。
3. 综合应用:"马基雅维里主义"。

三、布丹的主权论
1. 识记:方法论。
2. 领会:国家起源论。
3. 综合应用:主权论。

四、罗马法的复兴
1. 识记:资本主义的兴起。文艺复兴。
2. 领会:罗马法复兴的几个阶段。
3. 简单应用:宗教改革的遗产。新教伦理与资本主义法治。

五、西方法律传统
1. 识记:多元法律体系和多元司法管辖权。
2. 综合应用:西方法律传统的特点。

第三章 近代资产阶级古典自然法学理论

学习目的与要求

掌握古典自然法学的含义和自然法的基本内容,了解社会契约论的历史贡献,理解近代西方法治的理论。

课程内容

第一节 古典自然法学的一般理论

人类理性与自然法、近代自然法学的几个主要理论问题。

第二节 自然法理论与社会契约论

自然法理论、社会契约论。

第三节 人民主权论、分权论和法治论

人民主权论、分权理论、法治理论。

第四节 平等论、自由论和法的精神

平等理论、自由理论、"法的精神"论。

第五节 古典自然法理论的历史地位

古典自然法学的实践成就、古典自然法的理论成就与缺陷。

考核知识点

古典自然法学的基本内容及其地位和作用,这个时期每个代表人物法律思想的具体内容,主要关于自然法理论与社会契约,人民主权论、分权论和法治论,平等论、自由论和法的精神。

考核要求

一、古典自然法学的一般理论
1. 识记:人类理性与自然法。
2. 领会:近代自然法学的几个主要理论问题。

二、自然法理论与社会契约
1. 领会:格老秀斯、霍布斯、洛克、孟德斯鸠、卢梭对自然法的论说,对社会契约的论说,比较彼此不同之处。

三、人民主权论、分权论和法治论
1. 识记:汉密尔顿的分权理论。
2. 领会:卢梭的社会主权理论。洛克的分权理论。孟德斯鸠的分权理论。
3. 综合应用:法治理论。

四、平等论、自由论和法的精神
1. 识记:霍布斯的平等理论。洛克的平等理论和自由理论。
2. 领会:卢梭的平等理论。孟德斯鸠的自由理论。
3. 综合应用:法的精神。古典自然法的成就和缺陷。

第四章 哲理法学

学习目的与要求

了解哲理法学派的定义,了解其创立人和主要代表人的理论,了解哲理法学是西方 19 世纪主要法学流派中有其自身特点的一个分支。

课程内容

第一节 哲理法学概述

哲理法学、康德、黑格尔法哲学体系。

第二节 康德的《法的形而上学原理》

康德法哲学的几个基本概念、康德的私法理论、康德的公法理论。

第三节 黑格尔的《法哲学原理》

法的定义与法哲学体系、抽象法、道德、伦理。

考核知识点

康德的《法的形而上学原理》,黑格尔的《法哲学原理》。

考核要求

一、康德的《法的形而上学原理》

1. 识记:法的形而上学一般性术语。法理学与法哲学的区分。物权法理论。对人权理论。有物权性质的对人权。"意志的外在对象的理想获得"。

2. 领会:国家权力和宪法。民族权利和国际法。世界法。

3. 简单应用:法律的定义。

二、黑格尔的《法哲学原理》

1. 识记:法的定义。所有权。契约。不法。故意与责任。意图和福利。善和良心。家庭。

2. 领会:法哲学体系。市民社会。国家。

4. 简单应用:刑罚问题。

第五章　分析实证主义法学

学习目的与要求

明确分析实证主义法学是西方较为成熟、历史较为悠久的一种法律思想流派,了解分析实证主义法学的一般内容和大致特点,掌握分析实证主义法学倡导者和奠基人的基本思想理论。

课程内容

第一节　分析实证主义法学的一般理论

分析实证主义法学的界定、分析实证主义法学的一般特点。

第二节　边沁的功利主义法学

法律的功利主义原则、功利主义的立法学原理、法律改革与法典编纂、功利主义与分析法学。

第三节　奥斯丁的分析法学

法律命令说、"法律"一词的四种含义、主权论、一般法理学。

第四节　当代分析实证主义法学

分析法学的后继发展、凯尔森的规范法学、哈特的新分析法学。

考核知识点

分析法学的基本特点,边沁功利主义法学,奥斯丁的分析法学,凯尔森的规范法学,哈特法律规则说的主要内容。

考核要求

一、分析实证主义法学的一般理论
1. 识记:分析实证主义法学的界定。分析法学的后继发展(英国、美国)。
2. 综合应用:分析实证主义法学的一般特点。

二、边沁的功利主义法学
1. 识记:功利主义的历史。
2. 领会:"避苦求乐"功利主义立法原则。理论渊源。
3. 简单应用:法律改革和法典编纂。功利主义与分析法学。

三、奥斯丁的分析法学
1. 识记:主权论。
2. 领会:"法律"一词的四种含义。一般法理学。
3. 综合应用:法律命令说。

四、凯尔森的规范法学
1. 识记:"纯粹法学"。
2. 领会:分析实证主义法学的正义观。法律的"效力"与"实效"。
3. 简单应用:法律规范体系。

五、哈特的新分析法学
1. 综合应用:哈特对奥斯丁理论的批评与发展。第一性规则和第二性规则。

第六章 历 史 法 学

学习目的与要求

了解历史法学的定义。了解历史法学在西方法理学中的最大贡献是:强调法律实现应该依赖于法律背后的社会力量。作为一个学派,历史法学家的共同之处,是在法学中贯穿了一种历史考究的方法,学习中要注意的是,每一个法学家所关注的历史的不同点,决定了他们各自理论的差距。

课程内容

第一节 历史法学的一般特点

历史法学的界定、历史法学的基本特点。

第二节 萨维尼的历史法学

萨维尼与历史法学、法律与民族精神、立法和法典编纂。

第三节 梅因的历史法学

梅因与萨维尼的理论异同、法律发展论、对自然法理论的评价、古代法律制度的发展史。

考核知识点

历史法学的含义和一般特点,萨维尼的历史法学,梅因的历史法学。

考核要求

一、历史法学的一般特点

1. 识记:历史法学的界定。

2. 综合应用:历史法学的基本特点。

二、萨维尼的历史法学

1. 识记:萨维尼与历史法学。

2. 领会:立法理论。反对法典编纂。

3. 简单应用:法律本质论。法律发展三阶段论。法律制度的三要素。

三、梅因的历史法学

1. 识记:梅因与萨维尼的理论异同。

2. 领会:个别判决、习惯法和法典。法律拟制、衡平和立法。对自然法理论的评价。

3. 综合应用:古代法律制度的发展史(人法、财产法、契约法、遗嘱继承法、侵权和犯罪)。

第七章　社会法学

学习目的与要求

掌握注重法律实际的几种法律研究方法。了解在社会法学形成过程中具有突出贡献的法学家及其观点。掌握社会法学的特点：一是应用社会学的方法研究法律的问题，二是强调法律所保护的社会利益。

课程内容

第一节　社会法学的一般特点

社会法学的界定、社会法学的一般特点。

第二节　欧洲的社会学法学

埃利希的"活法"理论、耶林的"为权利而斗争"、韦伯的法律理想类型。

第三节　美国的社会法学

霍姆斯的《法律的道路》、庞德的社会学法学。

考核知识点

法律社会学的基本内容。活法的理论。理解"为权利而斗争"。霍姆斯的《法律的道路》。韦伯的法律理想类型。庞德的法社会学思想。

考核要求

一、社会法学的一般特点
1. 识记:社会法学的界定。
2. 领会:社会法学的一般特点。

二、埃利希的"活法"理论
1. 识记:法律、社会与国家。
2. 领会:活法的理论。

三、耶林的"为权利而斗争"
1. 识记:法的起源论。
2. 综合应用:为权利而斗争的理由。

四、韦伯的法律理想类型
1. 领会:统治结构与法律类型。法治与资本主义精神。

五、霍姆斯的《法律的道路》
1. 领会:历史和社会利益决定了法律的内容和法律的发展。法理学是一个成功的律师所必备的一项知识。
2. 简单应用:严格区分法律和道德。

六、庞德的社会学法学
1. 识记:"法学"与"法律"的含义。
2. 领会:法律与利益。
3. 综合应用:社会学法学的研究范围。

第八章 新自然法学

学习目的与要求

掌握新自然法理论的主要内容,了解这种思潮的代表人物及其显著代表性的理论。

课程内容

第一节 当代自然法的概况

自然法的复兴、当代自然法理论复兴的原因。

第二节 自然法与人权理论

马里旦与人权宣言、"人权的哲学基础是自然法"、人权的分类和内容、人权的理论分析与评论。

第三节 "法律的道德性"理论

富勒与哈特、法律事业说、法律的道德性。

第四节 社会正义与法律的权利哲学

罗尔斯的社会正义理论、德沃金的法律原则论。

考核知识点

自然法复兴的含义及原因。马里旦的自然法理论及理解人权的理论基础是自然法。法律的道德性。罗尔斯的社会正义理论。德沃金的法律原则论。

考核要求

一、当代自然法的概况
1. 识记：自然法的复兴。
2. 领会：当代自然法理论复兴的原因。

二、自然法与人权理论
1. 识记：马里旦与人权宣言。
2. 领会：人格权。公民人格权。劳动人格权。人权的理论分析与评论。
3. 简单应用："人权的哲学基础是自然法"。

三、"法律的道德性"理论
1. 识记：富勒与哈特。对流行法律概念的批评。法律事业说。
2. 领会：哈特与富勒的冲突。
3. 简单应用：富勒的内在道德论。"自然法的最低限度的内容"与"法律的道德性"。

四、罗尔斯的社会正义理论
1. 识记：以正义理论取代功利主义。
2. 领会：社会正义原则。"原初状态"与"无知之幕"法治理论。
3. 综合应用：社会正义的二项原则。

五、德沃金的法律原则论
1. 识记：对两种流行法理学理论的评论。
2. 综合应用：法律的原则与法律的规则。

第九章 经济分析法学

学习目的与要求

　　了解经济分析法学的一般特点,掌握经济分析法学代表人物及其主张,理解这种新思维在部门法中的运用。

课程内容

第一节 经济分析法学概述

经济分析法学的一般特点、经济学在法学诸部门中的应用。

第二节 社会成本问题与事故成本问题

科斯定律、卡拉布雷西的事故成本与规则体系。

第三节 普通法的经济分析

波斯纳的侵权法和刑法的经济分析。

考核知识点

　　经济分析法学的一般特点,科斯定律,卡拉布雷西的事故成本与规则体系,波斯纳的侵权法和刑法的经济分析。

考核要求

一、经济分析法学概述
1. 识记:经济分析法学的形成。
2. 领会:经济学在法学诸部门中的应用。
3. 综合应用:经济分析法学的一般特点。

二、科斯
1. 识记:科斯定律。
2. 领会:在两个案件中的应用。

三、卡拉布雷希
1. 识记:事故成本。
2. 领会:规则体系。

四、波斯纳
1. 领会:过失法的经济分析。公害法的经济学分析。隐私权的经济学分析。刑法的经济分析。

Ⅲ 有关说明与实施要求

一、自学考试大纲的目的和作用

课程自学考试大纲是根据专业自学考试计划的要求,结合自学考试的特点而确定。其目的是对个人自学、社会助学和课程考试命题进行指导和规定。

课程自学考试大纲明确了课程学习的内容以及深广度,规定了课程自学考试的范围和标准。因此,它是编写自学考试教材和辅导书的依据,是社会助学组织进行自学辅导的依据,是自学者学习教材,掌握课程内容知识范围和程度的依据,也是进行自学考试命题的依据。

二、课程自学考试大纲与教材的关系

课程自学考试大纲是进行学习和考核的依据,教材是学习掌握课程知识的基本内容与范围,教材的内容是大纲所规定的课程知识和内容的扩展与发挥。大纲与教材所体现的课程内容基本一致;大纲里面的课程内容和考核知识点,教材里一般也有。而教材里有的内容,大纲里不一定体现。

三、关于自学教材

徐爱国主编:《西方法律思想史》,北京大学出版社2008年版。

四、关于自学要求和自学方法的指导

本大纲的课程基本要求是依据专业考试计划和专业培养目标而确定的。课程基本要求还明确了课程的基本内容、对基本内容掌握的程度,课程考核知识点是高等教育自学考试考核的主要内容。

为有效地指导个人自学和社会助学,本大纲已指明了课程的重

点和难点,在章节的基本要求中一般也指明了章节内容的重点和难点。

本课程共4学分。

五、对考核内容和考核目标的说明

1. 本课程要求考生学习和掌握的知识点内容都作为考核的内容。课程中各章的内容均由若干知识点组成,在自学考试中成为考核知识点。因此,课程自学考试大纲中所规定的考试内容是将各章内容分解为考核知识点的方式给出的。由于各知识点在课程中的地位、作用以及知识自身的特点不同,自学考试将对各知识点分别按四个认知(或叫能力)层次确定其考核要求。

2. 四个能力层次从低到高用教育测量学的语言表述依次是:识记;领会;简单应用;综合应用。分别要求如下:

识记:要求考生知道本课程中的名词、概念、原理、知识的含义,并能正确认识或识别。

领会:要求在识记的基础上,能把握本课程中的基本概念、基本原理和基本方法,掌握有关概念、原理、方法的区别与联系。

简单应用:要求在领会的基础上,运用本课程中的基本概念、基本原理和基本方法中的少量知识点,分析和解决一般的理论问题或实际问题。

综合应用:要求考生在简单应用的基础上,运用学过的本课程规定的多个知识点,综合分析和解决稍复杂的理论和实际问题。

六、关于考试命题的若干规定

1. 本课程考试采取闭卷考试的方式。考试时间为150分钟。考试时必须携带准考证、身份证以及考试所需的书写工具。

2. 本大纲各章所规定的基本要求、知识点及知识点下的知识细目,都属于考核的内容。

3. 命题不会超出大纲中的考核知识点范围,考核目标不会超出大纲中所规定的相应的最高能力层次要求。命题着重考核自学者对基本概念、基本知识和基本理论是否了解或掌握,对基本方法是否会用或熟练。没有与基本要求不符的偏题或怪题。

4. 本课程在试卷中对不同能力层次要求的分数比例大致为:识记占20%,领会占30%,简单应用占30%,综合应用占20%。

5. 试题的难易程度可分为:易、较易、较难和难四个等级。每份试卷中不同难度试题的分数比例一般为:2:3:3:2。

需要注意的是,试题的难易程度与能力层次有一定的联系,但二者不是等同的概念。

6. 课程考试命题的主要题型一般有单项选择题、多项选择题、简答题和论述题。

Ⅳ 题型举例

一、单项选择题(在每个小题列出的四个备选项中只有一个是符合题目要求的,请将其代码填写在题后的括号内。错选、多选或未选均无分。)

1. 在柏拉图看来,正义就是( )。
   A. 强者的利益　　　　　　B. 欠债还钱
   C. 助友害敌　　　　　　　D. 各司其职
2. 在下列说法中,哪一项是凯尔森的法学观点( )。
   A. 法律制度是一种由不同层次的法律规范组成的等级体系,每一个规范效力的理由都是来自另一个更高的规范。
   B. 法理学的关键是第一性规则——设定义务的规则和第二性规则——授予权利的规则的结合。
   C. 法律和道德没有必然的联系,但存在自然法的最低限度的内容。
   D. 法理学的研究对象是研究法律与道德之间的关系。

二、多项选择题(在每小题列出的五个备选项中,至少有两个是符合题目要求的,请将其代码填写在题目后的括号内。错选、多选、少选或未选均无分。)

1. 亚里士多德提倡法治,反对人治。他认为法治之所以优于人治,原因在于( )。
   A. 法律是根据众人的经验审慎考虑后制定的,与一个人或少数人的意见比,具有更多的正确性,正如许多人出资举办的宴会可以胜过一人独办的酒席。
   B. 法律没有感情,不会偏私,具有公正性。
   C. 法律不会说话,不受波动的感情行事,具有稳定性。
   D. 法律是借助规范形式,特别是借助文字形式表达的,具有明确性。

E. 时代要求实行法治而不能实行人治。共和制兴起之后,仍用人治是不合乎时代要求的。而且一人之治管理国家也实属困难,一个人的精力和能力很有限。

2. 梅因认为社会的需要和社会的意见常常是或多或少走在法律的前面,要使法律和社会相互协调,就需要法律改进的各种方法,包括(　　)。

A. 法律拟制　　　　　　B. 衡平
C. 法律移植　　　　　　D. 类推
E. 立法

三、简答题

1. 简述康德对法律的定义。
2. 简述萨维尼的法律民族精神说。
3. 法律社会学的基本内容有哪些?

四、论述题

1. 古典自然法学说的理论成就与缺陷。
2. 试论法律命令说。

V 后 记

《西方法律思想史自学考试大纲》是根据全国高等教育自学考试法律专业(本科)考试计划的要求,由全国考委法学类专业委员会组织编写。

《西方法律思想史自学考试大纲》由北京大学徐爱国教授担任主编。

全国考委法学类专业委员会于2008年3月对本大纲组织审稿。中国政法大学曹义孙教授担任主审,中国人民大学史彤彪教授、中共中央党校刘永艳教授参加审稿并提出改进意见。

本大纲编审人员付出了辛勤劳动,特此表示感谢。

全国高等教育自学考试指导委员会
法学类专业委员会
2008年3月